여성은 순종적으로 태어나지 않는다

On ne naît pas soumise, on le devient

여성은 순종적으로 태어나지 않는다

초판 1쇄 인쇄일 2022년 3월 10일   초판 1쇄 발행일 2022년 3월 15일

지은이 마농 가르시아 | 옮긴이 양영란
펴낸이 박재환 | 편집 유은재 | 마케팅 박용민 | 관리 조영란
펴낸곳 에코리브르 | 주소 서울시 마포구 동교로15길 34 3층(04003) | 전화 702-2530 | 팩스 702-2532
이메일 ecolivres@hanmail.net | 블로그 http://blog.naver.com/ecolivres
출판등록 2001년 5월 7일 제201-10-2147호
종이 세종페이퍼 | 인쇄·제본 상지사 P&B

ISBN 978-89-6263-236-1 03330

책값은 뒤표지에 있습니다.   잘못된 책은 구입한 곳에서 바꿔드립니다.

여성은 순종적으로 태어나지 않는다

마농 가르시아 지음 | 양여란 옮김

에코
리브르

에스테르, 에브, 그리고 살로메에게

차례

페미니즘 계열의 책은 일반적으로 회고록으로서, 항상 다시금 살려내야 할 특정 운동에 대한 전망을 담고 있다. 메리 울스턴크래프트(Mary Wollstonecraft: 1759~1797. 영국 출신 작가이자 철학자. '최초의 페미니스트' '페미니즘의 어머니'라는 수식어가 따라다니는 울스턴크래프트는 여성이 태생적으로 남성보다 열등한 것이 아니라 교육을 받지 못해 열등한 것처럼 보인다는 주장을 담은 저서 《여성의 권리 옹호》로 유명하다—옮긴이)와 시몬 드 보부아르의 저작은 사실 뛰어난 철학책이기도 하며, 따라서 그런 관점에서도 읽혀야 마땅하다. 여성 관련 책은 특별한 범주(여성이 쓴, 여성에 관한, 여성을 위한 등의 범주)로 분류하는 관습 때문에 이러한 책을 읽을 수도 있을 잠정적인 독자의 절반은 견고한 마음의 양식을 박탈당하고 있다.

—미셸 르 되프(Michèle Le Doeuff), 《학업과 물레(L'Étude et le Rouet)》

누구보다도 독립적이고 누구보다도 열렬한 페미니스트라는 여성조차도 자신에게 꽂히는 남성들의 정복자적 시선을 즐기며, 얌전하게 파트너의 품에 안겨 있는 순종적인 대상이 되길 욕망하거나, 겉보기에 훨씬 자아 성취적인 활동에 비해서 집안일―빨래를 말끔하게 다림질하기, 가족을 위해 예쁘게 아침 식사 차리기―을 선호하는 자신의 모습에 놀라는 경우가 자주 있다. 그런데 이러한 욕망, 이러한 쾌락은 과연 그들의 독립심과 양립할 수 없는 것일까? 이러한 욕망, 이러한 쾌락을 맛보는 것은 그들에 앞서 여러 세기에 걸쳐 축적된 페미니즘에 대한 배신일까? 남성들이 나서서 첫 걸음을 떼어주길, 그들이 솔선해서 성 평등을 주창할 때까지 기다려야 하는 걸까? 이 같은 주제를 대하는 여성들의 모호한 태도는 일상생활에서, 또는 이른바 '여성' 잡지 같은 곳에서 첫 장부터 확연하게 드러난다. 이런 잡지는 여성은 자유로워야 한다, 자신만의 일을 가져야 한다, 남성의 모멸적인 대우를 묵묵히 받아들여서는 안 된다는 식의 메시지로

지면을 가득 채우는 동시에 어떻게 하면 매력적인 성적 대상이 될 수 있는지, 상냥하고 정숙한 아내 또는 완벽한 엄마가 될 수 있는지 각종 충고와 조언을 늘어놓는다.

하비 와인스틴(Harvey Weinstein: 1952~. 미국 출신 영화감독, 영화 제작자로 〈섹스, 거짓말, 그리고 비디오테이프〉〈펄프 픽션〉〈셰익스피어 인 러브〉 등의 작품을 남겼으나, 여배우를 비롯해 업계 종사자들을 상대로 저지른 성범죄 파문으로 현재 복역 중이다－옮긴이) 사건이 터지면서 여배우들에게 쏟아졌던 의혹의 눈길 속에서 이러한 모순은 한층 구체화되었다. 그 여배우들은 단순히 피해자이기만 했을까? 간혹 여배우들이－누가 봐도 기꺼운 마음으로－남성들의 욕망의 대상으로 변신했던 건 아닐까? 혹시 여배우들은 그저 '성공하겠다는 일념으로 같이 잔' 건 아닐까? 남성의 지배라는 현실에 눈을 감아버리는 맹목성에 여성의 순종에 대한 함구가 더해졌다. 나아가 언론까지 나서서 '미투 운동'은 때 이른 감이 있으며 여성은 사실 '괴롭힘당하기'를 좋아한다고 믿는 사람들의 편을 들었다.

이 책은 철학, 그중에서도 특히 시몬 드 보부아르의 독특한 철학의 도움을 받아 이처럼 겉으로 드러나는 모순들을 분석하고자 한다. 모든 철학책이 그러하듯 이 책 또한 완벽한 정답을 제시하기보다는 이 세계의, 이 세계 속에서 이루어지는 다양한 경험의 복잡성을 가감 없이 드러내 보이는 데 집중할 것이다. 이 책은 여성이 과연 피해자인지 저항 세력인지, 잘못하는 쪽은 항상 남성인지, 중요한 건 개인인지 사회 구조인지 같은 문제들에 대해 번복할 여지없이 단칼로 결정을 내리려는 시도 따위는 하지 않을 것이다. 오히려 그와 반대로, 남성에 대한 여성의 순종이라는 현상을 분석함으로써 사회적 성별에 따른 위계가 여성의 삶을 조련하는 방식을 드러내고자 한다.

1

철학적
금기

오디세우스가 돌아오길 기다리면서 끈기 있게 옷감을 짜는 페넬로페(둘 모두 그리스 신화에 등장하는 인물―옮긴이)에서 크리스찬 그레이의 명령에 따르기를 즐기는 아나스타샤(둘 모두 E. L. 제임스의 에로 로맨스 소설 《그레이의 50가지 그림자》에 등장하는 인물―옮긴이)에 이르기까지, 《카트린 M.의 성생활》(프랑스의 현대 미술 평론가이자 〈Art Press〉의 편집장인 카트린 미예가 2001년에 발표한 저서―옮긴이)에서 〈위기의 주부들(Desperate Housewives: 미국 ABC에서 2004년부터 2012년까지 방영한 인기 드라마―옮긴이)까지, 아니 에르노(Annie Ernaux: 1940~. 프랑스 소설가―옮긴이)의 《집착(L'Occupation)》에서 남성에게 여성을 '괴롭힐 권리'를 부여하려는 문학이며 영화, TV 드라마, 시사 뉴스 등은 저마다 자발적으로 순종을 택할 뿐 아니라 더 나아가서 만족감과 쾌락의 원천으로서 순종을 요구하는 여성으로 차고 넘친다. 그러나 여성의 이러한 순종에 대해 철학이며 페미니즘 계통의 학계는 거의 아무런 언급도 하지 않는다. 페미니스트적 관점에서 보면, 여성이 어떤 방식으로든 순종을 선택한다거나 기꺼이 이를 즐긴다는 것은 우파적이고 반페미니즘적인 사고이며, 심지어 여성 혐오적 태도라고 하지 않을 수 없다. 즉, 여성이라는 성을 가진 모든 사람은 남성을 따르는 게 천성이라고 굳게 믿는 자들에게 순종은 여성의 고유한 영역이다. 한편, 철학자, 특히 고전적인 정치철학자의 관점에서 보면, 순종이란 이들이 생각하는 것과 달리 인간의 천성에 반하는 것이며, 따라서 도덕적 과오에 해당한다. 다른 사람에게 순종하는 것은 가장 소중한 기본권인 자유를 포기하는 것과 다름없기 때문이다. 따라서 무수히 많은 형태로 줄기차게 표현되는 이 (순종이라는) 현상에 대해 생각하거나 그 현상에 이름을 붙이는 것 자체가 불가능해 보인다.

여성의 순종은 다른 무엇보다도 먼저 가장 일반적이라 할 만한 철학 문제에 직면한다. 순종이라는 개념을 분석하려는 순간, 자유 아닌 다른 걸 원하는 것은 천성에 역행하는 것이라는 사고와의 끊임없는 충돌이 시작되기 때문이다. 루소는 《사회계약론》에서 이렇게 말한다. "자신의 자유를 포기하는 것은 인간으로서 자질을, 인간으로서 권리를, 더 나아가서는 인간으로서 의무마저도 포기하는 것이다. 모든 것을 포기하는 자에게는 어떠한 보상도 없다. 그러한 포기는 인간의 천성과 양립할 수 없다. 인간의 의지에서 자유를 제거하는 것은 그의 행동에서 도덕성을 제거하는 것이다."[1] 인간이 어떠한 강제적 제약도 없는 상태에서 스스로 순종할 수 있다는 생각 안에는 너무나 명백한 금기가 담겨 있으므로, 서양 철학사에서는 어찌 보면 라보에티(Étienne de La Boétie: 1530~1563. 프랑스의 판사, 작가, 근대 정치철학의 창시자. 몽테뉴와의 우정으로 유명하다—옮긴이)와 프로이트만이 유일하게 순종이라는 수수께끼를 진지하게 다루었다고 할 수 있다. 물론 두 사람은 각각 다른 차원에서 이 문제를 다루긴 했지만 말이다. 저서 《자발적 복종(Discours de la servitude volontaire)》에서 라보에티는 역사상 최초로 묻는다. 독재자가 독재자로 군림할 수 있는 건 순전히 대중이 그에게 복종하기 때문인데, 대중은 어째서 그런 결정을 내리는지 의문을 제기한 것이다. 자신이 제기한 의문에 대해 라보에티는 몇 가지 설명을 제시하긴 하지만, 궁극적으로 그의 설명은 순종이 개인의 도덕적 결함, 즉 천성적으로 부여받은 자유를 망각한 과오라는 인식에서 한 발짝도 더 나아가지 못한다. 프로이트의 경우는 가학증(masochisme)이라는 정신분석 개념의 정립을 알리는 3개의 텍스트[2]에서 독재자를 향한 대중의 복종에 천착하지 않고 가학증, 즉 도덕적이 되었든 신체적이 되었든 자신이 느끼는 고통에서 쾌감을 얻는 현상에 주목하며, 이를 피학증(sadisme)의 반대 개념으로 인식한다. 프로이트는 가학증에 관해서라면 주저 없이 정신분석적 관점에 입각한 설명을 제시하지만, 그가 "피학증이라는 수수께끼"라고 표현한 것에 관해서는 이론적으로 벽에 부딪히고 있음을 숨기지 않는다. 그에게 피학증은 하나의 병리 현상임이 확실하지만 만족스러운 치료법은 그 자신도 알지 못하는, 그야말로 수수께끼였다. 결과적으로, 철학의 역사를 살펴보건대, 순종은 도덕적 과오 또는 질병으로 여겨져 이에 대한 언급을 거의 모두가 함구해왔다. 사람들 중 일부는 남에게 순종하길 원하며, 실제로 순종함으로써 쾌감을 맛본다는 사실에 대해 철학은 침묵으로 일관하고 있다.

순종, 그중에서도 특히 여성의 순종에 주목하면 문제는 훨씬 더 복잡해진다. 역사적으로 볼 때, 여성의 순종엔 남성의 순종과 달리 천성에 역행한다는 인식이 따르지 않는다. 오히려 이와 반대로 여성의 순종은 지극히 정상적이며 도덕적이고, 여성의 천성에도 부합하는 것으로 여겨졌다.[3] 순종에 대한 이런 식의 가치 부여는 여성이 남성에 비해 본질적, 태생적으로 열등하다는 인식과 궤를 같이한다. 다시 말해서, 여성은 본래 남성처럼 사유로운 존재가 될 수 없게끔 태어났거나, 그 같은 자유는 잠정적 위험일 수 있기 때문에 여성의 순종은 바람직하다는 것이다. 여성의 순종이 자신들의 선택에 의한 것이라는 생각은—적어도 이러한 사고의 틀 안에서 보면—성차별적이다. 이는 남성과 여성 사이엔 본질적 차이가 존재하며, 그 차이로 말미암아 여성은 남성에 비해 열등하다는 전제를 깔고 있기 때문이다. 여성의 이러한 열등함은 약점이면서 동시에 부도덕함이 된다. 왜냐하면 한편으로, 여성은 천성적으로 남성에 비해 약하므로 남성에게 순종하기 때문, 곧 여성은 수동적으로 순종적이기 때문이다.

다른 한편으로, 이와 같은 약함은 여성을 도덕적으로도 열등하게 만드는데, 여성이 기꺼운 마음으로 순종하는 것은 여성의 본성과 완벽하게 맞아떨어지는 반면, 원래 자유로운 존재인 남성에게 순종은 도덕적 과오로 간주되기 때문이다.

결국 우리는 이러지도 저러지도 못하는 벽에 부딪힌다. 여성의 순종이라는 개념에 대해 이야기하려면, 그것이 내포하는 매력적 측면도 빼놓지 않고 모두 포괄해서 언급해야 한다. 그러자니 순종은 여성의 운명이라는 식의 전통적인 성차별적 입장을 취하게 되고, 이와 반대로 성 평등이라는 입장을 고수할 경우 여성의 순종은—남성의 순종과 마찬가지로—도덕적 과오 또는 병적 현상으로 간주되어 철학의 영역을 벗어나고 만다. 후자의 경우, 문화적 맥락 속에서 여성의 순종을 긍정적으로 묘사하는 데 대한 유일한 설명이라면, 순종을 여성이라는 소극적인 피해자들에 대한 남성 지배의 한 표현으로 간주하는 정도다. 여성에게 있어 순종이 함축하고 있는 나름의 매력을 진지하게 고려함으로써 여성의 타고난 천성에 대해 성차별적 입장을 고수하든, 여성은 태어날 때부터 열등하다는 견해를 거부함으로써 순종하는 자신에게 만족해하는 순종적인 여성을 소극적인 피해자 또는 자신의 자유를 소중하게 지키지 못하는 죄인으로 취급하든 둘 중 하나를 선택해야 하는 얄궂은 상황에 놓이는 것이다.

그런데 이와 같은 작품들 중 일부를 남성 작가가 아닌 여성 작가가 집필했다는 사실은 또 어떻게 설명해야 할까? 카트린 미예(Catherine

Millet), 아니 에르노 또는 E. L. 제임스 같은 여성 작가는 자신들이 작품 속에서 언급하는 경험이 무얼 의미하는지 진지하게 생각해보지 않을 정도로 뭔가 착각을 했다고 결론지어야 마땅할까?4 성차별적 천성론과 순종에 대한 함구 중에서 선택을 강요당하는 상황에 반대한다면 다음과 같은 질문에 당당히 맞서야 할 것이다. 여성은 남성의 지배에 어떤 방식으로든 동참하고 있는가? 만일 그렇다면 이러한 동참은 자발적이고 의지적인 것으로 간주할 수 있는가, 혹은 단순히 만연된 남성 지배의 결과에 불과하다고 보아야 할 것인가? 또―이것은 보다 더 논쟁적인 질문일 터인데―순종은 필연적으로 악인가? 순종에 따른 최소한의 쾌감이 분명 있는 것은 아닐까?

여성의 순종과 페미니즘

이러한 질문은 여성 혐오와는 무관하게 페미니스트적이라고 단호하게 말할 수 있다. 페미니즘이란 남성과 여성 사이의 평등―평등이라는 것이 남녀의 차이를 전제로 하든, 반대로 유사성에 기반을 두든―을 증진시키기 위해 여성을 보호하려는 이론화 작업이자 정치 강령이다. 페미니즘의 의제는 여러 양상을 포괄하는데, 그중에서 특히 여성이 여성이기 때문에 받는 억압과 이 같은 억압에 대한 저항, 적어도 이 두 가지를 우선적으로 살펴보자.

먼저 억압이라는 현실에 직면해 ― 페미니즘이 제안하는 사회 비판에 의하면 ― 성별에 따른 불평등은 역사를 거듭하면서 사회 전반에 광범위하게 확산해 있는 시스템의 성격을 띠게 되었으며, 그 결과 이러한 불평등은 가부장적 억압 구조의 한 축을 형성한다. 그렇기 때문에 페미니즘 운동은 역사적으로 여성이 남성 지배라는 틀 속에서 겪는 억압을 드러내 보이는 데 주력해왔다. 개인으로서 혹은 집단으로서 여성이 겪어온 사회적 불평등을 찾아내고, 여성을 대상으로 자행되는 억압의 구조적 혹은 보편적 성격을 도출하는 것이 페미니즘 운동의 근간이었던 것이다. 이론적이라고 할 수 있는 이 첫 번째 양상은 억압에 대한 투쟁이라는 두 번째 양상의 전제라고 할 수 있는데, 이러한 투쟁이 어떤 식으로 기능하는지 이해할 수 있는 토대를 마련해준다는 점에서 그렇다. 가령 우리는 첫 번째 양상을 통해 얻은 이론적 토대를 기반으로 여성에 대한 남성의 지배는 여성을 침묵하게 하고, 체계적으로 여성의 경험 ― 이를테면 흔히 케어(care)라고 부르는, 나 아닌 남을 돌보는 일을 떠올려보라 ― 을 과소평가하게 만드는 역할을 하며, 실제로 그 같은 결과를 초래하고 있음을 이해할 수 있다.

이 첫 번째 양상은 또한 지배의 기제를 찾아내는 데에도 도움을 준다. 도대체 어떤 기제에 의해 지배가 이루어지는지 알아야 효과적인 투쟁도 가능할 테니 말이다. 예를 들어보자. 여성을 침묵하게 하는 것이 남성 지배 기제의 일부라면, 이 가부장적 억압에 대항하는 페미니스트적 투쟁은 남성이 여성을 대신해서 발언하는 가부장제에 대항해 여성의 목소리가 울려 퍼지도록, 그리하여 그 목소리가 주장하는 내용이 중요하다는 인정을 이끌어내는 방향으로 전개되어야 마땅할 것이다. 이렇게 볼 때, 여성의 순종을 연구 주제로 삼는 것은 여성의 경험과 여성의 삶에 귀를 기울이고 그걸 진지하게 받아들이는 것이며, 그러한 과정을 거치기도 전에 지레 여성을 피해자나 잘못을 저지른 자 또는 수동적이거나 심지어 사악하고 타락한 자로 낙인찍지 않는 것이다.

그런데 페미니스트들은 지금까지 여성의 순종이라는 문제를 애써 기피해왔다.[5] 이는 모름지기 이러한 주제야말로 페미니스트조차 여성의 순종적이고 모성애적인 천성을 믿고 있는 증거라고 생각하는 보수주의자들에게 빌미를 주지 않겠다는 염려에서 비롯된 것으로 이해할 수 있다. 아닌 게 아니라 남성우월주의자들은 지금까지 줄곧 여성이 순종적인 것은 그들이 '그렇게 하는 걸 좋아하기' 때문이라고 신속하게 결론 내렸으며, 그렇게 함으로써 남성 지배가 지니는 구조적 패턴을 부인해왔다. 여성이 가정 폭력에 대해 함구하는 것은 그들의 그러한 경험이 실제로 그다지 끔찍하지 않기 때문이라고 치부하는 몇몇 관점에서 전형적으로 이러한 현상을 관찰할 수 있다. 순종에 대해서는 언급하지 않고 그저 여성에 대한 남성의 지배를 비난하는 것에만 그친다면 굳이 피해자까지 비난하는 위험 부담을 지지 않아도 된다. 이렇게 몸을 사리는 태도엔 문제가 없지 않은데, 남성 지배라는 총체적이고 구조적인 현상의 중요한 부분, 곧 암묵적 동조라는 부분에 대해 침묵하기 때문이다. 우리는 여성의 순종을 연구 대상으로 삼을 수 있고, 또 그래야만 한다. 하지만 그렇다고 해서 이러한 순종이 전형적인 또는 천성적인 여성성을 함축하고 있을 거라고 추정할 필요는 없다.

여성의 순종에 대한 연구와 영원한 여성다움, 다시 말해 여성의 타고난 순종, 이 두 가지를 갈라놓는 근본적 차이를 이해하기 위해 언어학과 언어철학 쪽으로 시선을 돌려보자. 실제로 우리는 두 가지 유형의 서술을 구별해야 할 필요가 있다. "여성들(les femmes)은 순종적"이라고 말하는, 불변의 여성다움을 주장하는 자들의 서술 유형과 "어떤 여성들(des femmes)은 순종적" 또는 "어떤 여성들은 순종을 택한다"고 말하는 유형이 그것이다. 전자의 경우, 언어학자들이 총칭이라고 일컫는 표현(복수를 의미하는 정관사를 앞세운 'les femmes'라는 표현은 모든 여성, 적어도 정상적인 모든 여성을 포함한다)을 구사함으로써 모든 여성을 하나로 통칭한다. 이렇게 하면 모든 여성은 여성이라는 사실 때문에 순종적이라는 천성을 공유하게 된다는 얘기다. 그런데 후자의 경우, 이 서술은 여성의 천성이나 규범과 관련한 아무런 가설을 함축하지 않은 상태에서 몇몇 경험치 또는 일부 개별적인 삶의 형태만을 다룬다. 그 같은 순종이 좋은지, 나쁜지, 바람직한지, 정상적인지는 판단하지 않고 오직 일부 여성—어쩌면 다수일 수도 있다—이 순종하는 상황 속에서 살고 있다고 진술하는 것이다. 달리 말해서 첫 번째 유형의 서술엔 규범적 차원이 함축되어 있는 반면, 두 번째 유형의 서술은 순수하게 기술적(記述的) 차원에 머물러 있다고 할 수 있다. 여성의 순종을 연구하는 것은—여성이 삶에서 겪은 경험을 기술하되 이러한 경험을 절대적이고 당연하며 여성이기 위해 반드시 필요한 것으로 간주하지 않는다는 점에서—명백히 페미니스트 프로젝트다.

이 연구는 요컨대 여성의 관점을 분석의 출발점으로 삼는다는 점에서 확실히 페미니스트 프로젝트다. 와인스틴 사건 이후 세계는 좋건 싫건 대략 두 진영으로 갈라졌다. 우리 사회가 여성에 대한 남성의 지배에 의해 구조화되었다고 생각하는 사람들과 그러한 지배는 존재하지 않거나 존재한다 한들 그다지 심각하지 않다고 여기는 사람들로 분열되었다는 말이다. 페미니스트들은 연구 작업을 통해 이러한 분리 현상은 남성의 관점과 행위만이 중요하다는 전제에 토대를 두고 있기 때문에 다분히 문제가 있다고 지적한다. 우리 사회에서 여성의 위치를 기술하고 나아가서 그러한 위치의 부당함에 항거하고자 하면서도, 남성의 지배에 대해 언급함으로써 오히려 이미 오래전부터 페미니스트 계열 인식론자들이 강조해온 관습, 즉 세상을 남성의 관점, 중성적이고 객관적이라고 여겨지는 관점에서 바라보는 잘못된 관습을 답습하고 있는 것이다.[6] 요컨대 남성이 지배한다, 혹은 지배하지 않는다, 남성이 강간하고 유혹한다, 남성이 그럴듯한 제안을 제시한다, 남성이 바람을 피운다는 식의 관점이 그것이다.

여성의 관점에서 바라본 순종

남성의 관점에 부여하는 중립성, 그리고 자동적으로 그러한 관점을 채택하는 관행에 대한 문제 제기는 정치는 물론 인식론적 차원, 즉 지식의 구축이라는 측면에서 반드시 필요하다. 우선 정치적인 면에서 보면 남성과 여성 사이에 다만 얼마간의 평등이라도 진작시키려 할 경우, 남성의 관점에서 출발해 그 평등이라는 것을 구축하지 않는 한 목적을 달성하기란 불가능하다. 이때 남성의 관점은 여성의 경험치를 전혀 고려하지 않기 때문이다. 예를 들어, 페미니스트 계열의 철학자들은 전통적인 정치철학이 공적 영역과 사적 영역의 구분에 토대를 두고 있음을 상기시킨다. 여기서 공적 영역이라 함은 남성에게만 허용된 공간으로 그 안에서 각 개인은 서로가 서로에게 독립적인 존재로 인식된다. 한편 여성이 머무는 사적 영역, 즉 가정의 영역에서는 그 안에 있는 사람들이 애착과 의존적 관계를 통해 서로 이어져 있다.[7] 고전적인 정치철학은 그러나 이러한 구분을 은폐하며, 그렇게 함으로써 여성을 선험적으로 정치의 영역에서 배제한다. 따라서 중립적이라고 간주하는 남성의 관점에 문제가 있다는 걸 제기함으로써 우리는 남성 지배가 구조화, 영속화하는 방식을 도출해낼 수 있을 것이다.

이와 같은 정치적 차원에 인식론적 차원까지 더해진다. 남성의 관점에 부여하는 주도권을 재고하고 여성의 관점으로 세계를 바라볼 경우, 우리가 사는 세계에 대해 보다 완전한 인식을 얻을 수 있을 것이다. 마르크스주의자들은 최초로 지식은 자리매김되어 있으며, 각 개체는 자신의 사회적 지위에 따라 세계를 바라보는 특정 관점을 갖는다고 주장했다. 그러니까 지배자의 관점과 피지배자의 관점은 동일한 세계 인식에 도달하지 않는다는 것이다. 그런데 우리가 남성의 지배, 남성과 여성 간 평등 문제를 탐구하면 어떤 일이 발생하는가? 여성이 전반적으로 남성과 동일한 권리를 지닌 서구 사회에서 남성과 여성 사이에 항구적으로 불평등이 존재한다는 사실은 이해하기 어려워 보인다. 여성이 남성과 같은 권리를 지니며, 여성도 남성과 마찬가지로 교육받을 수 있고, 직업을 가질 수 있고, 정치 활동에 나설 수 있음에도 여성은 그 사회에서 열등한 위치에 있다. 이는 단순히 여성의 능력이 남성보다 떨어지거나, 아니면 '집에 있기'를 선호하기 때문일까? 남성 지배의 영속화라는 수수께끼에 제일 현명하게 대답하는 방식은—남성의 관점에서 보면—여성이 다른 모든 사람과 마찬가지로 동등한 사회의 구성원임에도 열등한 위치에 머물러 있는 것은 분명 여성이 천성적으로 열등하거나 다른 존재이기 때문이라는 것이다. 그런데 남성의 지배를 여성의 관점에서 바라보면 어떤 결과가 나올까? 사실 가부장적 사회 체제 안에서 살면 그 체제에 순응하는 것이 때로는 가장 좋은 처세술이 될 수도 있다.

여기서 우리는 **모든** 여성이 남성에게 순종적인 건 아니라거나, 혹은 여성에게는 순종을 받아들이게끔 하는 어떤 변별적 본성이 있다는 식의 주장을 하려는 것이 아니다. 다만 사실을 사실로서 확인하고자 할 뿐이다. 남성에 의한 지배를 여성의 관점, 그러니까 남성에 의한 지배가 여성에게 어떻게 작용하는지 관찰한다는 것은—대부분의 경우—여성의 순종을 그것이 지닌 복합성, 즉 순종의 유혹적인 측면과 소외를 야기하는 측면을 두루 살피는 것과 다르지 않다. 여성의 순종을 여성의 관점에서 출발해 연구하는 것은 남성에 의한 지배가 영속화하는 것은 전적으로 여성의 책임이라고 말하기 위함이 아니다. 오히려 그와 반대로 남성에 의한 지배가 여성에게 어떻게 작용하는지, 여성의 일상에서 그러한 지배가 어떤 방식으로 여성의 선택과 욕망을 조종하는지, 여성이 어떻게 살아가는지 보여주기 위해서다. 고전적인 철학은 성차별적 방법론에 안주하는 나머지 이러한 것들을 제대로 파악하지 못한다.

관점의 문제

순종이라는 현상을 연구하려면, 제일 먼저 그것이 정확하게 지칭하는 내용을 알아야 한다. 우선, 지배가 아니라 순종에 대해 이야기하겠다는 선언 속엔 권력을 바라보는 관점을 뒤집겠다는 결심이 함축되어 있다. 지배에 관한 연구, 그중에서도 특히 정치철학의 테두리 안에서 진행하는 연구는 양적으로 적지 않은 반면, 순종을 강요하는 자가 아닌 강요받는 자의 관점에서 조명하는 연구는 지극히 드물다. 순종은 있는 그대로 연구할 필요가 없으며, 지배를 이해함으로써—마치 거울 효과처럼—순종도 이해할 수 있다는 식의 분위기가 만연해 있는 듯하다. 이러한 전통을 고려할 때, 라보에티가 《자발적 복종》을 통해 보여주는 견해는 대단히 독창적이다. 그는 독재자에게 복종하는 것이 정확하게 무엇을 의미하는지 알아보기 위해 권력을 밑으로부터(submission에서 sub의 의미도 이와 다르지 않다), 다시 말해 독재자 치하에 사는 백성들의 입장에서 뜯어본다. 그렇긴 해도, 그 또한 자신이 '자발적 복종'이라고 이름 붙인 그것을 시민이 전제 군주 또는 왕과 맺는 관계라는 틀 속에서만, 다시 말해 엄밀한 의미의 정치적 울타리 안에서만 분석한다. 반면, 여성의 순종은 개인 간 순종이라는 점에서 이와 다르다.

개인 간이라는 문맥에 라보에티와 동일한 시사(밑으로부터 바라보는 시각)을 적용하기 위해서는 순종이라는 것과 관련한 설명 및 개념 정리 작업이 필요하다. 얼핏 생각하기에 순종은 항상 다른 사람, 곧 타자(autre)와 관련이 있다. 순종의 한 패러다임을 잘 보여주는 사례가 바로 베일을 쓰고 서민 동네에 거주하는—시민 단체 니퓌트니수미즈(Ni putes ni soumises: 창녀도, 순종녀도 아니라는 뜻—옮긴이)는 바로 이런 이미지에 반기를 들기 위해 그런 이름을 단체명으로 채택했다—이슬람 여성이라고 할 수 있다. 이러한 이슬람 여성 이미지는 절대적인 순종적 대타자(Autre: '대문자 타자' 또는 '큰 타자'라고도 한다—옮긴이)로서 구축되어 있으므로, 우리는 이 이미지를 자신과 동일시하기 어렵다.[8] 그런데 이 문제를 좀더 찬찬히 살펴보면, 순종이 꼭 다른 사람들의 부도덕한 태도를 확인시켜주는 것은 아님을, 다시 말해 다른 사람들에게 자유에 대한 열망이 없음을 입증하는 것은 아님을 보여주는 일련의 일상적 경험치들 사이에 유사점이 존재한다는 걸 알수 있다. 가령, 스스로 자기 자신의 주인이 되기보다 다른 사람의 권위에 따르며 그 밑에서 일하는 편—이 경우, 누군가에게 순종해야만 한다—을 선호할 수도 있다. 또 그렇게 함으로써 자신에게 부정적 영향을 줄 수 있음에도 불구하고(일터에서 지나치게 열성적으로 일하는 사례가 모두 여기에 포함된다. 예를 들어 정해진 시간보다 더 늦게까지 일하는가 하면, 강제 사항이 아닌데도 주말까지 일하는 식) 기어이 우두머리가 시키는 것보다 더 많은 일을 하는 경우도 있다. 누군가에 대해 열등감을 느낄수밖에 없기 때문에 그에게 순종하는 것이 당연하다고 인정하며, 아무런 대가를 요구하지 않으면서 누군가를 위해 봉사하기도 한다(예를 들어 공평하지 않은 가사 분담). 이런 경우, 우리에게 순종은 그다지 유별난 것으로 다가오지 않는다. 여성의 예를 보면, 순종적인 여성은 항상—통계적으로—소수에 지나지 않는 것으로 소개된다. 베일을 쓰는 여성, 가정주부, 돈벌이도 하지 않으면서 술만 퍼마시는 남편한테 얻어맞고 사는 아내 등 특별한 프로필을 가진 여성에게만 해당하는 것처럼 소개된다는 얘기다. 그런데 현실에서 순종은 이보다 훨씬 광범위하고 일상적인 경험이라고 봐야 한다. 36사이즈(우리나라에

서는 44 또는 55사이즈에 해당—옮긴이) 옷 속에 몸을 집어넣기 위해 밥을
굶는 현실 속에도, 연구 활동에 기여했지만 공동 저자로 인정받지
못하는 여성 학자나 여성 작가의 삶 속에도, 정신적으로 집안 살림
을 도맡는 맞벌이 여성의 삶 속에도 순종이 깃들어 있다. 순종이 예
외적이고 소수에만 국한된 경험이 아니라 일상적이며 대다수가 공
유하는 경험이라면, 그것의 정확한 실체를 이해하고, 그것이 지배—
순종을 언급하는 사람은 거의 자동적으로 지배를 연상한다—와 어
떤 점에서 차이가 있는지 알기 위해 노력해야 마땅할 것이다.

여성이라면 어떤 여성?

이 책은 여성의 순종을 서구 사회의 남성과 여성 사이에 맺어지는
개인 간 관계 속에서 살펴보고자 한다. 이런 식으로 문제를 한정 짓
는 것은 얼핏 타율 규범적(hétéronormatif)이고 패권주의적으로 보일
수도 있으나, 우리는 그렇지 않다고 생각한다.

우리가 여성의 순종이 흥미진진한 분석의 장이 될 수 있다고 생
각하는 이유 가운데 하나는 바로 그 안에 남성의 지배와 연결되는
구조적 차원과 개인적 차원—여성에게는 법적으로나 사회적으로
자신의 선택이 반영된 행동을 할 수 있을 정도의 융통성이 부여된
다—이 맞물려 있을 거라는 직관 때문이다. 이성 간 관계가 아닐 경

우, 순종의 구조적 차원은 아예 부재하거나, 설사 존재한다 하더라도 남성/여성 사이의 관계에 비해 그 정도가 덜하다. 여성 동성애자 커플의 가사 분담에 관한 몇 안 되는 연구도 이를 확인시켜준다. 이성 커플에서 관찰할 수 있는 불공평한 가사 분담 구조가 이들 동성 커플에서는 거의 존재하지 않기 때문이다.[9] 이성 간 관계에 집중한다는 것은 그러므로 이러한 관계를 규범으로 간주하고 있음을 함축한다기보다 그 관계가 남성에 의한 여성 억압이 두드러지게 발현되는 공간이라는 인식을 반영한다고 하겠다.

우리의 분석을 서구 사회로 한정하는 것은 두 가지 면에서 정당화될 수 있다. 첫째, 여성이 보유한 선택의 자유가 크면 클수록 여성의 순종을 문제시하고, 그걸 모순으로 인식하는 경향이 커진다. 이런 면에서, 여성이 적어도 형식적으로나마 남성과 동등한 권리를 누리고 있는 사회를 연구 토대로 삼음으로써 주제가 지닌 복합적 면모를 총체적으로 다룰 수 있다. 둘째, 철학자 우마 나라얀(Uma Narayan: 1958~. 인도 출신 페미니스트, 철학자―옮긴이)이 강조했듯 비서구 사회 여성의 자율성 분석엔 흔히 두 가지 유령 이미지가 따라다닌다. 첫 번째는 "가부장제에 감금당한 여성"이라는 이미지다. 여성은 최소한의 자유로운 공간마저 확보하지 못하고―베일 착용을 강요당하고, 본인의 의사와 상관없이 강제로 결혼해야 하며, 집 안에만 갇혀서 생활하는 따위―완력에 의해 강제된 가부장제의 억압을 고스란히 감내하는 희생자라는 뜻이다. 그리고 가부장적 규범에 완전히 순응하는 여성으로서 이미지가 그 두 번째다. 서구 여성이라면 분명 이를 잘 인식할 터인데, 이들은 자신이 따르는 규범이 억압 상태를 고착화하고 이를 항구적으로 지속시킨다는 사실을 알아차리지 못한다는 것이다.[10] 이러한 두 가지 문화주의적 표상을 경계하기 위해서는 차라리 분석을 서구 사회, 그중에서도 특히 프랑스와 미국(내가 실제로 거주하는 두 나라)으로 한정 짓는 편이 신뢰도가 높을 것이라 판단했다.

지배와 순종

일상 언어에서 순종(soumission)은 크게 세 가지를 의미한다. 첫째, 타인이나 규직 등을 따르려는 기질. 눌째, 실제로 순종하고 복종하는 상태. 셋째, 패배한 후 항복하는 행위. 이렇게 세 가지로 나눌 수 있는데, 특별히 이 세 번째 의미―문자 그대로 혹은 비유적으로 무기를 버린다는 이미지가 강하게 작용한다―때문에 순종엔 항상 부정적 함축이 붙어 다닌다. 가학증·피학증과 관련한 최근의 논란은 순종에 성적(性的) 함축을 부여했으며, 그 때문에 성적인 측면에서의 순종과 지배는 한층 더 강력하게 연결되었다. 이 분야에서 순종의 부정적 함축은 그다지 크다고 할 수 없지만, 그래도 분명히 존재하는 건 사실이다.

순종과 지배의 구분을 확실하게 정립하려 할 때 가장 먼저 부딪히는 난관은 '순종'이라는 단어가 지닌 언어학적 모호성에서 기인한다. '지배하다(dominer)'라는 동사는 본질적으로 목적어를 거느리는 타동사로 활용되는 반면,[11] 프랑스어에서 '따르게 하다(soumettre)'는 타동사(누군가를 따르게 하다)와 대명동사(복종하다, 자신을 따르게 하다) 두 가지 용법으로 쓰인다. 타동사로 사용할 경우, '따르게 하다'는—절대적으로 동일하다고는 할 수 없으나—'지배하다'와 거의 같은 뜻을 지닌다. 즉, 완수하는 자의 입장에서 그것을 인식한 행위로, 행위자가 보유한 권력을 하나 또는 여러 명에게 행사함으로써 그들의 행동 가능성을 변화시킨다는 의미다. 타동사로서 '따르게 하다'가 갖는 주요 의미 가운데 하나는 전쟁 관련 어휘에서 유래한다. 예를 들어 '적으로 하여금 나를 따르게 하다'는 적이 무기를 버리고 승자를 위해 봉사하는 것—그러니까 승자의 지시 **아래** 놓이는 것—외에는 다른 선택지가 없을 정도로 충분한 지배력을 갖는다는 의미다. 이 경우, '따르게 하다'는 힘에 의한 전적인 지배를 뜻한다. 우리가 누군가를 지배할 때는 지식이나 카리스마 또는 자연적인 권위를 통해 가능하지만,[12] 누군가를 순종 또는 복종시키는 건 반드시 힘과 강제적 제약에 의해서만 가능하다. 순종시키는 것을 지배 행위의 특별한 형태, 즉 특별히 강한 의미의 지배로 이해할 경우, 지배당하는 자와 복종당하는 자는 외관상 별반 차이가 없어 보인다.

그렇긴 해도, 가령 노동자 계급이 '지배당한다'고 말하는 것과 노동자 계급을 '순종적'이라고 말하는 것은 같다고 볼 수 없다. 노동자가 지배당한다는 것은 그들에게 행사함으로써 그들의 행동반경을 제한하거나 적어도 변경시키는 권력을 염두에 둔 말이다. 노동자가 순종적이라고 말할 경우에는 여기에 부정적 뉘앙스까지 덧붙여진다. 자신들에게 가하는 권력에 대한 그들의 의존성과 순종 맹세를 강조하기 때문이다. 지배당하는 노동자라고 말할 때, 우리는 그들을 추상적 권력 행사의 대상이 되는 비인칭 다수로 인식한다. 반면, 순종적 노동자라고 말할 때는—어떤 방식으로건—지배 대상인 노동자의 행동을 강조함으로써 그들을 인격화한다. 이렇게 하면 노동자의 상황이 마치 자발적인 것처럼 보일 수 있다. 다시 말해, '순종'의 경우엔 자신을 그런 순종의 상태로 이끄는 행동 또는 상황, 그러니까 어떤 방식으로건 자신의 순종 행위 또는 상황은 자신이 선택한 것이라는 얘기다. 앞으로 이 책에서는 최대한 모호함을 배제하기 위해 순종이라는 용어를 스스로 그러한 행위 또는 상황을 선택하는 경우로만 한정해서 사용할 것이다.

그런데 스스로 순종적인 행동을 한다는 것은 얼핏 생각하기에도 모순처럼 보이는데, 수동성 속에서의 활동이기 때문이다. 풀어서 말하면, 주체는 자신이 내리는 결정의 합리성 또는 복잡성의 정도가 어떻든 더 이상 결정하는 자가 되지 않기로 결정한 셈이라고 할 수 있다. 물론 더 나은 다른 선택지가 없기 때문에 순종하기로 결정할 수도 있다. 어찌 되었든 이는 주체가 내린 결정으로, 자신에게 가해지는 권력에 반대해 아무런 행동도 하지 않겠다는 뜻이다. 소극적인 결정일지라도 결정은 결정이다.

이런 관점에서, 순종과 관련해 두 가지 유형의 의지를 구분해볼 수 있다. 첫째는 능동적 의지, 즉 적극적으로 순종하려는 의지다. 둘째는 수동적 의지로, 자신에게 가해지는 권력에 대한 체념 또는 저항이 부재한 경우다. 여하튼 우리는 권력에 대한 적극적 저항이 없을 때—따라서 밖으로 드러나는 주체의 의지가 있을 때에만—순종을 언급한다. 그러므로 순종은 적어도 적극적으로 지배에 항거하지 않겠다는 의지의 결과인 것이다.

순종과 지배의 관계를 정확하게 이해하기 위해서는 '지배(domination)'라는 용어가 지닌 모호함을 인식하는 것이 중요하다. 지배에 대해 말할 때 우리는 하나의 **관계**(예를 들어 남성의 지배는 주어진 사회에서 남성 집단과 여성 집단 사이에 존재하는 관계를 공통적으로 지칭한다) 또는 하나의 **행위**(남성의 지배는 지배라는 행동을 통해 나타나며, 그중 가장 극단적 형태는 가정폭력이다)를 지칭한다. 관계로서 지배는 적어도 둘 이상의 주체 간에 존재하는 수직적이고 서열화된 비대칭적 사이를 말하며, 이런 관계 속에서 지배하는 주체는 결정적인 방식으로 상대, 즉 지배받는 주체의 행동에 영향을 줄 수 있다. 일단 이러한 차이를 분명하게 밝혀야 순종이 무엇인지 확실하게 드러난다. 주체 A와 주체 B가 지배 관계(지배 1)에 있을 때, A와 B 사이엔 A가 B에게 가하는 지배 행위(지배 2)가 있을 수 있으며, 이때 A에 대한 B의 복종 행위가 가능하다.

철학적 금기

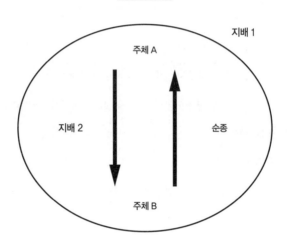

순종 없는 지배 관계도 있을 수 있는데—전적으로 불평등한 폭력 상황에서는 폭력에 의한 지배만 있다—이 경우 1의 의미로서 지배는 전적으로 2의 의미로서 지배에 토대를 둔다. 이럴 경우엔 순종 맹세가 아니면 곧 죽음이 뒤따르므로 순종하는 자의 실제적 순종 **의지** 표명 따위는 있을 수 없다. 순종 없는 지배는 폭력에 기반한 지배이므로 태생적으로 불안정할 수밖에 없다. 폭력이 희석되면 지배의 존재 이유가 없어지기 때문이다. 한편 2의 의미로서 지배가 불가능한 상황, 즉 1의 의미로서 지배가 오로지 순종에만 의거할 경우를 상상해볼 수도 있는데, 이것이 바로 통상적으로 자발적 순종이라고 말하는 경우에 해당한다. 이런 유형의 순종 사례로는 자신의 주인이 되어줄 여성을 원하는 피학성애자(masochist)—예를 들어 자허마조

흐(Leopold von Sacher-Masoch: 1836~1895. 오스트리아의 소설가—옮긴이)가 쓴 글에 등장하는 인물—가 해당한다고 볼 수 있다. 하지만 지배의 관계에서는 흔히 지배 행위와 순종 행위가 혼합되어 나타난다.

보부아르와의 동행

이 같은 지배 도식 덕분에 우리는 우리의 연구 과제를 보다 더 효과적으로 한정 지을 수 있다. 곧, 우리가 여성의 순종을 연구한다는 것은 여성이 지배 관계의 당사자이면서 저항하는 모습을 보이지 않을 때의 행동 또는 상황을 탐구하는 것을 뜻한다. 이는 남성의 지배를 지배자의 관점에서가 아니라 스스로 순종하는 여성의 관점에서 바라보는 것이기도 하다. 여성의 종속을 외부의 시선으로, 객관적 방식으로 묘사하는 것이 아니라 남성의 지배 아래에서 여성으로 사는 게 어떤 것인지 알아보는 것이다. 따라서 주관적 경험을 기술함으로써 지배를 밑으로부터 살펴보는 것이다. 그러므로—필연적으로—순종이 여성의 천성이라는 생각, 반대로 여성의 천성에 반하는 것이라 부도덕하다는 생각, 또는 가부장제의 억압에서 기인한 허위의식의 표현이라는 식의 생각에서 출발하지 않는다. 오히려 그와 반대로 여성이 겪는 순종은 과연 어떤 것인지, 그러한 순종은 어떤 식으로 발현되며 어떤 식으로 경험 및 설명되는지를 어떠한 선입견도 없이 파헤쳐보는 것이 이 책의 목적이다.

그런데 마침 한 페미니스트 철학자가 이론 작업을 해놓은 덕분에 우리는 이 문제를 복합적인 관점에서 조명할 수 있다. 이 철학자는 세계적으로 널리 알려져 있으며, 20세기는 물론 철학의 역사를 통틀어 가장 많이 읽히고 판매된 책의 저자이기도 하다. 짐작했겠지만 그는 바로 시몬 드 보부아르이고, 방금 언급한 철학서는 《제2의 성》이다. 그런데 역사의 아이러니라고 해야 할지—이 점에 대해서는 나중에 다시 생각해볼 기회가 있을 것이다—보부아르의 이러한 철학적 업적은 세계적으로 인정받아 재조명되고 지속적으로 연구되는데, 유독 모국인 프랑스에서는 사정이 다르다. 프랑스에서 보부아르는 일반적으로 사르트르의 근엄한 동반자로, 혹은 잘 팔리는 책의 저자 정도로만 알려져 있다. 여성의 순종이란 무엇이며, 그것을 야기하는 게 무엇인지 이해하기 위해 《제2의 성》이 제시하는 철학적 분석을 토대로 삼는 이 책의 부차적인 목적이 있다면 바로 프랑스 독자들과 더불어 시몬 드 보부아르가 명실상부한 철학자였다는 사실을 공유하는 것이다. 또한 이 여성 철학자가 남긴 설득력 있는 철학이 우리가 사는 세상을 새로운 눈으로 바라보게 해주며, 결과적으로 이 세상을 한층 살 만한 곳으로 인식하게끔 해준다는 사실을 공유하는 것이기도 하다.

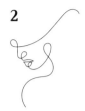

2

여성의 순종은
동어반복인가

여성의 순종에 대해 성찰하려는 사람은 누구나 우선적으로 다음과 같은 문제에 맞닥뜨린다. 요컨대 여성의 순종은 천성적인 것이라는 생각이 여성에게 확실히 불리하게 작용하다 보니 아예 시선을 순종으로부터 돌려버린다. 그렇게 함으로써 여성의 순종 같은 건 존재하지 않으며, 그건 많고 많은 성차별적 편견에 불과하다고 말하고 싶은 유혹에 사로잡히는 것이다. 하지만 언어 관습이며 고전 문화, 대중문화, 언론에 등장하는 이미지 등 많은 것이 순종엔 뭔가 여성적 양상이 있다거나 여성성은 순종적 태도를 함축하고 있다는 뉘앙스를 풍긴다. 순종적인 남자는 수컷다움이 부족하다는 조롱을 받기 마련인가 하면, 고전에서 볼 수 있는 여성다움의 귀감은 남성에게 순종하는 여인이다. 그러니 이를 어떻게 보아야 할 것인가?

여성은 피학성애자인가

순종에 대해 말할 때 공통적으로 떠오르는 이미지로는 순종적인 여성, 노예, 패배한 전사 등을 꼽을 수 있다. 노예가 되었든—이때의 노예는 거의 언제나 집단으로서 노예라기보다 한 명 한 명의 개별적인 노예다—패배한 전사가 되었든, 이들의 순종은 어찌할 수 없었던 신체적 제약의 결과다. 말하자면 순종과 관련해 이들의 책임은 없다고 말할 수 있다. 전사의 경우는 굴복하지 않을 만큼 힘이 세지 못했던 게 책임이라면 책임일 것이다. 반면, 순종하는 여성에게 순종은 마치 선택에 의한 것처럼 보인다. 다시 말해, 순종의 책임은 바로 그 여성에게 있다. 이 경우 순종은 합의에 따른 수동성—존경받을 만한 여성에게 기대되는 태도로 오디세우스의 귀환을 기다리는 페넬로페가 여기에 해당한다—의 한 형태이거나 훼손당한 여성다움의 한 형태라고 할 수 있다. 예를 들어 시민 단체 니퓌트니수미즈는 후자에 맞서 투쟁한다. 자신의 자유에 대한 자발적—따라서 부도덕한—포기를 함축하기 때문에 순종이 도덕적 문제라고 생각한다면, 이러한 순종의 전형으로 제일 먼저 떠오르는 것은 여성이다.

순종을 여성다움의 전형으로 간주하면 여성은 천성적으로 피학성애자이며, 이러한 피학성애 기질이야말로 가정에서 일어나는 부부 사이의 폭력은 물론 노동 시장의 불평등을 두루 설명해준다는 견해가 나올 수 있다. 이러한 생각이 얼마나 허위적인지는 이미 수없이 입증되었다.[1] 그럼에도 워낙 광범위하게 퍼져 있으므로, 그러한 생각이 어떻게 프로이트가 제안하는 피학성애 이론에 그 뿌리를 내리게 되었는지 살펴보는 일도 흥미로울 것이다. 피학성애 이론은 특히 섹슈얼리티 분야에서, 고통을 겪음으로써 쾌락을 얻는다는, 일견 모순적으로 보이는 현상을 설명해야 하는 문제를 제기한다. 이 문제는 심리적 차원―고통에서 쾌락을 맛보는 것은 일종의 도착증 또는 광기에 해당하는가?―의 문제에 그치지 않고, 논리학적 문제까지 야기한다. 사실, 쾌락과 고통은 서로가 서로에 대한 관계를 통해 정의할 수 있으며, 그런 점에서 피학성애는 배타(non-contradiction)의 원리에 대한 도전처럼 보인다. 쾌락이 있다면 고통이 있을 수 없고, 그 역도 성립해야 마땅하니 말이다. 고통을 통해 얻는 쾌락은 이론적으로 생각할 수 없다. 그럼에도 의사나 정신분석가들은 진료 현장에서 몇몇 환자들이 고통 속에서 쾌락을 얻는 경우가 있다고 인정하며, 이런 현상이 지니는 논리적 모순 때문에 이를 일종의 도착증으로 간주한다. 프로이트가 1905~1924년 피학성애의 정신분석학적 개념[2]에 대한 토대를 마련한 세 편의 논문―〈성적 착란(Les aberrations sexuelles)〉(1905), 〈매 맞는 아이(Un enfant est battu)〉(1919), 〈피학성애증으로 인한 경제적 문제(Le problème économique du masochisme)〉(1919)―을 쓴 것도 이러한 문제에 봉착했기 때문이다.

프로이트에 따르면 피학성애증은 가학성애증의 파생 현상, 즉 2차 단계다. 아닌 게 아니라 프로이트처럼 리비도(libido)를 보존 본능의 한 형태라고 간주하면, 피학성애증은 그것이 지닌 파괴적 양상으로 볼 때 아무 의미도 없다. 피학성애증이란 명확하게 보존 본능에 역행하는 것이기 때문이다. 이러한 모순을 해결하기 위해 프로이트는 가학성애증—섹슈얼리티 차원에서 고통을 부과하려는 욕망—과 피학성애증 사이에 순차적인 시간 관계가 있다는 가설을 제시한다. 프로이트는 피학성애증을 가학성애증의 반대라고 정의하면서, 그것이 가학성애증의 악화된 2차적 형태라고 설명한다. 그가 〈매 맞는 아이〉를 통해 분석한 것과 같은 환상(fantasme)에서, 피학성애증은 죄책감과 더불어 나타난다. 아이는 근친상간적이고 가학적인 욕망을 품는데, 그것이 이와 같은 환상과 대면했을 때 느끼는 죄책감으로 인해 피학성애증으로 변모하는 것이다.[3] 여기서 피학성애증의 특성, 즉 죄책감이 드러난다. 쾌락이 고통과 수모로 전위되는 것이다. 피학성애증은 너 이상 수동적 도착증이 아니라 억압된 가학적 충동(프로이트의 연구 사례를 보면, 아이는 다른 아이가 아버지한테 얻어맞길 바라는데, 그것이 바로 아버지가 그 다른 아이를 사랑하지 않는 증거이기 때문이다)을 스스로에게 해소하는 것으로 이해할 수 있다.

가학성애가 피학성애로 방향을 전환하는 이런 현상이 함축하고 있는 근친상간적 양상에 대해 프로이트는 피학성애증에 성별에 따른 차이가 있을 거라는 가설을 제시한다. 피학성애증에는 여성적 측면이 있다는 것이다. 프로이트는 이런 환상의 전개와 관련해 환자들의 성별이 어떤 영향을 끼치는지 연구한 끝에 남성의 피학성애증은

"여성적인 태도와 일치한다"[4]고, 즉 피학성애증은 이런 증세를 보이는 남성들이 지닌 다른 여러 면모 가운데 수동적이고 여성적인 면모의 발현이라고 주장하기에 이른다. 남성 환자와 여성 환자의 환상이 정확하게 일치하지 않는다는 사실로 미루어 그는 "두 경우를 볼 때, 구타라는 환상은 아버지에 대한 근친상간적 애착에서 파생된다"고 주장한다. 이는 곧 여성에게 피학성애증은 오이디푸스 콤플렉스의 정상적 결과인 반면, 남성에게는—그 대상이 아버지이므로—"역(逆)오이디푸스 콤플렉스"가 된다는 뜻이다. 피학성애증은 여성에게 정상인 반면, 남성에게는 변태적이라고 프로이트는 말한다.

피학성애증이 수동성이라는 면에서 여성적 양상을 보인다는 이러한 생각을 프로이트는 〈피학성애증으로 인한 경제적 문제〉에서 한층 발전시킨다. 그는 이 논문에서 일종의 피학성애증 유형론을 전개한다. 즉, 피학성애증을 성적 욕망과 관련 있는 **성욕 자극** 피학성애증, **여성적** 피학성애증, 그리고 **도덕적** 피학성애증, 이렇게 세 가지 유형으로 나눈다.[5] 성욕 자극 피학성애증은 말하자면 피학성애증의 원조 격이라고 할 수 있는데, 자신이 겪는 고통에서 쾌락을 맛보는 것이며 본질적으로 성적 양상을 띤다. 그는 이 피학성애증을 소개하면서 나머지 두 가지는 여기에서 비롯된다고 했지만 자세한 설명을 덧붙이지는 않았다.[6] 프로이트에게 여성적 피학성애증은 여성에게서 나타나는 증세가 아니다. 더구나 그는 이런 증세를 변태 남성에게서 발현되는 경우로만 한정해서 연구했다. 이 피학성애증은 수동성, 다시 말해 정신적으로나 성적으로 수동적 위치에 있을 때 쾌락을 맛보는 경우를 가리킨다. 프로이트가 보기에 능동성/수동성은 근본적 대립으로서 성별에 따른 차이의 핵심을 구성한다. 심지어 남성다움(능동성)과 여성다움(수동성)에 대한 정의를 내리는 기준이 되기도 한다. 따라서 수동성에 대한 욕구는 여성의 욕구로 간주된다. 프로이트에 따르면, 이 피학성애증은 가장 관찰하기 용이하며, 그렇기 때문에 제일 먼저 분석 대상이 되었다. 이 증세는 원조 피학성애증에 토대를 두고 있으며 죄책감을 표현한다.

도덕적 피학성애증은 프로이트의 개념 체계에서 굉장히 낯설면서도 새롭다고 할 수 있다. 이에 따르면, 가령 자기 자신을 채찍질하는 편달고행(autoflagellation)은 피학성애증적 태도에 해당한다. 도덕적 피학성애증은 과도한 죄책감의 발현이다. 도덕적 피학성애증과 그 밖에 다른 피학성애증 형태의 중요한 차이는 다음과 같다. 요컨대 한편으론 도덕적 피학성애증엔 성적 차원이 전혀 개입하지 않는다ー"우리가 섹슈얼리티라는 용어 속에 포함시키는 모든 것과의 연결 고리가 끊긴다"[7]ー는 것이며, 다른 한편으론 오직 고통 그 자체를 추구하는 게 목적이기 때문에 누가 고통을 가하는지, 즉 고통을 가하는 주체의 정체는 전혀 중요하지 않다는 것이다.

프로이트가 제시하는 피학성애증 분석은 순종과 여성다움의 관계를 잘 보여준다. 여성적 피학성애증ー프로이트는 이를 여성의 도착증이 아닌 남성의 도착증이라고 간주했다ー이 그 좋은 예에 해당한다. 바꿔 말하면, 여성다움은 본래 수동적이며 죄책감에 토대를 두고 있기 때문에 여성에겐 피학성애증이 정상일 수 있다는 뜻이다. 피학성애증이 문제가 된다면 그건 오직 남성에게만 그러한데, 왜냐하면 그것이 능동적인 남성의 천성에 역행하기 때문이다. 능동성과 지배를 수컷다움과 동일시하고 순종과 수동성을 여성다움과 동일시하는 태도는, 부분적으로 순종을 부정적인 눈으로 바라보게 하는 데 일조한다. 스스로 순종하는 것은 곧 여성이 남성에 비해 열등한 것과 마찬가지로 스스로 자신을 열등한 위치에 자리매김하는 것이다.

순종은 여성의 미덕인가

프로이트에게 피학성애증과 여성다움을 동일시하는 견해는 일종의 본질주의(essentialisme)에 근거를 두고 있다. 여성의 타고난 천성 속에 여성을 수동적이며 순종과 고통이라는 성적 지향으로 이끄는 무엇인가가 이미 존재하고 있다는 뜻이다. 그렇다고 해도, 일반적 이미지는 물론 고전적 문화에서도 이러한 순종이 여성에게 지극히 자연스러운 것으로 나타난다고 말할 수는 없다. 도덕철학, 즉 윤리학이며 문학과 관련한 수천수만 쪽의 글이 여성에겐 순종할 것을 지시하고, 남성에겐 어떻게 하면 여성의 순종을 얻어낼 수 있는지 그 방법을 알려주고 있음을 볼 때, 순종은 여성한테 자연스러운 천성이라기보다 **남성**이 보기에 전형적으로 여성적인 것, 혹은 여성한테 꼭 필요한 덕목 또는 태도라고 짐작할 수 있다.

종교 분야에서 중요한 위치를 차지하는 몇몇 글은 여성에게 신에 대한 순종뿐만 아니라 남편에 대한 순종까지 명령한다. 《신약성경》의 경우, 바울 사도가 에베소 사람들에게 보낸 편지(《에베소서》)에서 여성의 순종은 인간이 신에게 바치는 순종이 확장된 것으로 나타난다.

그리스도를 존중하는 마음으로 서로가 서로에게 순종하십시오. 아내는 예수 그리스도에게 하듯 남편에게 순종하십시오. 왜냐하면 아내에게 남편은—교회에서 예수가, 교회의 몸을 구원하신 구세주 예수가 머리에 해당하는 것과 마찬가지로—머리이기 때문입니다. 그렇습니다! 교회가 그리스도에게 순종하는 것처럼 아내도 항상 남편에게 순종하십시오. 그리고 남편들이여, 그대들은 예수를 본받아 아내를 사랑하십시오. 예수는 교회를 사랑하셨고, 교회를 위해 자신을 내어주셨습니다. 예수는 침례와 생명의 말씀을 통해 교회를 깨끗하게 정화함으로써 그곳을 성스럽게 만들고자 하셨습니다. 그리고 그 교회가 예수 자신이 보기에도 티끌 한 점, 주름 하나, 오점 하나 없이 환하게 빛나는 곳이 되기를 바라셨습니다. 남편도 이렇듯 자기 몸처럼 아내를 사랑해야 합니다. 아내를 사랑하는 자는 자신도 사랑합니다. 자신의 몸을 경멸하는 사람은 없으니까요. 경멸은커녕 우리는 자기 몸에 양분을 주고 보살핍니다. 그것이 바로 예수가 교회를 위해 하신 일이며, 우리는 그 교회, 즉 예수의 몸을 구성하는 요소입니다. 《성경》에서 말하는 것과 같이 "그 때문에 남자는 아버지와 어머니를 떠나서 아내와 결합할 것이며, 이렇게 맺어진 두 사람은 하나가 될 것입니다". 이 같은 신비는—예수와 교회를 생각할 때—참으로 위대합니다. 다시 여러분과의 이야기로 돌아오자면, 여러분 각자는 자신의 아내를 자신처럼 아끼고 사랑해야 하며, 아내는 남편에 대해 존경심을 가져야 합니다.[8]

《쿠란》의 몇몇 구절에서도 콕 집어 남편에 대한 여성의 순종을 언급하고 있는데, 그 내용인즉 신자들이 신에게 보이는 순종에 이러한 순종까지 더하는 것이 골자다.

남성은 여성에 대해 권위를 갖는데, 이는 알라신이 남성에게 여성에 대한 특혜를 허락해주었으며, 또한 남성이 재물을 지출하기 때문이다. 덕성스러운 여성은 (남편에게) 순종하며, 남편 부재 시에는 알라신의 보호 속에서 보호받아야 할 것을 보호해야 한다. 혹시 불복종이 염려되는 여성이라면 그들을 설득하고, 잠자리에서 그들을 멀리하며, 그들을 때려라. 그렇게 해서 그들이 순종하게 된다면, 더는 그들을 해하지 말라. 알라신은 확실히 높고 위대하시다![9]

위에서 소개한 글은 두 종교의 경전에서 인용한 것으로, 무수히 많은 해석이 가능하기 때문에 문자 그대로 읽는 것만이 유일하고도 바람직한 독해 방식일 수는 없다.[10] 그렇긴 해도, 이 두 대목은 신자가 신에게 바치는 순종에 여성의 순종을 더하고 있음을 확실하게 보여준다.

철학 쪽에서 보면, 루소가 《에밀 또는 교육론》에서 소피의 교육과 관련해 권유하는 내용 또한 덕 있는 여성에게 권장하는 태도로서 순종과 궤를 같이한다. 루소는 에밀의 교육을 위해 밟아야 할 여러 단계를 묘사하는데, 각 단계는 그의 타고난 능력이 개화해가는 연속성 속에서 도덕적 정서의 점진적 계발을 목표로 삼는다. 남녀 독자는 누구나 《에밀 또는 교육론》의 처음 네 권을 읽는 동안 에밀의 교육은 모든 어린이의 교육에 모범이 될 수 있다고 생각할 텐데, 루소는 다섯 권째 책에서 소피, 그러니까 장래에 에밀의 신부가 될 사람이 당연히 자신의 능력에 따라시 빈아야 힐 교육에 대해 언급한다. 그런데 이는 모든 면에서 에밀을 위한 교육과 다르다. 성별에 따른 남녀의 자연적 차이점이 존재한다는 현실을 상기시키는 데 이어 루소는 남성의 우월성과 여성의 순종에 토대를 둔 남녀의 상호 보완성을 옹호한다.

내가 성별에 따른 개별적 종착점을 고려하건, 그로 인해 형성되는 기질을 관찰하건, 그에 따른 의무를 헤아려보건, 모든 것은 나에게 거기에 적절한 교육 형태가 있음을 일깨워준다. 여성과 남성은 서로가 서로를 위하도록 만들어졌으나 그 둘의 상호 의존성은 동등하지 않다. 남성은 욕망에 의해 여성에게 의존해야 하는 반면, 여성은 욕망뿐만 아니라 필요에 의해서도 남성에게 의존해야 하기 때문이다. 즉, 우리 남성은 여성 없이도 비교적 잘 생존할 수 있는 반면, 여성은 그렇지 못하다는 뜻이다. 여성이 필요로 하는 것을 손에 넣기 위해서는, 여성이 현재의 상태를 유지하기 위해서는 우리가 그들에게 필요한 것을 주어야 한다. 그러려면 우리가 그렇게 하고 싶어 해야 하며, 우리가 그들이 그걸 받을 만하다고 판단해야 한다. 여성은 우리의 감정, 그들이 지닌 미덕에 우리가 매기는 값어치, 그들의 매력과 덕성에 우리가 표하는 존중 정도에 의존한다. 자연의 법칙에 따라 여성은—그들 자신은 물론 그들이 낳은 자식과 관련해—남성의 판단에 따를 뿐이다. 여성은 존중받을 만한 것으로는 충분하지 않으며, 그렇게 인정 및 대접받는 것이 중요하다. 여성은 아름답기만 해서는 안 되고 마음에 들어야 하며, 얌전하기만 해서는 안 되고 그렇게 인정받아야 한다. 여성의 명예는 그들의 행실 안에만 깃들어 있는 것이 아니라 그렇다는 평판을 받아야 한다. 자신이 불명예스러운 여성으로 통한다는 사실을 인정하는 여성은 절대 영예로운 여성이 될 수 없다. 남성은 처신을 잘하면 자기 자신에게만 달려 있어서 남들의 평판 따위는 무시할 수 있다. 반면 여성은 처신을 잘하더라도 자기 임무의 절반만 완수한 셈인데, 사람들이 그 여성에 대해 어떻게 생각하는지가 실제로 그 여성이 어떤지보다 덜 중요하다고 단정할 수 없기 때문이다. 따라서 여성의 교육 체계는—이런 관점에서 보면—남성의 교육과 반대여야 마땅하다. 남들의 평판은 남성에겐 덕성의 무덤인 반면, 여성에겐 가장 중요한, 일종의 옥좌이기 때문이다. 〔……〕 항상 여러분이 어린 소녀들에게 강제하는 보살핌을 정당화하라. 그들에게 경외심을 갖도록 해야 한다. 무위도식과 불손은 이들에게 가장 위험한 단점이며, 한번 이런 습성이 들면 거의 고치지 못한다. 소녀들은 경계심 많고 부지런해야 한다. 그런데 그게 전부가 아니다. 소녀들은 일찍부터 제약을 받아야 한다. 이러한 불행은—그것이 정말로 그들에게 불행이 맞다면—여성이라는 그들의 성(性)과 떼려야 뗄 수 없는 불가분의 관계에 있다. 소녀들이 그 불행으로부터 해방된다면 그건 그보다 더 혹독한 불운을 맞닥뜨리기 위해서일 것이다. 소녀들은 사는 동안 내내 예의범절이라는 가장 끈질기고 엄격한 제약에 예속당할 것이다. 그러므로 무엇보다도 먼저 그들을 속박과 구속에 익숙해지도록 훈련시켜야 한다. 그래야 속박과 구속이 그들에게 짐이 되지 않을 것이다. 소녀들은 또한 모든 부질없는 환상을 길늘이는 훈련을 계속해서 그것들을 타인의 의지에 복종시키도록 해야 한다.[11]

남성과 여성의 성적 차이점으로부터 루소는 여성을 합리적 이성이 아닌 평판에 좌우되는 존재, 자유가 아닌 순종의 존재로 만드는 도덕적 차이점을 유추해낸다. 이런 도덕적 차이는 여성에겐 이성이 결핍되었으며 결과적으로 타고난 본능의 포로가 될 수밖에 없다는 생각에 그 토대를 두고 있다. 여성은 무한한 성적 욕망을 지니고 있어 그들 자신도 이를 제어할 수 없다. 반면 남성은 이성을 지닌 덕분에 이러한 욕망에 저항하고, 이를 승화시킬 수 있다. 그리고 이러한 통제력을 통해 정치적인 사회를 건설할 수 있다.

순종이 여성의 본성에 이미 포함되어 있다고 본 프로이트의 견해와 달리, 루소에게 순종은 여성의 본성에 따른 결과라기보다 남성과 여성이라는 양성 간의 조화로운 합의를 위해 필요한 조건이다. 에밀이 행복한 남성, 행복한 시민으로 살기 위해서는 그의 곁에 순종적인 여성이 있어야 하는 것이다. 하지만 이러한 순종을 얻기 위해서는 인성 계발을 위한 교육이 필요해 보인다. 순종이 여성의 본성 안에 내재해 있더라도 이때의 본성은 우리가 흔히 '자연적인 천성'이라고 할 때의 본성과는 전혀 같은 뜻이 아니다. 프로이트가 순종에서 여성의 심리적인, 아니 거의 생리적인 본성, 즉 기술적(記述的) 의미에서 본성의 발현을 보았다면, 루소에게 순종은 규범적인 의미에서 여성의 본성이다. 여성은 완전한 의미에서 여성, 즉 남성의 반려자가 되기 위해 순종적이어야 한다는 것이다. 루소에게 중요한 것은 여성이라는 성을 가진 개인으로서 여성이라기보다 가부장적 사회에서 통용되는 여성다움의 규정에 어울리는 개인으로서 여성이다.

여기서 우리는 순종과 여성다움이 얼마나 밀접하게 얽혀 있는지 확인할 수 있다. 순종은 여성에게 적절한 태도로 여겨진다. 그 태도로 말미암아 여성은 자신의 천성적인 여성다움을 완성하게 되며, 그 태도야말로 남성과 여성을 근본적으로 구별 짓는 변별성을 갖는다. 그러니 우리가 제대로 이해했다면, 여성다움은 내재적으로 순종적인 무엇인가를 포함하고 있으며, 순종엔 내재적으로 여성적인 무엇인가가 함축되어 있다고 할 수 있다.

여성으로 존재한다는 것은 곧 순종하는 것이다

순종을 여성의 본성이라고 치부함으로써 신학, 철학, 고전 문학 등에서는 남성과 여성 사이의 사회적 서열을 정당화한다. 사회적 서열이 남성에 의한 여성의 지배로 말미암은 결과가 아니라, 여성이 본래 남성에게 순종하도록 되어 있기 때문에 그렇게 된 것이라고 보는 것이다. 여성이 천성적으로 순종적이라는 말은 결과적으로 남성이 아무 짓을 하지 않아도 여성은 남성에게 순종하며, 따라서 이러한 서열화에 관해서라면 남성은 전혀 책임이 없음을 함축한다. 이러한 함축은 매우 중요한데, 이로 인해 인간은 누구나 자유롭고 평등한 존재로 태어난다는 생각―이에 따르면 순종은 부도덕한 것이 된다―과 남성/여성의 성적 차이에 따른 사회적 서열은 정당하다는 생각이 양립 가능하기 때문이다. 여성이 남성에 의해 강제된 순종적 존재가 아니라면, 남성이 여성을 지배하기 위해 의도적으로 무엇인가를 하는 일 없이 여성 스스로 자기 천성에 내재되어 있는 순종을 택한 것이라면, 여성에 대한 남성의 사회적 우월성은 그 근거가 부당하다고 볼 수 없다.

여성다움과 순종 사이의 연관성을 이런 식으로 보는 방식이 가장 보편적으로 통용된다고 할 때, 이러한 연관성은—미국 출신 철학자이자 법률가 캐서린 매키넌(Catharine MacKinnon)의 예에서 보듯—가부장적 사회 구조에 대해 급진적 비판을 하는 도구로도 작용할 수 있다. 남성/여성의 관계에 관한 매키넌의 연구는 사회적·정치적 현실의 체계적 분석 프로젝트라는 큰 틀에서 이루어지고 있으나, 그렇다고 실천적인 차원을 소홀히 하는 것은 아니다. 매키넌은 성추행(harcèlement sexuel)이라는 법적 개념을 처음으로 창안했으며, 미국의 포르노 영화 금지 투쟁에서 가장 중요한 2명의 인물 가운데 한 명으로 손꼽힌다. 또한 보스니아 전쟁 이후 국제법에서 강간, 즉 성폭행을 전쟁 범죄 중 하나로 인정하도록 명문화하는 데 크게 기여했다. 매키넌은 이론 작업을 진행함에 있어 사회 전체에 대한 총체적 관점을 견지하며 사회과학 이론, 구체적 현실 분석 등을 토대로 여성에게 가해지는 억압이 어떤 방식으로 기능하는지 그 구조를 드러내는 데 주력한다. 매키넌이 분석을 통해 기본적으로 주장하는 내용은 이렇게 요약할 수 있다. "차이란 지배라는 강철 손에 낀 벨벳 장갑이다. 문제는 그러한 차이조차 제대로 반영하고 있지 않는 데에만 있다고 할 수 없는데, 그 차이라고 하는 게 결국 권력에 의해 정의되기 때문이다."[12] 매키넌에 따르면, 남성과 여성의 성적 차이는 남성의 지배가 낳은 결과일 뿐 절대 그 원인이 될 수 없다. 또한 그와 같은 성적 차이는 남성 지배라는 현실을 가리는 데 이용될 뿐이다. 이렇듯 통념적인 직관에 어긋나는 급진적이고 강력한 주장은 대단히 복잡한 추론에 근거를 두고 있다.

섹슈얼리티는 정치적이다

캐서린 매키넌이 주장하는 논리의 출발점은 다음과 같다. 즉, 사회적인 것과 섹슈얼리티 사이에는 양방향 관계가 성립한다. 사회적인 것은 섹슈얼리티에 의해 결정되고, 섹슈얼리티는 사회적인 것에 의해 결정된다는 뜻이다. 결과적으로 우리는 남성과 여성이라는 성적 차원을 고려하지 않을 경우, 젠더를 이해할 수 없다. 매키넌은 페미니스트를 포함한 일반 대중 사이에 용인되고 있는 섹스와 젠더의 구분을 거부한다. 그 구분에 따르면 섹스는 생물학적 차원을, 젠더는 각 개인의 정체성 내에서 사회적으로 구조화한 어떤 것만을 반영하는데, 매기닌은 생물학적 차원과 사회적인 것은 분리해서 생각할 수 없으며, 섹스/젠더를 구분하는 것은 결국 이 두 가지가 차지하는 각각의 몫을 따로 떼어 생각할 수 있을 거라는 가설을 영속적으로 살아남게 하는 데 일조할 뿐이라고 주장한다. 이러한 연유로 매키넌은 섹슈얼리티의 (페미니스트적) 정치 이론의 필요성을 역설한다. 그러한 이론은 매키넌의 주장대로라면 "섹슈얼리티를 젠더 불평등, 즉 남성의 여성에 대한 서열 우위를 이론의 한가운데 위치시켜야 할 것이며, 남성 권력의 사회적 구축물로 간주해야 할 것이다".[13]

매키넌은 제일 먼저 "섹슈얼리티는 자연적이며, 그렇기 때문에 최

대한 아무런 금기 없이 거기에 몰입해야 한다"는 식의 사고를 공격 대상으로 삼는다. 프로이트의 이론과 1970년대식 성 해방의 중심 가설—섹스 억압에서 탈피해 이전과는 반대로 자신의 성적 욕망을 충실하게 따르는 방식으로 살아야 할 것이다—에 반기를 들면서 매키넌은 섹슈얼리티는 자연적인 것이 아니라 구축된 것임을 주장한다. 섹슈얼리티는 남성 지배에 의해 구조화했으며, 따라서 섹스 억압 탈피—매키넌은 의도적으로 성 **해방**이라는 표현을 피한다—가설은 실제론 남성의 성적 욕망 충족을 위해 봉사하는 것에 지나지 않는다는 게 매키넌의 주장이다.

이러한 현상은 예를 들어 우리가 섹슈얼리티에 대해 갖고 있는 이미지에서 잘 드러난다고 매키넌은 말한다. 정상적인 성관계는 남성의 페니스가 여성의 질 속으로 삽입되는 것을 가리키며, 남성이 오르가슴을 느끼는 순간 성관계는 끝난다. 프로이트로부터 물려받은 이러한 표상[14]은 전적으로 남성의 관점에 기초하고 있다. 매키넌에 따르면, 이러한 관점의 채택은 여성에 대한 남성의 권력을 반영한다. 남성은 지배적 위치에 있으므로 섹슈얼리티를 자신을 흥분시키는 것 위주로 정의할 수 있으며, 이러한 정의가 객관적으로 타당하다고 강변할 수 있다. 그런데 억압 탈피 가설은 남성의 성적 이익을 위해 봉사한다. 자주 성관계를 갖고 싶어 하는 욕망이 여성의 천성에 내재해 있다고 주장함으로써 여성이 성적으로 좀더 유연해지도록 유도하는 것이다. 남성과 여성 사이의 역학 관계를 고려할 때,

억압 탈피 가설이 남성의 욕망을 충족시키는 데 기여할 가능성은 매우 높다.

성적 욕망은 천성적으로 타고난다는 가설을 거부하는 것은 남성의 욕망과 남성의 권력, 이 두 가지에 동시에 영향을 끼치는 가설, 즉 "남성의 지배는 성적이다"[15]라는 가설을 함축한다. 이는 단순히 남성이 여성에 대해 성적으로 힘을 가지고 있다는 사실만을 의미하지 않는다. 매키넌은 섹슈얼리티가 남성 지배의 핵심인 것과 마찬가지로 지배가 남성 섹슈얼리티의 핵심이라는 매우 독창적이면서도 결정적인 주장을 편다. 매키넌에 따르면, 포르노그래피는 남성을 성적으로 흥분시키는 것이 섹스 행위나 페니스 삽입 자체라기보다는 그러한 행위를 통해 표현되는 권력임을 잘 보여준다. 포르노그래피에 대한 남성의 반응과 관련한 많은 자료는 실제로 포르노그래피에서 남성의 흥분을 야기하고 이를 지속시키는 것은 여성에게 가하는 폭력임을 말해준다.[16] 이러한 자료는 특히 주류 포르노그래피의 기준이 점점 더 폭력적—신체에 가하는 폭력이든 상징적이고 은유적인 폭력〔윤간, 부카케(bukkake, ぶっかけ)〕이든—으로 진화해가는 현상을 숙고해보고자 할 때 유용하다. 이를 통해 매키넌은 서열과 권력, 다시 말해 불확실한 섹스 그 자체보다 여성에 대한 지배가 남성이 성생활에서 가장 높이 평가하는 가치일 것이라고 추정한다.

섹슈얼리티에서 지배가 중심이라고 하면, 그 결과로 여성은 남성의 성적 욕망을 충족시키는 대상에 지나지 않게 된다. 성행위를 지속하는 동안 지배해야 할 대상에 불과한 것이다. 그러므로 분명 여성에 대한 남성의 성적 지배가 이루어지고 있는 것이다. 그런데 이러한 지배는 나머지 사회적 영역과 동떨어진 성적 영역에만 국한되지 않는다. 여성에 대한 남성의 성적 지배는 사회적 영역 전체를 구조화하기 때문이다. 매키넌이 '서열', 즉 불평등한 권력관계라고 지칭한 것이 성적으로 남성을 흥분시키는 것이라면, 남성이 자신들의 욕망을 우위에 두는 사회적 지위를 차지하고 있다면, 남성과 여성을 구분하는 것으로 이해할 수 있는 젠더가 실은 사회적 서열의 축이라면, 젠더는 지배를 갈망하는 남성 취향의 사회적 발현으로 이해해야 마땅하다.

젠더의 사회적·성적 구축

이렇듯 섹슈얼리티는 천성적이고, 천성적으로 선한 것이라는 개념에 대해 문제를 제기함으로써 우리는 섹슈얼리티와 사회 구조 사이의 이중적 관계를 보다 확실하게 이해할 수 있다. 그리고 이러한 이해를 통해 남성 지배가 성적 차이를 결정하는 방식도 이해할 수 있다. 실제로 억압 탈출 가설 분석은 여성에 대한 남성의 사회적 권력이 남성에게 유리한 방향으로 섹슈얼리티를 조종하고 있으며, 그러한 연유로 '정상적인' 섹슈얼리티란 결국 남성의 욕망에 부합하는 섹슈얼리티라는 규범이 만들어진다. 매키넌의 독창성은 관계가 거기서 끝나는 것이 아님을 보여준다는 점에서 찾을 수 있다. 남성의 이익에 부합하는 성생활은 자연스러운 것으로 부각되며, 그 자연스러움 때문에 높이 평가받는다. 이와 같은 자연화(naturalisation) 덕분에 이것의 이데올로기적 차원이 슬그머니 자취를 감추면서, 섹슈얼리티가 사회 구조에 미치는 영향은 가려진다. 섹슈얼리티가 젠더 차이의 토대를 이루는 초석으로 자리 잡는 것이다. 성에 따른 역할 분배는 사회에서 남성과 여성 간 차이를 구조화한다. 남성은 성적으로 지배하는 자이며, 여성은 성적으로 순종하는 자인 것이다.

남성의 권력은 젠더로서 남성이 성적으로 원하는 것이 사회적으로 표현되는 형태이며, 이는 사회적으로 정의된 권력 자체를 중심에 놓는 것이라고 할 수 있다. 남성다움이란 그걸 갖는 것이고, 여성다움이란 그걸 갖지 않는 것이다. 남성다움은 여성다움이 암컷에 선행하는 것과 마찬가지로 수컷에 선행한다. 남성의 성적 욕망이 이 두 가지 모두를 결정한다. 특히 '여성'은 남성의 욕망을 고조시키고 이를 충족하기 위해 필요한 것으로 정의되며, '여성의 섹슈얼리티'와 '여성의 섹스'는 사회적 관점에서 볼 때 동어반복에 불과하다. 여성을 다루는 데 용인되는 방식들, 곧 강간 같은 위반이 아니라 사회적으로 여성의 천성에 적합한 것으로 통용되는 방식들에서 우리는 남성의 성적 이득과 남성이 필요로 하는 것의 특성을 찾아낼 수 있다.[17]

남성다운 것과 여성다운 것은 지배와 복종이라는 관계에 에로티시즘을 부여함으로써 창조되었다. 남성/여성의 차이와 지배/복종의 역학 관계는 하나가 다른 하나를 정의한다고 할 정도로 맞물려 있다. 이것이 바로 섹스가 갖는 사회적 의미이며, 특별히 페미니스트적 관점에서 바라본 젠더의 불평등이다.[18]

위에서 인용한 두 문단에 담겨 있는 주장은 매우 강력하다. 애초에 자연적인 것 또는 천성적인 것이란 없고, 모든 게 사회적으로 구축되었다는—이러한 생각을 총체적 사회구성론(constructivisme social total)이라고 한다—걸 함축하고 있으며, 섹슈얼리티에 중심적 지위를 부여하면서 생물학에서 말하는 모든 역할론을 거부하기 때문이다. 이러한 주장은 양성 간 생물학적 차이는 남성/여성의 차이를 논함에 있어 아무런 역할도 하지 못한다는 과격한 생각을 지지한다.[19] 사람들이 습관적으로 남성다움과 여성다움이 남성과 여성의 신체적 특성으로부터 출발한다(가령, 우리는 일반적으로 남성의 신체적 혹은 생물학적 특성과 관련한 것을 남성다움으로 간주한다)는 생각을 당연한 것으로 받아들이는 데 반해, 매키넌은 남성다운 것과 여성다운 것의 구분이 남성과 여성의 구분에 선행한다고 주장하는 것이다. 남성다운 것과 여성다운 것의 구분은 남성의 지배가 낳은 산물이며, 사회적인 것과 성적인 것의 상호 결정적인 관계에서 비롯된다는 게 매키넌의 생각이다. 이렇듯 톱니바퀴처럼 맞물려 돌아가는 순환적 관계는 현상을 선형적(線形的)으로 설명하기 어렵게 만드는 측면이 있으나, 요약하자면 다음과 같은 논리에 따른다고 볼 수 있다. 요컨대 남성의 지배는 섹슈얼리티에서 기인하며, 이것이 그대로 사회적인 것 속으로 편입되고, 그럼으로써 개인은 그것을 자양분 삼아 각자의 판타지를, 즉 각자의 섹슈얼리티를 가꾸나간다. 이런 과정을 통해 지배는 한층 강화되고, 이는 다시 사회에서 젠더의 서열 강화로 이어진다.

이 같은 가설은 남성 지배의 근원을 파헤치기보다 그것의 영속성과 기능을 설명하는 데 유용하다. 매키넌은 다른 글에서 근본적으로 하나의 영역이 다른 영역보다 선행할 수밖에 없음을 인정한다. 따라서 매키넌은 남성이 처음엔 완력을 이용해 여성에게 권력을 행사했을 거라는 가설을 제시한다.[20] 하지만 이 가설이 매키넌 주장의 중심축을 이룬다고까지는 할 수 없다. 매키넌은 무엇보다도 법률가이고, 법률가가 성 차이에 관해 제시하는 분석은 법의 부족한 부분을 조명하는 것이 목적이다.[21] 매키넌은 본질적으로 여성이라는 이유 때문에 여성이 받아야 하는 억압은 하나의 시스템이라는 사실, 그리고 이러한 억압이 항구적으로 지속되는 방식을 드러내고자 한다.

순종이 여성다움을 규정한다

매키넌에 따르면, 남성/여성의 차이는 지배/순종의 대립을 그대로 모방하고 있다. 즉, 우리는 지배하는 위치에 있는 자들을 '남성'이라 부르고, 순종하는 위치에 있는 자들을 '여성'이라 부른다는 것이다. 결과적으로, 순종이 여성다움을 규정한다는 뜻이다. 매키넌은 심지어 여성에 대한 남성의 권력이 젠더로서 남성과 여성을 구조화한다는 말 정도에 머무르는 것이 아니다. 이러한 주장은 과격하든 온건하든 페미니스트들에게서 공통적으로 볼 수 있다. 조금 더 과격하게는 지배와 순종이 젠더 차이 형성의 출발점이 되는 태도라고까지 주장하기도 한다. 특히, 여성에 대해 남성이 행사하는 권력은 남성을 흥분시키는 것이라는 기준에 따라 남성과 여성의 차이를 정의하게 만든다. 남성은 그러므로 자신들이 지닌 권력에 따라 스스로를 정의할 수 있으며, 여성이 자신들에 대해 가져줬으면 하는 태도로 여성을 정의한다. 실제로 내가 보기에,[22] 매키넌이 복종보다는 순종이라는 용어를 사용하는 것도 우연은 아닌 듯싶다. 복종이란, 말하자면 지배의 객관적 결과에 해당한다. 가령, 여성은 혼인 계약을 통해 남편에게 복종한다. 성적 차이의 토대가 되는 것은 지배/복종이라는 객관적 개념 쌍이 아니다. 여성다움은 그저 '그걸 갖지 못한 것'이 아니라 권력이라는 걸 가질 수 없는 것이며, 그 점을 인정하는 것이다. 매키넌에 의하면, 순종은 남성이 여성에게 성적으로 욕망하는 태도다. 포르노그래피가 이를 잘 보여준다. 남성의 욕망을 드러내는 포르노그래피는 한편으론 여성을 성적으로 대상화하고,[23] 다른 한편으론 순종이라는 태도를 통해 남성의 성적 지배를 인정하는 형태를 취하기 때문이다.

프로이트에서 루소를 거쳐 매키넌에 이르기까지 한 가지 분명한 것은 순종엔 본질적으로 여성다운 무엇인가가 있으며, 그 여성다움 안에는 본질적으로 순종적인 무엇인가가 있다는 점이다. 하지만 여성의 순종이 천성적인 것으로 비치든, 교육받은 것이든, 사회적으로 구조화한 것이든 이러한 접근에는 결정적으로 빠진 것이 있다. 모두가 나름대로 여성다움에 대해 말할 뿐 여성에 대해서는 거의 언급하지 않으며, 그렇기 때문에 기술적(記述的) 차원과 규범적 차원 사이에 존재하는 차이를 불분명하게 만든다. 여성다움—순종도 여성다움의 구성 요소 가운데 하나다—이라고 하면 모든 여성의 여성다움을 가리키는가, 아니면 일부 여성에게만 해당하는가? 여성이면서 순종적이지 않은 것은 양립 가능한가? 여기서 순종과 여성다움, 여성의 일상적 삶 사이에 존재하는 관계—얼핏 보기엔 대단히 밀접하게 엮여 있는 것 같은 관계—의 성격을 정확하게 규정해야 하는 문제가 발생한다. 이 문제는 외견상으로도 이미 드러나는 천성적인 순종과 구조화한 순종 사이에 가로놓인 모순 때문에 쉽게 해결할 수 없다. 시몬 드 보부아르는 명저 《제2의 성》에서 이와 같은 총체적 본질주의냐, 총체적 구성주의냐의 양자택일을 거부함으로써 우리에게 이 문제의 해결 방안을 제시한다.

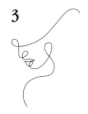

3

여성이란
무엇인가

《제2의 성》에서, 시몬 드 보부아르는 여성에겐 일종의 운명처럼 여겨진다는 의미에서 순종에는 여성다운 무엇인가가 있음을 보여준다. 여성이라는 존재는 외부로부터 순종을 부여받은 자라는 것이다. 이는 순종이 천성적인 것임을, 피할 수 없는 것임을 의미하지 않으며, 다만 이 사회적 힘이 너무도 강력해 그것을 피하기 힘들다는 뜻이다. 보부아르가 어떤 방식으로 순종을 탐구의 핵심으로 삼았는지 이해하기 위해서는 우선 보부아르가 보는 성적 차이라는 개념을 분석해봐야 한다. 이 개념 덕분에 보부아르는 여성의 순종을 타고난 천성으로 보는 입장과 순수한 구성주의적 입장 사이의 긴장을 극복할 수 있었다. 우리가 위에서 살펴보았듯 여성다움과 순종의 관계를 밝혀내는 데 가장 중요한 문제 가운데 하나는 여성의 순종엔 과연 **천성적인** 면이 있는지, 다시 말해 순종은 타고나는 것인지, 그것이 여성의 본질을 구성하는 요소인지 알아야 한다는 점이다. 보부아르는 이 문제에 대해 매우 절묘한 방식으로, 그러니까 본질주의의 함정과 구성주의의 함정을 동시에 피해가는 식으로 대답한다. 보부아르에 따르면, 여성에게 언제까지고 변하지 않는 불변의 본질이란 없다. 하지만 그렇다고 해서 주어진 명칭만 빼면 여성과 남성을 구별하는 게 아무것도 없다는 식으로 말한다면 그건 거짓이다. 여성은 특정한 **상황** 속에 있는 개인이다.

성적 차이란 본질의 문제가 아니다

본질주의에 대한 보부아르의 거부는—암묵적으로—철학자들이 본질에 관한 질문이라고 부르는 것을 제기할 수 있다는 실존주의적 생각에 토대를 두고 있는데, 그렇다고 해서 이 질문에 대한 답을 생물학적 혹은 형이상학적 본질 속에서 찾아야 한다는 걸 전제로 삼지는 않는다.

철학적 질문
《제2의 성》이 답을 제시하고자 하는 주된 질문이 있다면 그건 소크라테스 이후 줄곧 철학자들이 개념의 본질 혹은 본성에 대해 묻는다는 이유 때문에 본질에 관한 질문이라고 부르던 범주에 속한 것이라고 말할 수 있다. 요컨대 《제2의 성》은 "여자란 무엇인가?"라고 질문한다. 자신의 회고록에서 설명하듯 보부아르는 《제2의 성》을 항상 염두에 두고 있던 자전적인 저작의 서두로 기획하고, 그러한 의도에 따라 집필했다. 자전적 내용을 담은 책을 집필하기로 마음먹으면서, 보부아르는 사르트르와의 토론[1]을 통해 모든 자전적인 글에서는 자신의 여성다움에 관한 질문이 선행되어야 한다는 걸 깨닫는다. 그 때문에 보부아르는 자신과 자신의 삶에 대한 집필을 시작하기에 앞서 전형적인 철학적 질문—소크라테스가 애용하던 질문의 형태를 차용했다는 점에서—즉 "여자란 무엇인가?"에 답해야 할 필요성을 느낀다.

그렇지만 이러한 질문은—그것을 '여성 일반'에 적용할 경우—여성의 본성이라는 개념을 수용하는 것처럼 보인다는 문제를 야기한다. 소크라테스는 "미덕이란 무엇인가?"라고 자문할 때 미덕의 고유한 본성을 드러내는 정의를 찾아내려 했다. 그런데 본성 또는 본질(고대 그리스어에서 "무엇인가?"라는 질문은 eidos, 그러니까 본성 또는 본질이라는 말로 번역되는 그 무엇에 대한 답을 끌어낸다)을 '여성'이라는 개념에 적용할 경우, 이는 본질주의라고 말할 수 있는 견해로 우리를 유도한다. 요컨대 남성적 본질과 구별되는 여성적 본질이 있으리라는 생각을 전제한다는 얘기다. 보부아르가 그 책의 첫 쪽에 그런 형식의 질문을 제시할 뿐 아니라, 처음부터 끝까지 '여러 여성'이 아닌 '여성 일반'에 대해 언급하는 것은 여성의 본성이 존재한다고 추정했다는 뜻이다. 따라서 보부아르는 '본질주의자'의 입장을 취하며, 여성과 남성 사이 엔 본질적 차이가 있다는 가설을 입증해 보이려 할 것이라고 생각할 수 있다. 그런데 본질주의란, 그것을 성적 차이에 적용했을 때 문제 를 초래한다. 위에서 루소나 프로이트의 사례를 통해 살펴본 것처럼 본질주의는, 지배하는 것은 남성의 본성이며 순종하는 것은 여성의 본성이라고 말함으로써 남성 지배를 정당화하는 방편으로 이용되어 왔다. 그러므로 본질주의는 여성 해방의 장애물처럼 보일 수 있다.[2]

본질주의에 반대하며

사실, 보부아르는 본질에 관한 질문을 던지기는 했지만, 그렇다고 거기에 대해 본질주의적인 답을 제시한 것은 아니다. 본질주의 내에 도 결이 다른 여러 유형이 혼재하며, 우리는 이를 구별함으로써 이 같은 보부아르의 견해를 좀더 잘 이해할 수 있다.

성적 차이에 대해 언급할 때면, 가장 명백하게 드러나는 첫 번째 본질주의가 생물학적 본질주의, 즉 남성적인 본질과 여성적인 본질 이 따로 있을 거라고 보기에 충분할 정도로 유의미한 생물학적 차 이가 있으리라는 생각이다. 보부아르는 인간이라는 종의 수컷과 암 컷 사이에 생물학적 차이가 있다는 생각마저 거부하지는 않는다. 하 지만 그럼에도 생물학적 결정론, 다시 말해 생물학적 차이가 남성과 여성을 결정지으며, 이에 따라 돌이킬 수 없는 운명이 정해진다는 생각을 받아들이진 않는다. 생물학적 결정론을 거부하는 여러 논거 가운데 하나는 다음과 같다. "그러므로 모든 인간 암컷이 반드시 여성인 것은 아니다. 여성이 되기 위해서는 여성다움이라는 신비하고도 위협받는 특성을 띠고 있어야 한다."[3] 수컷과 암컷 사이에 존재하는 생물학적 차이만으로는 사회에서 남성과 여성의 분담을 이해하는 데 충분하지 않을뿐더러, 사회가 여성다움에 부여하는 거의 신비주의적인 차원은 더더욱 이해하기 어렵다.

보부아르가 거부하는 두 번째 부류의 본질주의는 흔히 형이상학적 본질주의라고 지칭하는 것으로, 하나의 물체 또는 생물은 어떤 특성 또는 특질을 지니고 있으며, 그 특성 또는 특질 덕분에 그 물체 또는 생물로서 존재한다는 생각이다. 특히 플라톤과 소크라테스가 주장하는 본질주의가 바로 여기에 해당한다. 예를 들어, 삼각형의 본질은 세 변을 가진 다각형이다. 남성/여성의 차이에 이런 생각을 적용하면, 형이상학적 본질주의는―모든 사회 구조와 별개로―성별마다 고유한 본질이 존재한다고 본다. 여성의 특성이라는 것이 있고, 그 특성은 여성에게만 고유하므로, 그것에 빗대어 삼각형의 세 변만큼이나 뚜렷한 여성의 특질을 정의할 수 있을 거라고 보는 것이다. 이러한 본질주의는 불변적이다. 형이상학적 본질은 시간이 지나도 변하지 않는 실재라는 생각에 토대를 두고 있으므로―영원한 여성다움의 신화가 말해주듯―여성다움은 시대를 불문하고 존재해왔으며, 이는 모든 여성에게 고유한 속성이라고 주장한다. 보부아르는 '생물학과 사회과학 쪽'이 불변론에 제기한 문제의식을 토대로 여성다움에 대한 이 같은 불변적 본질을 거부한다. 불변론은 형이상학적 본질주의와 떼려야 뗄 수 없는 관계를 맺고 있다. 따라서 불변론의 오류를 지적하는 것만으로도 영원한 여성다움을 거부하기에 충분하다는 것이 보부아르의 견해다.

마지막으로, 보부아르는 언어학적 본질주의라고 이름 붙일 수 있을 본질주의, 곧 모두가 '여성'이라는 단어를 사용할 땐 틀림없이 동일한 것을 가리킨다는 생각을 거부한다. 왜냐하면 이 단어는 기술적(記述的)으로도 쓰이지만 동시에 규범적으로도 쓰인다는 게 그 이유였다. 가령, 신문이 여성다움의 쇠퇴 경향에 대한 불만을 표현하기 위해 요즘엔 여성이 없다고 개탄할 때, 이런 신문은 통계 연구에서 사용할 때와 같은 뜻— 설문에 답한, 여성이라는 생물학적 성을 가진 사람—으로 이 단어를 사용하지 않는다. 통계의 경우 '여성'은 분류에 따른 하나의 범주를 지칭하는 반면, 신문 기사의 경우 같은 '여성'이라는 단어가 여성다움이라는 규범을 함축하고 있기 때문이다.

보부아르는 이러한 본질주의에 반기를 들면서 확실하게 주장한다. "단언컨대 여성은 남성과 마찬가지로 인간이다."[4] 그렇다면 보부아르가 '제2의 성'에 대해 책 한 권 전체를 할애했다는 사실을 어떻게 이해해야 할까?

사회적 구축물로서 여성다움?

보부아르는 본질주의를 거부하지만, 그렇다고 해서 오직 사회 구조만이 남성 집단과 여성 집단의 차이를 설명한다고 보는 매키넌의 주장에 동조하지는 않는다. 오히려 그와 반대로 본질주의에 대해서만큼이나 규범주의, 즉 "여성이란 인간 가운데에서 사람들이 임의로 '여성'이라는 단어로 부르는 자들일 뿐"[5]이라는 식의 사고에도 반기를 들었다. 보부아르에게 그 같은 견해는 무분별에 지나지 않았다. 사람들이 부여하는 명칭을 제외하곤 남성과 여성을 구별하는 데 아무런 차이도 없다는 주장은 사회 질서라는 현실을 무시할 뿐만 아니라, 남성과 여성 사이에 존재하는 실제적 차이까지도 인정하지 않는 것이다. 거리에서 산책만 하려 해도 분명 그곳엔 여성이 있고, 남성이 있다. 여기에 더해 우리는 이러한 구분에 어울리지 않는 사람들이 있다고 해서 이와 같은 명백한 사실이 부정되는 것은 아니라고 덧붙일 수도 있다. 일부 사람이 몇몇 인간은 쉽게, 즉각적으로 정해진 범주로 분류하기 어렵다는 이유로 그들을 '이상하다(bizarre)'면서 거부하는 태도를 보이는 것 역시 바로 그 때문이다.[6] 이렇듯 사회 질서 속에서 명백하게 드러나는 성적 차이에 직면해 우리는 여성은 인간이라는 한 가지 사실, 그리고 성적 차이란 확실하게 드러난다는 또 한 가지 사실을 함께 보아야 한다. 이런 까닭에—보부아르의 주장대로라면—"여성이란 무엇인가?"라는 본질의 문제를 제기해볼 필요가 대두된다. 문제를 제기하는 이유는 그것이 남성의 본질과 구별되는 여성의 본질 때문이 아니라—본질이라는 단어가 여성이 지니고 있는 고유한 특성을 의미한다면—성의 차이[7]가 보부아르가 "상황"[8]이라고 부르는 것의 중요한 구성 요소 중 하나이기 때문이다.

상황이라는 개념을 보부아르가 어떤 의미로 사용하는지 분석하기에 앞서, 본질주의와 규범주의를 대립시킴으로써 《제2의 성》 출간 이후 벌어진 본질주의와 구성주의를 둘러싼 페미니스트 논쟁에서 보부아르가 매우 독창적 견해를 대표하게 되었다는 사실 정도는 미리 염두에 두는 것이 좋겠다. 보부아르에게는 여성의 본질이 존재하지 않는 것과 마찬가지로 순수한 사회적 구축물로서 여성다움도 존재하지 않는다. 《제2의 성》에서 가장 잘 알려진 문장으로 손꼽히는 "여성으로 태어나는 것이 아니라, 그렇게 만들어진다" 때문에 보부아르의 저서를 읽는 대다수 독자—여기엔 물론 젠더 연구를 창시한 미국 출신 철학자 주디스 버틀러(Judith Butler)도 포함된다—는 보부아르를 젠더가 지닌 사회적 구축이라는 성격, 즉 우리 사회가 젠더와 섹스 사이에 설정해놓은 자의적 관계를 제일 먼저 인정한 선구자로 인식한다.[9] 여성으로 태어나지 않는다면 섹스와 관련한, 다시 말해 여성다움의 태생적 차원과 관련한 결정론 따위는 작동하지 않는다. 그럼에도 그렇게 만들어지는 것이라면, 그건 이와 같은 차이가 사회의 책임이라는 뜻이다. 그런데 실제로 보부아르의 견해는 이와 정확하게 일치하지는 않는다. 보부아르의 글을 읽어보자.

여성으로 태어나는 것이 아니라, 그렇게 만들어진다. 그 어떤 생물학적, 심리적, 경제적 운명도 사회 안에서 인간의 암컷이 보여주는 모습을 정의하지 못한다. 수컷과 여성답다고 형용하는 거세된 수컷의 중간쯤에 놓인 이 생산물을 만들어내는 것은 문명의 총체다.[10]

보부아르는 성의 차이에 관해 단 하나의 해석만 수용하는 것을 거부한다. 그것이 생물학적이건 정신분석적이건 경제적이건, 그러니까 마르크스주의적이건 말이다. 성의 차이는 어떤 하나의 해석 방식이 다른 것보다 우수하다거나 상황을 설명하는 데 불충분하다거나 하는 식의 편견 없이 총체적으로 고려해야 한다고 주장하는 것이다. 실제로 보부아르는 생물학에 대해 버틀러와는 완전히 다른 견해를 취한다. 물론 보부아르는 생물학적 결정론 가설을 거부한다는 점에서 버틀러와 궤를 같이한다. 반면 '생물학적 자료'라는 제목이 붙은 《제2의 성》 첫 장(章)에서 제시하고 있듯 보부아르는 생물학적 이원성—가령, 인간이라는 종 안에는 수컷과 암컷이 있고, 이들은 뚜렷한 차이를 보인다—을 부인하지 않으며, 수컷과 암컷의 생물학적 차이가 남성/여성의 차이에 영향을 끼친다는 점 또한 부인하지 않는다. 이러한 차이는 사회에서 우리가 남성과 여성의 차이를 인식하는 방식에도 영향을 끼치지만, 그것이 돌이킬 수 없을 정도는 아니다.[11] 생물학적 **자료들**이 있긴 하나 그 어떤 경우에도 이 자료들은 우리가 벗어날 수 없는 **운명**의 굴레를 만들어내기엔 역부족이라는 것이다.

　이런 점에서 보부아르의 철학은 누가 뭐래도 실존주의적이라고 할 수 있다. 인간은 그 존재가 본질에 앞선다는 특성을 지니고 있으므로. 여성을 여성으로 만드는 것은 그 여성의 존재에 앞서는 어떠한 본질에서 기인하는 게 아니라 여성이 세상을 살아가는 방식에서 기인한다. 이러한 사회적 차원의 존재로 말미암아 몇몇 생물학적 차이는 의미가 있는 반면, 나머지는 여성다움을 정의하는 데 아무런 영향을 끼치지 못하는 결과가 발생한다.[12] 인간 상호 작용이 지니는 사회적 차원이 성의 차이에 있어 훨씬 중요하며, 그것만이 생물학적 차이에 의미를 부여할 수 있다.

　보부아르와 버틀러의 견해 차이는 사회적 구축물이라는 개념의 차이에서 기인한다. 버틀러가 젠더란 사회적 구축물에 지나지 않는다고 말할 때, 이러한 주장―강력한 사회적 구성주의(constructivisme social fort)―은 은연중에 우리의 실제 관행 또는 언어로부터 완전히 독립적인 현실이란 없으며,[13] 진실이니 현실이니 하는 개념은 지배자가 자신들의 권력을 숨기기 위해 차용하는 픽션에 지나지 않는다는 포스트모던적인 생각과 떼어놓고 생각할 수 없다. 그런데 보부아르는 "순종적으로 태어나는 것이 아니라, 그렇게 만들어진다"는 문장을 쓰면서 그와 같은 추론을 거치지 않는다. 한편으로, 보부아르는 사회적 현실의 중요성을 부각하기 위해 성적 차이를 결정짓는 요소로서 생물학적 차이를 거부하지만, 그것이 존재한다는 사실을 부정하진 않는다. 다른 한편으로―그리고 이것이 더 중요한데―성적 차이가 실제적이지 않다고도, 참이라고도 결론짓지 않는다. 성적 차이를 그저 사회적으로 자리매김된 것으로서 간주할 뿐이다.

상황과 성적 차이

'상황'이라는 개념은, 여성은 사회적 운명―여성의 실존에 선행하며 여성의 삶을 좌지우지하는 일종의 규범―을 지니고 있는 동시에, 이를 순전히 사소한 것으로 치부해버리는 것이 아니라, 자신의 자유를 거기에 항거하는 쪽으로 행사해 이 사회적 운명을 뛰어넘을 가능성이 있음을 인정함으로써 실존주의와 규범주의의 대립을 극복하게 해준다.

〔……〕 개인이나 집단이 열등한 상황에서 유지될 경우, 그 개인이나 집단은 사실상 열등하다. 그런데 여기서 '~이다, 어떠어떠하다(être)'라는 단어의 의미에 대해 오해의 여지가 없어야 한다. 헤겔식의 역동적 의미를 가진 이 단어를 본질적 의미로 해석한다면 이는 자기기만이라 할 것이다. '~이다'는 '그렇게 되었다', 즉 전에 이미 그랬으므로 그렇게 나타난다는 말이다. 그렇다. 여성은 총체적으로 볼 때 오늘날 남성보다 열등하다. 다시 말해, 여성의 상황이 그들에게 더 적은 가능성만을 열어주고 있

다. 이런 상황이 언제까지고 지속되어야 하는지 아는 것이 문제다.[14]

상황이라는 개념은 남성과 비교했을 때 여성의 열등함이라는 현실을 정확하게 기술하고 이를 역사적 맥락에 위치시켜준다. 달리 말하면, 상황이라는 개념을 통해 이 열등함 속에 천성적인 것이라고는 없으며, 따라서 고정불변인 것도 없음을 보여줄 수 있다. 이 열등함을 천성적이고 고정불변적인 것으로 못 박는 플라톤식 본질주의에 맞서 보부아르는 이러한 열등함을 역사적 여건으로 간주해야 할 필요성을 역설한다. 그렇게 하면 한편으로는 열등함의 과거에 대해, 다시 말해서 억압의 결과로 어느 시점엔가 발생한 것으로서 생각해보게 되며, 다른 한편으로는 그것의 미래에 대해서도, 궁극적으로는 여성 해방의 가능성에 대해서도 생각해보게 된다.

사르트르에 맞서

《제2의 성》을 둘러싼 가장 집요한 편견 가운데 하나는 보부아르가 사르트르의 제자—더러는 보부아르를 '키 큰 여자 사르트르'라고 부르기도 했다—로서 스승의 철학을 그대로 적용한 것에 불과하다는 것인데, 《제2의 성》 첫 쪽부터 보부아르의 '상황' 개념은 사르트르의 그것과 전혀 같지 않다는 것이 뚜렷하게 드러난다.

사르트르는 1943년—《제2의 성》은 그로부터 6년 후 출판되었다—발표한 《존재와 무》에서 상황의 개념은 자유, 사실성(事實性)의 개념과 내재적으로 연계되어 있다고 썼다. 그러니까 우리의 실존에서 우발적인 것들과 관련이 있다는 얘기다. 사르트르에 따르면, 인간은 근본적으로―실존의 초기 조건이 어떻든 간에―자유롭다. 이말은 개인이 처한 사회적·역사적·경제적 조건이라는 것이 존재하지 않는다거나 고려할 필요가 없다는 뜻이 아니라, 그와 같은 조건은 순전히 우발적일 뿐이라는 뜻이다. 그 같은 조건은 사실성, 특별한 이유 없이 주어진 것, 우발적인 것에서 기인하며, 인간의 자유는 그러한 조건을 뛰어넘어야 한다. 사르트르가 말하는 상황은 그러므로 우리 실존이 함축하는 순수한 우연, 우리가 선택할 수 없는 유일한 것이다. 우리는 그 유일한 여건에 맞서 자유를 행사해야 하며, 자유를 통해 그 유일한 것에 의미를 부여해야 한다. 자유는 상황의 사실성에 대한 부정이다. 자유가 사실성을 초월할 수 있으며 그래야만 한다는 사실을 이해하지 못하거나 그러한 사실을 외면하는 것이 바로 자기기만이다.[15]

보부아르는 1920년대 말부터 세계대전이 끝날 때까지의 자기 삶을 기록한 회고록 《나이의 힘(La Force de l'âge)》에서 상황이란 자유로운 개인이 벗어나야 할 사실성이며, 여기서 벗어나는 것은―그가 어떤 상황에 처해 있든―자유로운 개인의 책임이라고 주장하는 사르트르의 의견에 동조하지 않는 견해를 표명한다.

그 뒤로 이어지는 날들에 우리는 특별한 몇몇 문제, 특히 상황과 자유의 관계에 대해 토론을 계속했다. 나는 사르트르가 정의하는 자유의 관점—
스토아적 체념이 아니라 적극적으로 주어진 여건을 뛰어넘는다는 의미—
에서 볼 때, 상황들이 모두 동격은 아니라고 주장했다. 아니, 하렘에 갇
혀 지내는 여성에게 도대체 무슨 초월이 가능하단 말인가? 이런 구금 상
태에서조차 삶을 영위하는 방식은 여러 가지가 있다고 사르트르는 내게
말했다. 나는 장시간 내 의견을 고집하다가 마지못해 건성으로 양보했다.
하지만 따지고 보면 내가 옳다. 그런데 내 견해를 옹호하려면 우리 생각
의 발판인 개인주의 윤리, 즉 관념론의 영역을 포기해야 할 터였다.[16]

《나이의 힘》 끝부분에서 보부아르는 전쟁 때문에—보부아르에게
전쟁은 끊임없이 죽음과 대면하는 기회였다는 점에서—철학적 개
종을 하기에 이른다. 양차 세계대전 동안 줄곧 사르트르와 보부아르
는 형세 관망적인 개인주의 입장을 취해왔는데, 전쟁은 결국 보부아
르로 하여금 자신이 몸담고 있는 세상으로부터의 독립적인 개인이
라는 가설을 거부하게 만들었다. 개인은 상황에 놓이며,[17] 이를 이해
하려면 사회에 참여할 필요가 있다. 이러한 태도 변화는 보부아르의
두 번째 철학 저작으로 종전 직후 출간된 《애매성의 도덕을 위하여
(Pour une morale de l'ambiguïté)》에서도 명확하게 드러난다. 거의 명시
적으로 하이데거를 참고하고 있는 이 책에서 보부아르는 사실성과
관련해 사르트르와 했던 논쟁에 대해 다시금 언급한다.[18] 보부아르
에 따르면, 《존재와 무》에서 보여준 사르트르의 견해와 대조적으로,

개인이 상황 속에 놓여 있다는 것은 그들이 전적으로 세계 속에 있음을 인정하는 말이다. 개인은 세계를 벗어난 곳에 존재하지 않으며, 동시에 그들은 자신의 존재를 통해 세계를 다듬어간다는 것이다.

개인과 사회적 세계

상황이라는 개념은 본질주의에서처럼 개인으로부터 시작하는 설명을 제안하지 않아도 되고, 구성주의에서처럼 사회로부터 출발하는 설명을 제시하지 않아도 되므로, 진정으로 순종의 문제를 수면 위로 끌어올릴 수 있으며 개인과 사회의 역할을 분절할 수 있도록 해준다. 실제로, 여성의 순종이 어떤 방식으로 작동하는지 이해하기 위해서는 선택지를 가지고 일정한 방식으로 행동하는 개인의 차원과 개인에게 특정 행동을 부추기며 그들의 취향을 조종하는 사회의 차원을 한꺼번에 아우를 수 있어야 한다. 보부아르가 전쟁이 지속되는 동안 사르트르의 개인주의적 견해를 거부하고 상황에 놓인 개인이라는 주장에 동조한 것이 바로 이 두 가지 차원을 동시에 포괄적으로 보기 시작한 증거라고 할 수 있다.

이처럼 고도로 복잡한 분석에 다다르기 위해 보부아르는 하이데거의 철학, 좀더 정확하게 말하면 《존재와 시간》에 나타난 그의 철학에서 여러 요소를 빚졌다. 보부아르는 회고록에서 하이데거야말로 전쟁 전 자신이 고수했던 개인주의를 포기하도록 이끈 철학자라고 설명한다.

하이데거는 '인간이라는 현실'은 각각의 존재 안에서 완성 및 발현된다고 나를 깨우쳐줬다. 역으로, 각자는 그 현실 전체를 구속하고 위태롭게 만든다. 사회가 자유를 향해 뛰어드느냐 혹은 무력한 노예 상태와 타협하느냐에 따라, 개인은 인간들 속에서 인간으로 행동하거나 개미굴에서 개미로 살게 된다. 하지만 우리 모두는 집단의 선택에 문제를 제기하고, 그것을 뿌리치거나 인가할 수 있는 힘을 지니고 있다. 나는 일상적으로 이처럼 모순적인 연대 의식을 통감했다. 독일 점령 치하의 프랑스에서는 숨만 쉬어도 억압에 동조하는 것일 수 있었다. 자살조차도 나를 이러한 상황에서 완전히 해방시켜주지 못했을 것이다. 나의 패배만을 확인해주었을 테니까. 나의 구원은 내 나라 전체의 구원과 뒤엉켜 있었다. 그렇지만 나에게 강요된 이 같은 상황에 관해, 나는 나 또한 이 상황을 만들어내는 데 일조했음을 발견하면서 회한에 사로잡혔다. 개인은 자신이 몸담고 있는 세계 속에 흡수되지 않는다. 그 세계를 견디면서 그것에 작용한다. 설사 그것이 현상 유지라 할지라도 말이다.[19]

보부아르의 하이데거 탐독은 전쟁 및 독일 점령 치하라는 상황과 맞물려, 가령 순종이라는 개념과 관련해 순전히 개인주의적인 접근이나 구조적이고 비개인적인 접근을 동시에 거부하는 매우 특별한 방식으로 순종, 선택, 책임 같은 문제에 접근하도록 이끈다. 여기서 보부아르가 잠시 언급하고, 《제2의 성》에서 본격적으로 공략하는 억압에 대한 동조라는 문제는 개인과 세계가 맺는 관계를 하이데거식으로 이해하면 보다 알아듣기 쉽게 설명할 수 있다.

　이 책에서 《존재와 시간》을 요약하지는 않겠다. 그러나 하이데거의 이 저작은 잘 알려지지 않은 데다 실제 내용에 비해 훨씬 더 모호한 것으로 여겨지는 것이 사실인 만큼, 여성의 순종에 대해 설명하는 보부아르의 방식을 이해하기 위해서는 그래도 하이데거의 책속에서 발견되는 몇몇 중요한 생각을 살펴볼 필요가 있다. 하이데거에게는 존재란 무엇인가, 하는 문제를 이해하는 것이 절실했다. 이문제를 해결하기 위해 그는 전통적인 형이상학적 과정을 답습하는대신 독일어로 다자인(Dasein), 즉 개별자에서 출발할 것을 제안한다. 다자인은 글자 그대로 '여기 있다'를 의미하는데, 보부아르는 이를 '인간의 현실'이라고 옮긴다. 이는 특정한 방식으로 파악된 인간, 자신을 현재의 모습으로 존재하게 하는 것이 무엇인지 자문할 수 있는 유일한 존재를 뜻한다.[20]

　다자인 그리고 세계 속에서 다자인의 위치를 분석하는 일은 보부아르에게 매우 중요한데, 그것이 하이데거에게 철학의 고전적인 생각―개인이 세계에 선행하며, 세계를 창조한다는 생각―과 과격하게 결별하는 계기였기 때문이다. 하이데거에게는 우선 자신의 고유한 세계에, 이어서 타인에게 그리고 세계 일반에 의미를 부여하는고립된 개인이란 없다. 다자인에게 세계는 자신만큼 중요하고 원초적이다. 한쪽엔 주체가 있고, 다른 한쪽엔 대상들로 이루어진 세계가 있는 것이 아니다. 다자인은 세계에 깃들어 있으며, 세계 속에 홉 수 및 내포되어 있다. 세계는 자신 밖에 있는 어떤 것이 아니라 모든 것이 서로 얽히고설킨 관계를 맺고 있는 하나의 전체다. 일상적으로 수행하는 평이한 활동 속에서 다자인은 자신이 사물을 사용하고, 그 사물이 의미라는 총체의 한 부분으로 보이기 때문에 그것을 속속들이 파악한다. 예를 들면, 하나의 못은 망치와 판자 같은 것뿐만 아니라 목수까지 있는 작업장에 있을 때에만 못으로서 의미를 갖는다. 다자인에게는—자신이 그저 단순하게 세계 속에서 진화해나가며 세계 전체에 대해 의미를 갖는 도구를 사용하는 존재이기 때문에—반성적이지 않은 것이 가장 평범한 존재 방식이다.

다자인이 몸담고 있는 세계와 떼어놓고는, 혹은 적어도 그런 방식으로 세계를 빼놓고는 다자인에 대해 성찰할 수 없다는 이 첫 번째 생각은 인간이 세계보다 먼저 존재한다는 논리에 부합하지 않으며, 성적 차이에 대해 성찰할 때 매우 중요하다. 이런 생각은 성적 차이를 사회적 차원과 동시에 개인적 차원에서 바라봐야 한다는 것을 함축하고 있기 때문이다. 모든 개인은 성적 차이가 이미 존재하고 있는 세계로 들어오게 되며, 이와 동시에 모든 개인은 자신의 존재 자체로 말미암아 이른바 성적 차이라고 부르는 것에 영향을 끼친다. 더구나 이러한 개념은 성적 차이에 앞서 개인을 먼저 생각할 수 없음을 뜻한다. 요컨대 여성에 속하는 모든 개인은 여성이라는 것이 이미 뭔가를 의미하는 세계에서 태어난다는 말이다.

다른 사람과 함께 살기

이렇듯 다자인과 세계가 맺고 있는 상호 의존성에서 비롯되는 치명적 결과라면, 개인이 처음엔 고립되어 있다가 나중에 다른 사람과 더불어 사회화하는 게 아니라는 것을 들 수 있다. 하이데거에 따르면, 다자인은 항상 다른 사람과 함께 있다. 처음엔 나의 세계가 있고 나중에 다른 사람이 있는 세계가 있는 게 아니라, 원래 하나의 세계만이 존재하며, 이는 다른 사람과 공유하는 세계다. 사르트르의 개인주의와 달리 하이데거에 의하면, 평범한 일상생활에서 각자가 처음엔 '나'이기만 하고, 그 '나'가 뒤에 다른 사람을 만나는 것이 아니다. 개인이 혼자인 처음 같은 시간이란 없다. 개인은 혼자였다가 다음에 다른 사람과 같이 있는 게 아니다. 일상생활에서건, 직장 생활에서건 우리는 다른 사람을 만난다. 그들은 이미 항상 거기에 있다.

이 '함께 있기'〔보부아르는 독일어로 미트자인(mitsein)을 사용한다〕는 보부아르 철학에 결정적인 결과를 낳는다. 하이데거는 다른 사람과의 관계를 우선 조화롭거나 중성적인 관계로 이해한다. 대부분의 경우, 나와 다른 사람의 관계는 중성적—나는 다른 사람 곁을 지나간다, 나는 다른 사람을 스쳐 지나간다, 나는 그 사람에게 무심하다—이거나, 때로 내가 그들을 도와주려 할 때엔 긍정적이라고 할 수 있다. 그러므로 타인과의 관계는 처음엔 개인 간 갈등이 아니다. 아니, 사실 관계랄 것조차 없다. 그저 함께 세계에 몸담고 있는 것이다. 이러한 생각은 성적 차이를 애초부터 갈등 형태로 이해하지 않았을 거라는 사실을 짐작하게 해준다. 성적 차이는 너무 당연해서 사람들이 생각조차 하지 않는 명백함의 영역에 속한다. 우리는 몇몇 개인은 여성이고 다른 몇몇 개인은 남성인 세계 속에서 사는데, 이러한 분리는 어떠한 성찰도 불러일으키지 않는다. 그러다 이러한 차이가 문제를 발생시켜야—예를 들어 성적 차이가 부당한 불평등을 야기하거나 일부 사람을 배제하는 경우—그때부터 비로소 성적 차이에 대해 주의 깊게 들여다보기 시작한다. 그러므로 우리는 그때부터 개인주의적 접근이 더는 가능하지 않다는 사실을 깨닫는다. 개인은 세계 속에서 혼자가 아니며, 세계보다 앞서서 존재하지도 않는다. 그렇다고 해도 문제는 있다. 세계가 개인에게 끼치는 영향은 어떻게 이해해야 한단 말인가? 하이데거도, 보부아르도 이 질문에 대한 답을 사회적 규범에서 찾는다.

사회 규범

다자인이 사는 세계는 그에게 친숙하며,[21] 따라서 다자인은 그 안에서 어떻게 행동해야 하는지 잘 알고 있다. 그렇다고 다자인이 자유롭게 행동할 수 없다는 뜻은 아니다. 다만 모든 인간은 어느 정도 상황에 의해, 달리 말하면 세계 속에서 자신이 차지하는 자리에 의해 결정된다는 말이다. 개인은 자신이 사는 세계에 의해 결정되는데, 그 이유는 세계가 사회 규범에 의해 통합된 하나의 기표(signifiant)이기 때문이다. 한 예로, 프랑스에서 성장했다는 단 한 가지 이유 때문에 나는 전혀 반성적(réflexive)이랄 것 없이 친한 사람과 만날 때면 그들을 끌어안지 않고 두 뺨에 입을 맞추면서 인사할 줄 안다. 나는 또―보행자로서―운행 중인 자동차가 없는 곳에서는 신호등이 파란불이 아닐 때라도 길을 건널 수 있다는 걸 암묵적으로 알고 있다. 이러한 것은 숙고가 필요한 반성적 지식이 아니다. 나는 그저 해도 좋다거나 하라고 권유받은 행동을 체화했을 뿐이다. 그리고 이러한 행동은 내가 만일 미국에서 성장했다면 습득했을 행동과는 다를 수도 있다. 하이데거에 따르면, 우리의 일상적 행동은 무엇보다도 우리가 생각조차 하지 않으면서 체화한 것이다. 우리는 일상에서 우리를 이끄는 규범에 따른다. 이런 의미에서, 세계는 마치 규범, 즉 우리가 할 수 있는 것 혹은 우리에게 금지된 것의 복합물처럼 각각의 다자인에 선행한다. 그와 동시에, 이러한 세계와 규범이 출현하기 위해서는 반드시 다자인이 있어야 한다. 내가 거기에 비추어 행동하기 때문에―거기에 순응하건 반발하건―그것은 사회 규범인 것이고, 그렇기 때문에 세계는 하나의 전체인 것이다.

이러한 사회 규범이 기능하는 여러 방식 가운데 하나는 다자인이 다른 사람의 행동에서 자기 행위의 기준을 본다는 사실에서 유래한다. 일상생활에서 개인은 별다른 생각 없이, 그러니까 '사람들'이 주어진 특정 상황에서 그렇게 한다는 것을 토대로 유사하게 행동한다. 다시 한번 위에서 제시한 예를 들어보자. 나는 친구를 보면 그의 두 뺨에 입을 맞추며 인사하는데, 그건 다른 사람들이 그렇게 하기 때문이고, 그게 다시금 '사람들'이 하는 것 또는 관례대로 행하는 것, 즉 사회 규범으로 간주된다. 물론 이 '사람들'이라는 말엔 그것이 개인으로 하여금 자기 행동의 토대에 대해 생각하게 만들기보다는 사회 규범에 순응하도록 부추긴다는 점에서 문제가 됨직한 측면이 있다. 하지만 동시에 이 '사람들'이란 말은 명료함의 원천이기도 하다. 사회 규범이 세계 안에서 존재하는 데 적절한 방식을 처방해주는 한,[22] 개인의 행동이 지니는 의미를 쉽사리 이해하도록 해주기 때문이다. 요컨대 사회 규범이라는 척도를 통해 각 개인의 행동을 이해할 수 있다.

그러므로 '사람들'이라는 단어에 의지하는 것이 반드시 자기기만의 한 형태인 건 아니다. 즉, 책임을 지지 않기 위해 관습 뒤에 몸을 숨김으로써 자신한테 거짓말을 하는 것은 아니라는 말이다. 어느 누구도 이 같은 존재 방식에서 벗어날 수 없다. 수체는 자유로우며 이러한 자유를 거부하고 사실성에 끌리게 되면 자기기만의 나락으로 떨어진다는 사르트르의 주장과 달리, 하이데거에게 있어 다자인이 겪는 최초의 경험은 총체 및 다른 다자인과 동거하는 방식, 즉 사회 규범에 의해 조율되는 동거와 관련해 관계를 맺는 경험이다. 다자인은 어느 곳에선가, 다른 사람들 가운데에서 자라났다는 단순한 사실만으로 이미 자신에게 주어진 세계에 대한 이해력을 지니고 있다. 이런 점에서 다자인에게는 스스로 내릴 수 있는 결정도, 선택의 여지도 없다. 그는 이미 항상 어떤 의미를 지니고 있는 세계에 도착하기 때문이다. 이 말이 곧 다자인은 완전히 규범에 의해 결정된다는 뜻은 아니다. 이는 세계에 대한 모든 해석, 모든 행위가 다자인 자신도 어쩔 수 없이 몸담고 있어야 하는 공적인 해석을 배경으로 돌출된다는 것을 의미한다. 하이데거에 따르면, 다자인에게는 사회 규범의 형태로서 세계, 이미 그가 살고 있는 사회에 의해 공적으로 해석된 삶으로서 세계 속의 자기 존재를 이해하지 않으면 안 될 이유가 있다.

여성다움, 상황 그리고 사회 규범

위에서 간략하게 살펴본 하이데거의 생각은, 보부아르가 인간을 상황에 처해 있는 존재로 인정하면서 사람들은 자신의 존재가 이미 항상 의미와 규범을 지니고 있는 세계에서 살고 있으며 이 의미와 규범이라는 것이 고정불변의 자연이 아닌 역사의 산물임을 확인하고 있다는 걸 보여준다. 이는 무엇을 의미하는가? 여성은 자신이 단순히 한 명의 인간이라고 주장할 수만은 없다. 이 세계에는 성적 차이가 분명 존재하고 그것이 행동의 가능성을 구조화하기 때문이다. 보부아르는 한 젊은 여성 트로츠키 추종자의 사례를 든다. 이 여성은 남성처럼 행동함으로써 자신의 여성다움을 부인하려 한다. 보부아르가 보기에 이 여성은 자기기만으로 가득 차 있다. 자신이 남성처럼 행동할 수 있다고 주장하면서 사실은 정확하게 사회 규범이 여성에게 권하는 대로 행동하고 있다―이 여성이 그처럼 행동하는 것은 트로츠키를 열렬히 추종하는 한 남성 당원에 대한 사랑 때문이다—
는 사실을 전혀 눈치채지 못하고 있기 때문이다.[23] 주체는 그들 외
부에 존재하는 세계, 그에 대해 자신이 일종의 독립성을 주장할 수
있으며 그럴 수 있어야만 한다고 믿는 세계에서 다소 우연적인 방식
으로 상황에 처하게 된다는 식의 사르트르적 사고와 반대로, 보부아
르에 따르면 개인이 상황에 처해 있다는 것은 그들이 세계 밖이 아
닌 그 안에 있음—그들은 자기 존재를 통해 세계를 다듬는데, 그러
면서 동시에 세계 밖에 존재한다는 건 불가능하다—을 인정하는 것
이다.

본질주의적 관점 또한 자기기만에 속하기는 매한가지다. 보부아
르는 여성·유대인 혹은 흑인 같은 개념의 정의가 고정불변적이고
태생적인 특성에 의해 결정된다는 가설을 거부하지만, 그러한 특성
을 사실성, 곧 기만으로 치부하지 않기 위해 반드시 극복해야 하는
어떤 것이 아니라 상황에 따른 부득이한 것으로 본다.

구체적인 모든 인간은 항상 개별적 상황에 처해 있는 것이 사실이다. 영
원한 여성다움, 흑인의 영혼, 유대인의 특성 등의 개념을 거부하는 것이
곧 오늘날 유대인이, 흑인이, 여성이 존재하고 있음을 부인하는 것은 아
니다. 그렇게 부인한다고 해서 당사자들이 해방되는 것도 아니고, 오히
려 진정성이 결여된 회피만 야기할 뿐이다. 어떤 여성도—자기기만이 아
니라면—스스로 자신의 성별을 넘어서는 자리에 위치한다고 주장할 수

없다.[24]

상황이라는 개념은 주체가 놓인 단순한 사실성(어디에선가 태어났으며, 특정 가족이 있다는 사실)이 아니다. 개인이 몸담고 있으며 그렇기 때문에 그들의 자기기만, 즉 굳이 자유롭고자 노력하지 않으면서 상황을 합리화의 도구로 이용하려는 경향이 반드시—사르트르가 말하듯—그들의 탓은 아니며 심각한 윤리적 오류 또한 아닌 사회경제적 구조를 의미한다.[25] 실제적인 자기기만은 이와 반대로 사람들이 어떤 특정 상황, 성적 차이가 의미심장할 수 있는 상황에 처해 있음을 인정하지 않는 것이다. 자유롭다는 것은 사실성에 반기를 드는 것이 아니라, 이러한 사실성을 인식하고 이를 인정하며 그로부터 출발하는 것이다. 상황이 우발적인—주체가 선택하지 않았다는 의미에서—것이라면, 자신의 자유를 행사하길 원하는 주체는 그것을 부정하는 정도로 만족해선 안 된다. 이를 부정하는 것은 자신에게 일종의 거짓말을 하는 셈이고, 그 거짓말로 말미암아 행동이 방해받을 것이다.

이렇게 볼 때, 우리는 보부아르가 어떻게 영원한 여성다움 또는 여성의 천성 같은 모든 것을 부정하고, 따라서 여성다움이 사회적 구축물임을 주장하면서 동시에 이러한 구축이 성적 차이나 여성다움이라는 현실을 아주 미미한 정도로만 함축하거나 아예 그러한 현실이 부재하다고 생각하지 않을 수 있었는지 분명하게 이해할 수 있다. 모든 개인이 이미 항상 그 개인의 특성(성별, 나이, 피부색)에 대해 일정한 의미를 부여하는 규범에 따라 해석된, 이미 구조화한 세계 속에 몸담고 있는 한 개인은 이러한 규범과의 관계를 통해—그것이 동조 관계든, 대립이나 공모 관계든—스스로를 구축할 수밖에 없다. 보부아르에게는 개인을 이 같은 사회적 상황을 떠나 고려할 가능성이 전혀 없다. 성적 차이가 모든 사람의 눈에 확 드러난다는 사실은 여성다움이 확실히 개인에게 현실성을 가지며, 인간 역사가 탄생시킨 생산물일 수밖에 없음을 보여준다. 그리고 이것이 바로 보부아르가 지지하는 견해다. '상황'이라는 개념은—성적 차이에 적용할 경우—본질주의나 전적인 사회구성주의에 기대지 않으면서 여성이 무엇인지 알기 위해서는 성적 차이를 연구해볼 필요가 있음을 이해하게끔 해준다. "여성이란 무엇인가?"라는 질문에 대한 첫 번째 대답은 사람들이 성적 차이에 대해 일상적으로, 사회적으로 겪는 체험에 토대를 두고 있다.

인류가 옷차림이며 얼굴 모습, 신체, 미소, 몸을 움직이는 방식, 관심사, 일거리 등이 뚜렷하게 다른 두 부류의 개인들로 나뉜다는 사실을 깨닫기 위해서는 두 눈을 크게 뜨고 거리를 돌아다녀보는 것만으로도 충분하다. 어쩌면 이런 차이는 피상적일 수도 있고, 금세 사라져버릴 운명일 수도 있다. 확실한 것은 이 시점에서 그러한 차이가 숨길 수 없이 명백하게 존재한다는 점이다.[26]

보부아르는 그러므로 차이의 존재를 확인하고 인정한다. 하지만 그렇다고 본질주의적 입장을 취하지는 않는다. 보부아르는 성적 차이를 둘러싼 신화적 또는 생물학적 설명을 단호하게 내치면서, 동시에 이러한 차이의 현실과 그것이 여성의 상황에서 갖는 중요성을 조명한다. 보부아르는 "자신의 성별을 넘어서는 곳에 스스로를 위치시키려는 것"[27]은 일종의 기만이라고 주장하는데, 왜냐하면 성적 차이란 우리 각자가 태어나는 세계를 조직하는 사회 규범의 한 형태이기 때문이다.

여성다움과 운명

보부아르가 하이데거로부터 크게 영향을 받았음이 뚜렷하게 드러난다고는 해도, 보부아르의 접근 방식은 여러 면에서 대단히 독창적이다. 하이데거는 다자인, 즉 모든 사실성에서 벗어나 있는 인간 존재에 주목함으로써 기꺼이 존재론적 영역에 머물렀다. 반대로 보부아르는 바로 그 사실성, 그중에서도 특히 성, 그것도 여성이라는 성쪽으로 연구 방향을 잡는다. 보부아르는 여성다움이 운명이 되는 방식을 명백하게 드러내고자 여성의 상황 분석을 목표로 삼는다.

1, 2권으로 이뤄진 《제2의 성》은 무려 1000쪽이 넘는 방대한 저서다. '사실과 신화'라는 제목이 붙은 1권은 이러한 운명이 남성에

의해 구축되는 방식을 탐구한다. '운명'이라는 제목을 붙인 1부 앞부분에서 보부아르는 여성다움이 생물학적 관점, 정신분석적 관점, 마르크스주의적 관점에서 인식되는 각각의 방식을 차례로 살펴본다. '역사'라는 제목의 2부에서는 남성이 여성에게 강요한 억압의 영속성을 보여주는 여성의 역사를 기술한다. 그리고 '신화'라는 제목의 3부에서는 신화와 문학 일반이 어떻게 여성이 남성의 시선에 의해 구축되는 방식을 보여주는지 파헤친다. 매우 풍성한 내용을 담고 있는《제2의 성》1권은 한마디로 "여성이란 무엇인가?"라는 질문에 대한 대답이 일반적으로 남성에 의해 남성을 위해 제시되고 있음을 보여준다. 여성을 지배와 쾌락을 통해 자신의 노예이자 욕망의 대상으로 운명 지어진 존재로 만드는 것은 남성이다.

'실제로 겪은 경험'이라는 제목을 붙인 600쪽에 이르는 2권에서 보부아르는 관점을 뒤집어 여성의 운명을 밟아간다. 이러한 여성의 운명을 단계별로 분석하되 각 단계마다 각기 다른 인물을 소개한다. 네 가지 굵직한 주제―교육, 상황, 합리화, 해방을 향하여―로 나누어 남성의 시선(이에 대해서는 1권에서 분석했다)이 세계를 주무르는 방식을 기술하는데, 그 방식이 어찌나 보편화되었는지 각기 다른 여성이 겪은 경험임에도 당사자인 여성과 그 여성들이 겪은 경험을 모두 유형별로 분류해 일반화하는 것이 얼마든지 가능함을 알 수 있다. 보부아르는 이런 식으로 일반화를 시도하며, 따라서 어떤 한 어린 소녀가 아닌 어린 소녀 일반, 어떤 한 젊은 여성이 아닌 젊은 여성 일반, 어떤 한 어머니가 아닌 어머니 일반에 대해 말한다. 그렇다고 해서 모든 어린 소녀, 모든 어머니가 동일한 개인적 경험을 가지고 있다는 뜻은 아니다. 그와 반대로, 각기 다른 이 모든 인물이 곧 각각의 상황으로 작용하게 된다는 것을 보여준다. 다시 말해, 이제 세계 속으로 진입하는 여성에게는 이러한 인물들이 이미 해석 및 규범화된 사회적 지위임을 의미한다는 얘기다. 보부아르에 따르면, 여성의 자유를 천명하기 위해서는 그 배경이 되는 "여성의 전통적 운명을 세심하게 연구해야" 할 필요가 있다.

> 내가 '여성' 또는 '여성다운'이라는 단어를 사용할 경우—당연한 말이지만—어떤 원형이나 고정불변의 본질에 대해 언급하는 것이 아니다. 나의 대부분 주장은 '현시점에서 통용되는 교육과 관습'을 전제로 하고 있음을 알아야 한다. 여기서는 영원한 진리를 말하는 것이 아니라, 모든 여성의 개별적 실존이 뿌리내리고 있는 공통적인 배경을 기술할 뿐이다.[28]

여성다움이라는 주제가 《제2의 성》 전체를 관통하고 있다면, 그 주제에 대한 연구는 일단 모든 여성적 본질을 거부하는 데에서 출발해 상황—개인적 상황이 아닌 여성의 경제적, 사회적, 정치적 상황—분석으로 나아간다.

여성으로 존재한다는 것은 그러므로 특정한 경제적, 사회적, 정치적 상황에 놓이는 것이다. 이러한 상황은 여성이 행동을 함에 있어 따라야 하며 여성을 판단하는 척도가 되는 규범 전체를 함축한다. 여성으로, '진정한' 여성으로 존재한다는 것은 이 규범에 대한 순응을 함축하는데, 우리가 제구실을 못 하는 연장에 대해 그 성능에 의문을 갖는 것과 마찬가지로, 사람들은 한 여성의 행동과 그 여성에게 사회적으로 처방한 행동 사이에 괴리가 있을 때면 그 여성의 여성다움에 의문을 품는다. 그런데 사회에서 여성에게 처방한 행동이란 도대체 무엇인가? 순종이다.

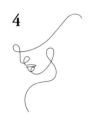

4

좀처럼 파악할 수 없는
순종

순종은―위에서 살펴보았듯―모든 사람, 그리고 특히 여성이 겪는 평범한 경험이다. 이 경험에 대해 철학 분야에서는 별반 언급이 없는데, 아무튼 순종은 실제로 많은 사람이 공유하는 일상적 경험이다. 그런데 이를 제대로 설명하기 위해서는 권력을 대하는 우리의 관습적인 관점을 전복할 필요가 있다. 즉, 권력을 그저 권력을 가진 자에게서 그 권력의 행사를 받는 자에게로 향하는 일방통행적인 것으로 간주하지 말자는 것이다. 순종과 관련한 이 두 가지 차원―일상적 차원과 그것을 파악하기 위해 필요한 시선의 전복―으로 말미암아 실제 순종의 모습이 어떠한지, 평등하지 않은 권력과의 관계에서 열등한 위치에 있다는 것이 어떤 의미인지를 살피기란 상당히 어렵다. 이러한 어려움은 특별히 여성의 순종에 관심을 갖는 순간 더 커진다. 사실 여성의 순종에 대해서는 그걸 원하는 자들—순종을 비판하는 이들도 간혹 있긴 하나 훨씬 드물다—이 이미 많은 이야기를 했고, 그 문제를 다룬 글도 무수히 많다. 하지만 순종이라는 상황 자체가 이런 여성들의 경험을 육성으로 듣거나 문자화하기 어렵게 만든다. 보부아르 덕분에 "여성이란 무엇인가?"라는 질문에 "여성이란 순종적으로 태어나는 것이 아니라, 그렇게 만들어진다"고 답해야 한다는 걸 이해했다면, 이제는 이렇듯 강요된 침묵에 대항해 싸워가며 순종에 대해 기술해야 마땅할 것이다. 그래야만 순종이 어떤 식으로 경험되는지 이해할 수 있을 뿐 아니라 순종이 어떻게 해서 여성에게, 모든 여성에게 이미 정해진 운명으로 비치는지 이해할 수 있을 것이다.

순종에 대해 기술하고 이를 이해하기란 어려운데, 그 이유는 그러한 분석이 중대한 두 가지 철학석 문제를 야기하기 때문이다. 첫째, 일상을 어떤 식으로 사고할 것인가. 둘째, 권력을 어떻게 사고할 것인가.

순종과 평범한 삶

순종은 평범한 현상이다. 우리는 일상에서의 기권, 즉 사장의 열성에 따르기로 하거나 남편이 자신을 위해 결정하도록 방관하는 순간에 대해 정말로 무언가 할 말이 있는가? 평범하고 사소한 행위로 촉발된다는 점에서 순종은 철학과 관련해 이론적, 인식론적 그리고 윤리적 문제를 제기한다.

우선 평범하고 사소한 것이 철학에 제기하는 이론적 문제는 다른 게 아니라 품위의 문제다. 평범하고 사소한 것도 철학적 탐구의 대상이 될 자격이 있는가? 철학은 모름지기 우리의 일상적 행동을 기술하기보다는 진리, 신의 존재, 도덕성 같은 거창한 것에 더 관심을 기울여야 하지 않을까? 성별에 따른 노동 분업이니 새로운 경영 기술이니 하는 것이 노동자의 삶에 끼치는 영향 따위는 인간의 천성이나 외부 세계를 인식할 수 있는 가능성 같은 '심오한 문제'에 비해 너무도 사소하고, 심지어는 우스꽝스럽게 여겨진다. 철학이 심오하고 고상한 문제만 천착해야 한다면, 솔직히 순종이 거기에 포함될지 확실하지 않다. 무엇이 철학적인지, 철학에 속해야 하는지, 혹은 속하지 말아야 하는지 판단하는 문제는 그 자체로 이미 철학의 문제이며,[1] 이는 도덕적으로나 정치적으로 매우 중요한 반향을 갖는다. 순종의 경우, 우리는 두 가지를 지적함으로써 이 이론적 문제를 해결할 수 있다고 본다. 첫째, 철학은—플라톤에서 아리스토텔레스, 하이데거에 이르기까지—인간의 경험 가운데 가장 일상적인 것을 접하면서 느끼는 놀라움, 경이로움의 형태로 탄생했다. 순종은 그러므로 일상적이며 길게 숙고할 여지가 없다는 특성으로 말미암아 충분히 철학적 탐구의 대상이 될 만한 자격을 갖추었다고 할 수 있다.

둘째, 순종이 지금까지 철학의 대상이 아니었다는 사실이 반드시 그게 비철학적 주제나 경험이라는 걸 뒷받침하는 건 아니다. 전통적으로 철학자의 사회적 지위로 미루어보건대—고대 그리스의 노예 출신 철학자 에픽테토스를 제외하면—순종이 기품 있는 철학 연구의 대상이 될 수 없었음을 쉽게 이해할 수 있다. 십중팔구 이들 철학자는 너무도 특권적인 사회적 지위를 누린 탓에 일상에서 순종을 경험할 기회가 없었다는 사실이 그 이유일 것이다. 순종을 철학 탐구의 대상으로 삼는 것은 철학의 민주화라는 맥락에서만 가능하다. 철학이 더는 사회 엘리트 계층 구성원만의 배타적 행위가 아니고, 또 이들만을 위한 것이 아니라면, 당연히 모든 이의 평범하고 사소한 삶에 대해 사고하는 것도 철학의 몫이다. 그리고 이처럼 평범하고 사소한 삶에서 순종은 많은 이가 공통적으로 공유하는 경험이다.

다음으로, 순종의 일상성이 철학에 야기하는 인식론적, 윤리적 문제가 있다. 순종과 일상적인 것의 보잘것없음 간 관계에서 비롯되는 이 문제는 위에서 언급한 이론적 문제에 비해 훨씬 복잡하고 진지하다. 문자 그대로의 뜻으로 보면 보잘것없다는 말은 중간쯤 되는 것, 평균에 속하는 어떤 것을 형용하며, 그렇기 때문에 시시하고 관심을 끌 만하지 않은 것을 뜻한다. 그러므로 이런 의미에서 평범한 것은 당연히 보잘것없으며, 그 때문에 우리는 거기에 대해 말하는 게 어렵다는 걸 이해할 수 있다. 평범하다는 것은 바로 사람들이 생각조차 하지 않는 것, 다른 것과 구별되는 요소라곤 전혀 없는 것, 두드러지는 면이 전혀 없어 성찰을 위한 시선을 잡아끌지 않는 것이다. 이런 점에서 평범한 것은 철학 입장에서 보면 진정으로 도전이 아닐 수 없다. 거기에 대해서는 아무 할 말도, 생각할 거리도 없다고들 할 테니 말이다. 우리에게 더할 나위 없이 일상적인 것이야말로 제일 쉽게 인식할 수 있는 것이라는 지레짐작에도 불구하고, 그 일상적인 것을 파악하고자 하는 순간, 그것은 우리 손아귀를 벗어난다. 니체는 19세기에 바로 이런 의미에서 플라톤의 이데아를 떠받드는 사람들을 향해 비판을 쏟아냈다. 니체는 요컨대 무엇인가를 인식한다는 것은 우리가 이미 알고 있을 법한 무엇인가를 인정하는 것이라고 주장했다. 그의 글을 읽어보자.

그들 가운데 가장 조심스러운 자들은, 알려진 것은 적어도 완전히 낯선 것보다는 인정하기 쉬울 거라고 주장한다. 가령 '내적 세계', 그러니까 '의식과 관련한 것'에서 출발하는 것이 그나마 우리 자신에게 잘 알려진 세계일 테니까, 조금이라도 체계적이지 않겠느냐고 보는 것이다! 하지만 오류도 그런 오류가 없다! 알려진 것이란 곧 습관적인 것이고, 습관적인 것이란 세상에서 가장 '인정하기' 어렵다. 다시 말해서 문제, 즉 낯선 것, 멀리 떨어져 있는 것, '우리 밖에 놓인 것'으로 간주하기 어렵다는 말이다. ……심리학이나 인식 비평─이른바 반(反)자연과학이라 할 수 있는 학문들─등에 비해 자연과학이 누리는 확실성은 대상으로 삼기엔 왠지 낯설고 이상한 현실을 탐구 대상으로 삼는다는 점에서 비롯된다. 그에

비해 낯설지 않은 것을 대상으로 삼으려는 것은 모순적이고 심지어 부조리하기까지 하니 말이다…….[2]

인식은 대상과의 거리 두기─바로 이 거리 두기가 객관성을 담보한다─를 필요로 한다. 그런데 이러한 거리 두기는 우리가 일상적인 것과 맺는 관계에는 어울리지 않는다. 위에서 인용한 니체의 글은 일상적인 것에 대한 인식을 가로막는 장애물이 지닌 두 가지 중요한 양상을 보여준다. 한편으론 우리와 가까운 것은 인식하기 어렵다는 점이고, 다른 한편으론 우리와 가까운 것을 인식하고 싶어 하기, 다시 말해 그것을 분석 노력을 필요로 하는 문제로 간주하기란 어렵다는 점이다. 이렇게 볼 때, 우리는 순종과 관련한 모든 분석에는 어려움이 내재한다는 걸 알 수 있다. 순종이 실제로 많은 인간이 상시적으로 겪는 매우 평범하고 사소한 경험이므로─순종해야만 해서 그러는 건데, 그게 뭐 어쨌다고?─그것에 대해 알기 위해서 어떤 특별한 분석도 필요하지 않은데, 그럼에도 그 같은 분석 작업을 하려면 가장 평범한 경험에 대해 생각해야 한다는 매우 특별한 어려움에 봉착할 것이다.[3]

평범한 것이 갖는 문자 그대로의 보잘것없음, 곧 하찮음 또한 인식에 장애가 된다. **부정적** 의미에서 하찮음은 도덕적 문제를 제기한다. 실제로 '하찮다'는 단순히 '중간은 간다'만을 의미하는 게 아니다. '하찮은 것'은 일상 언어에서 평균보다 못 하다는 말과 다르지 않으며, 이는 정말로 시원찮다거나 적어도 확실히 실망스럽다는 뜻을 담고 있다. 평범한 것에 대한 공통적인 지각은 이 부정적 하찮음과 관련이 있다. 일상의 삶은 그것이 보통이라는 점에서, 다른 것과 구별되지 않는다는 점에서, 그리고 무엇보다도 부정적이고 불편함을, 나아가서는 수치심까지 자아낸다는 점에서 성찰에 장애가 된다. 이러한 효과는 순종의 경우 특별히 두드러진다. 어찌어찌하여 일상이라는 명백함에서 탈피해 순종을 문제화하는 데 성공한다고 해도, 이 같은 경험을 세세하게 조사·검토한다는 게 다소 수치스럽게 느껴질 수도 있다. 어쩌면 너무나 명백할지도 모를 사례를 하나 들어보자. 사람들은 독일 점령 치하에서 프랑스인 대다수가 겪은 일상적 순종에 주목하기보다 레지스탕스 영웅들—사실 레지스탕스는 점령시대가 낳은 이면이다—의 매우 특별한, 일상적이지 않은 용기에 관심을 기울이는 편을 선호한다. 그래도 굳이 이 순종이라는 주제를 건드려야 한다면 그건 무엇보다도 그것과 거리를 두기 위해서, 그것의 일상성이 아니라 그것의 비도덕적이고 수치스러운 면을 드러내기 위해서일 터이다. 그러므로 단언컨대 바로 이러한 점이 보부아르가 독일 점령 기간 동안 자신의 일상적 삶을 기록한 회고록이 지니는 비범한 점들 가운데 하나일 것이다. 이 회고록에서 보부아르는 레지스탕스 요원의 영웅성, 특별성보다는 순종의 평범성, 일상성을 강조한다.4

이러한 불편한 심기 또는 거부감은 순종의 경우 유난히 더 심하게 나타나는데, 이는 그것이 평범한 행위일 뿐 아니라 도덕적이지 못하다고 여겨지는 행위이기도 하기 때문이다. 모든 인간은 자신의 자유를 추구해야 하며, 따라서 이 자유의 포기를 뜻하는 순종은 자연에 어긋나는 행위, 비도덕적인 행위로 비쳐진다. 순종에 관심을 갖는 것은 말하자면, 인간의 삶에서 가장 중요한 가치 가운데 하나를 거스르는 행위를 파고드는 것이다. 모든 평범한 것의 분석에 따르는 하찮음이라는 떨떠름한 특성에—순종의 경우—생각과 행동 사이의 거리, 좋은 것이라고 여기는 것과 행동의 기준으로 삼아야 하는 규범 사이의 거리 앞에서 느껴야만 하는 불편함까지 더해지는 것이다.

이렇듯 여러 가지 어려움을 조명하다 보면 우리는 순종이라는 주제가 철학에서 거의 연구 대상이 되지 못하고 있는 현실을 쉽게 이해힐 수 있다. 순종의 철학적 지위가 확고하게 정립되어 있지 않으며, 우리의 평범한 행위를 당당한 철학적 탐구의 대상으로 삼는 게 쉽지 않으며, 거기에 순종에 함축된 부도덕성이 평범한 것을 그것이 지닌 주목할 만한 점뿐만 아니라 부정적인 면에 대해서도 성찰해보려는 자들의 불편함을 한층 심화시키기 때문이다.

아래로부터 위로 향하는 상향식 권력 분석

그럼에도 순종의 분석은 권력에 대한 성찰을 위해 결정적이라고 할 정도로 중요하다. 순종이라는 개념을 적당히 건너뛰면, 다시 말해 권력의 비대칭적 관계를 지배의 각도에서만 살피면 결과적으로 권력관계, 그중에서도 특히 비대칭적 권력관계에 대한 총체적 이해는―하나의 관점에서만 바라보는 것이므로―기대하기 어렵다. 지배를 비대칭적 권력관계로 연구하기 위해서는 지배 관계의 양극에 위치한 당사자들의 입장을 모두 들어볼 필요가 있다. 지배하는 자 쪽에서 보면, 이는 지배라는 행위를 실행하고 있는 자에게 지배가 어떻게 기능하는지 자문하는 것이다. 예를 들어 지배하고, 그 지배한 경험에 대한 분석을 제안하는 것이 과연 무엇인지 자문해볼 수 있다. 이를테면 율리우스 카이사르가 자신의 갈리아 정복 과정을 상세하게 기록한 《갈리아 원정기》가 그 좋은 예에 해당한다. 우리는 또 마키아벨리가 어떻게 해야 군주가 되고, 그 지위를 유지할 수 있는지 설명한 《군주론》에서 보듯이 전략과 기술·방법 등을 연구함으로써 지배의 효율성에 대해 성찰해볼 수도 있을 것이다. 또한 지배한다는 것은 무엇인지, 특정 시점에서 누가 지배하는지, 그들은 왜 지배하려 하는지 등을 생각해볼 수도 있을 것이다. 하지만 지배를 분석함에 있어 거의 항상 침묵 속에 묻혀버리지만 그럼에도 핵심적 질문이 있다면, 그건 바로 피지배자의 입장에서는 그 지배가 어떻게 기능하는지 알아보는 일일 터이다.

순종을 분석하는 것은 그러므로 시선의 전환을 실행에 옮기는 것이다. 더는 비대칭적 권력관계를 단순히 그러한 관계를 강요하거나 만들어내는 자의 관점에서만 바라보지 않는 것이다. 지배력을 실행하는 자의 입장에서만 지배의 기능 방식을 이해하는 것으로는 그 지배력의 행사를 당하는 자에게 무슨 일이 일어나는지 아는 데 충분하지 않을 수도 있다는 가설을 세우는 것이기도 하다. 여기서 한 가지, 권력의 '행사를 당하다'는 동사의 뜻을 오해해서는 안 된다. 지배는—이 책의 서두에서 살펴보았듯—관계의 한 종류이므로, 우리는 최소한 이 관계가 지배를 받거나 순종하는 자에게 영향력을 가질 것이라고 가정해볼 수 있으며, 지배를 받거나 순종하는 자는—어감이나 단어의 구성을 통해 짐작하는 바와 달리—이 과정에서 전적으로 수동적이기만 한 건 아니다. 권력의 본성을 그것이 지배자가 피지배자에게 가하는 행위로 인해 나타나는 시점을 중심으로 생각하려는 수직적인, 다시 말해 위에서 아래로 내려오는 하향적인 개념과는 반대로, 순종의 분석은 아래에서 위로 거슬러 올라갈 것을, 그러니까 권력을 행위 및 그로 인한 결과와 불가분의 관계에 있는 것으로 볼 것을 종용한다.

이렇듯 권력을 보는 관점의 전복은 어떤 관점에서 사회 현실을 연구하느냐에 따라 이 사회적 진실로부터 우리가 얻는 인식이 결정된다는 생각—처음엔 마르크스주의에서 출발했으나 페미니스트들에 의해 재해석되었다―에 토대를 두고 있다. 그러므로 관점을 전복하면, 권력관계를 지배하는 자가 아닌 순종해야 하는 자의 관점에서 바라봄으로써 추가적이고 보완적인 관점을 정립할 수 있을 뿐 아니라, 사회에 대해 질적으로 더 나은 인식을 얻을 수 있으리라는 가설을 세워볼 수 있다. 그러니까 더 많은 정보를 얻는다는 이점뿐만 아니라, 우리가 얻게 될 정보가―지배 전략에 따른 결과와는 거리가 있으므로―지금까지보다 질적으로 더 우수할 것으로 기대할 수 있다는 말이다. 실제로, 마르크스와 우리 시대의 지배 이론가들 그리고 제임스 스콧(James C. Scott: 1936~. 미국의 정치학자·인류학자로, 비교정치학 전문가―옮긴이)이 입증했듯 지배를 지배하는 자의 관점에서만 연구할 경우, 그들의 이익에 부합하는 지배에 대해서만 되풀이해서 듣게 되는 것이 사실이다. 제임스 스콧은 우리가 지배당하는 자는 그 지배에 저항하지 않는다고 믿는 경향이 있는데, 그건 지배에 관해 그가 "공적 텍스트(texte public)"라고 부르는 것, 즉 지배에 대해 공적으로 언급되며 "남에게 보여지고 싶은 모습대로의 엘리트 지배 계층의 자화상"과 일치하는 것에만 토대를 두고 있기 때문이라고 말한다.[5] 반면, 우리가 여러 가지 다양한 "감춰진 텍스트(textes cachés)", 즉 다른 발화 조건, 특히 지배하는 자가 부재한 가운데 지배당하는 자들 사이에서 언급되는 것에 관심을 기울이면, 전자보다 훨씬 복잡한 관계, 특히 지배에 대한 예상보다 훨씬 큰 저항이 도출된다는 걸 알 수 있다. 그러므로 권력에 대해 지배하는 자의 시선이 아니라 순종하는 자의 시선을 취함으로써, 그리고 그의 경험에 대해 질문함으로써 우리는 지배에 관한 더 나은 인식에 이를 수 있다.

전복의 역사

순종에 관해 생각하는 것은 그러므로 우리가 권력에 대해 습관적으로 택하는 관점을 변화시키는 것을 함축한다. 이러한 관점의 변화를 이해하기 위해서는 특히 역사에서 그러한 변화가 어떻게 발전해왔는지, 그것이 어떤 문제를 야기했는지 기억을 되살려보면 유용할 것이다.

1920년대 프랑스 역사학자 뤼시앵 페브르(Lucien Febvre)와 마르크 블로크(Marc Bloch)는 〈사회경제사 연보(Annales d'histoire économique et sociale)〉라는 제목의 잡지를 창간한다. 이 잡지는 당시 역사학계에서 유행하던 정치와 사건 중심의 역사, 즉 왕과 왕국 그리고 전쟁의 역사 대신 사회의 역사, 긴 호흡의 역사를 진흥시키겠다는 포부를 천명했다. 이 잡지와 이 잡지가 내건 "총체적 역사"—순전히 정치, 군사, 외교에만 치중하는 전통적 역사 대신—를 제시하겠다는 야심을 중심으로 우리가 아날학파라고 부르는 세력이 점차 형성되어갔다. 아날학파는—가령 조르주 뒤비(Georges Duby)나 페르낭 브로델(Fernand Braudel) 같은 학자들의 연구 업적을 통해—전쟁이 끝난 후 꾸준히 역사의 장을 구조화해나갔다. 아날학파의 기치를 들고 발표된 연구물의 면면이 너무도 다양하기 때문에 이 책에서 간략하게 소개하긴 어렵지만, 이들 역사학자가 사건 중심의 역사를 거부하고 보다 긴 시간에 걸친 총체적—연구 대상으로 삼은 사회의 경제사회적 변화—역사를 추구함으로써 권력에 대한 새로운 관점을 열어주었다는 사실을 이해하는 건 매우 중요하다. 왕과 군주들의 일과나 업적을 기록하고 분석하는 것만으로는 그들이 지배했던 사회나 그들의 권력이 사회에 끼친 영향을 이해하기에 충분하지 않음을 보여줌으로써, 아날학파는 권력에 대한 이해는 그 권력이 주민들에게 받아들여지는 방식에 대한 이해를 내포하고 있다는 생각을 널리 확산시키고 대중화했다. 역사를 지도자의 관점에서 기록하지 않고 지도자의 권력 행사를 감내하면서 사는 이들에게 일상적으로 일어나는 일들에 대한 기술과 분석에 집중하면, 권력이 기능하는 방식에 관해 좀더 충실한 인식을 얻을 수 있다.

역사라는 학문의 이 같은 진화는 권력에 대한 철학적 사고에 매우 강력한 영향을 끼쳤다. 실제로, 미셸 푸코(Michel Foucault)의 작업도 《성생활의 역사(Histoire de la sexualité)》 1권부터 그리고 1976년—그의 《지식의 의지(La Volonté de savoir)》가 출간된 해—그가 콜레주 드 프랑스(Collège de France)에서 '사회를 옹호해야 한다(Il faut défendre la société)'[6]는 제목으로 진행한 강연 모두 이러한 아날학파의 전통에 편입시킬 수 있다. 콜레주 드 프랑스 세미나에서 푸코는 현대 권력에 대한 담론 연구를 제안했는데, 그가 말하는 담론이란 주권—왕으로부터 내려와 백성 위에 군림하는 권력—에 대한 (그의 표현대로라면) 철학적-사법적 담론이 아니라 그가 역사적-정치적 담론이라고 부른 반(反)담론으로, 이에 따르면 전쟁은 사회적 관계의 항구적인—심지어 평화 시에도—배경으로 간주된다. 이는 주권에 대한, 평화적인 법질서에 대한 담론이 아니라 지배자와 피지배자 사이에서 끊임없이 벌어지는 지배와 전쟁의 담론이다. 푸코는 중앙의 (유일한) 권력, 그러니까 왕의 권력으로부터 복수(複數)의 권력, 복수의 역학 관계, 즉 민간 사회 구성원 사이의 상호적인 관계로의 이동을 시도하려 한다. 순종에 대해 생각하는 것, 즉 라보에티의 자발적 복종—왕 또는 독재자를 향한 민중의 맹목적 복종 형태—과 동일시하는 것이 아니라, 개인 상호 간의 지배에 있어 지배의 행사를 당하는 이들이 경험하는 방식으로서 순종에 대해 생각하는 것은, 대개는 침묵하고 있으나 그럼에도 사회를 구조화하고 있는 여러 권력관계의 분석을 통해 재구성되는 유사한 몸짓에 그 토대를 두는 것이나. 어떤 의미에서 보면, 순종이라는 개념을 통해 우리가 관심을 갖는 것은 푸코의 작업을 재현하는 것일 수도 있다. 요컨대 우리도 주권보다는 지배에 관심을 가지며, 지배 중에서도 그 지배를 행사하는 자보다 당하는 자들에게 주목하고자 하는 것이다.

순종에 대해서는 무엇을 알 수 있는가

지배 관계가 지향하는 목표 가운데 하나이자 그것이 유지되는 기제 가운데 하나는 억압당하는 자를 침묵하게 만들고, 그렇게 함으로써 그들의 경험과 그들의 관점을 소수자의 것으로 보이게 하거나, 심지어는 아예 드러나지 않도록 해버리는 것이다. 이는 가령 식민지화한 공간의 사례에서 극명하게 드러난다. 식민지화의 여러 기제 가운데 하나는 식민지 거주 본토인을 진실의, 유일무이한 진실의 대변자로 추켜올림으로써 그들의 관점이 항상 다른 관점을 압도하게 만드는 것이다. 침묵하게 만들기는 주로 두 가지 방식으로 진행된다. 한편으로는 사회적 지배의 결과로 지배를 당하는 자들이 흔히 표현의 자유를 행사하는 데 필요한 여건을 보장받지 못하는 경우다. 예를 들어, 교육을 받지 못한다거나 통신 수단을 구비할 수 없는 사정이 여기에 해당한다고 할 수 있다. 다른 한편으로는 사회적 지배의 결과로 지배를 당하는 자들의 경험이―설사 밖으로 표현될지라도―거짓이나 온당치 못한 것, 위험한 것, 부도덕한 것 등으로 평가절하되는 경우다. 억압받는 자들의 역사는 그러므로 원전(原典)이 부재하는 역사이며, 원전이 있는 경우라도 파편에 지나지 않아 공식적 사료로 평가받지 못한다. 이러한 문제를 해소하기 위해 미셸 푸코 같은 역사학자들은 관습적이지 않은 자료에서 출발하는 역사를 생산해냈다. 왕들의 행위나 법 또는 군사 문헌 등에서 출발하는 역사를 서술하는 대신, 이들은 역사학자의 자료를 다양화하고 행정 문서는 물론 배우의 회고담을 비롯해 푸코가 보기에 예속되었거나 자격 미달로 여겨지는 다른 종류의 지식들로부터도 일상적이고 지역적이며 아주 미시적인 차원에서의 권력이 모습을 드러내도록 하는 데 주력했다.

우리가 이해하는 대로의 순종, 즉 개인적 상호 관계의 열등한 위치─특히 여성의 순종─에서 권력을 겪는 방식을 분석하려 하면 매우 특수한 문제가 발생한다. 여성의 순종을 분석하기 위해서는 역사적으로 권력이라곤 가져본 적 없는 개인들에 대한 자료, 사적 영역에서 일어나는 관계에 대한 자료, 그리고 개인적 차원과 구조적 차원이 접목되는 관계에 관한 자료가 있어야 한다. 아닌 게 아니라 여성의 역사를 주제로 하는 연구는 무엇보다도 여성의 역사를 탐구하는 것은 곧 부재의 역사를 탐구하는 것임을 보여준다. 여성은 역사적으로 권력을 가진 직이 없으므로 왕들에 관한 기록, 전쟁 기록 등에 등장하는 내용은 여성의 경험이 아니다. 제인 오스틴이 1818년에 쓴 《노생거 수도원(Northanger Abbey)》의 여주인공 캐서린은 다음과 같이 말한다.

대문자 H로 시작하는 진정한 역사로 말하자면, 난 도무지 그런 것엔 흥미가 없다. 〔……〕 의무적으로 조금 읽어보긴 하지만 역사책에 실린 이야기들은 나를 짜증나게 하고 지루하게 만들 뿐이다. 페이지마다 죄 교황과 왕들 사이의 싸움이나 페스트 이야기뿐이니 말이다. 역사책에 등장하

는 남성들은 아무 짝에도 쓸모없고, 더구나 여성이라고는 거의 한 명도 등장하지 않는다.[7]

역사는 1970년대까지만 해도 남성이 쓴 남성들 삶의 기록이었다. 여성의 역사를 연구한다는 것은 우선 베일을 한 꺼풀 벗겨내는 일이다. 늘 감춰져 있거나 생략되어 있던 것을 일단 눈에 보이도록 해야 하니 말이다.

두 번째로, 여성은 공적 영역이 아닌 사적 영역에서 산다. 그런데 전통적으로 공적 영역이란 책 속에 기술된 곳, 행정적인 행위가 개입하는 곳이다. 일반적으로, 사생활의 역사는 자료 부족 때문에 연구하기 매우 어려운 영역이다. 그러므로 여성의 경험 분석엔 이중적 장애물이 있는 셈이다. 여성 자신이 역사를 기록하지 않으며, 역사를 구성하는 공적 영역의 구성원이 아니라는 점이 바로 그 장애물이다. 1970년대 미셸 페로(Michelle Perrot)의 선구적인 작업[8] 이후 부상하기 시작한 여성의 역사는 무엇보다도 사생활의 역사이며, 그러한 역사가 함축하는 도전의 의미를 담고 있다. 여성의 역사를 연구하기 위해서는 일상적인 것에 대한 관심(이 때문에 어떤 어려움이 있는지는 위에서 부분적으로나마 살펴보았다)이 필요하며, 이를 위해서는 역사학자들의 고전적인 자료가 아닌 것들에 의존해야 한다. 가령 전기(傳記)나 개인적인 글, 파편적인 흔적 같은 것이 여기에 해당한다. 예를 들어, 삶의 기록은 신뢰도가 낮으며 파편적인 자료라고 할 수 있다. 글을 쓸 수 있는 여력을 가졌으며 자신의 경험은 중요하므로 남들에게 들려줄 만하다고 판단하는 여성만이 그 경험을 들려주기 때문에, 우리는 그들의 경험이 여성 대다수의 경험을 대표하지는 않는다고 생각할 수 있다.

마지막으로 (이것이 가장 복잡한 인식론적 장애라고 할 수 있는데) 바로 여성이 처해 있는 권력관계가—보부아르의 여성 상황 분석에서 살펴보았듯—남성과의 계층 대 계층 차원의 지배 관계가 아닌 개인 대 개인의 지배 관계라는 특수성이다. 여기서 특수하다고 표현하는 것은 개인 대 개인의 지배 관계에 관해서는 자료가 거의 없기 때문이다. 여성은 노동자로서 혹은 흑인으로서, 열등한 계층에 속하는 여인으로서는 집단 대 집단이라는 사회적 지배 관계 속에 놓일 수도 있으나—여성이라는 지위만 놓고 볼 때—부분적으로는 사회적이라 할 수 있으나 무엇보다도 먼저 개인의 상호 관계 차원에서 표현되는 특정한 형태의 지배를 당하는 위치에 있다.

이렇게 볼 때 제기되는 제일 첫 번째 문제는 다음과 같다. 미셸 푸코와 아날학파 역사학자들은 우선적으로 정치권력, 즉 국가 권력이 기능하는 방식, 개인이 거기에 저항하거나 반대로 지지하는 방식 등에 특별히 주목했다. 그런데 우리가 관심을 갖는 권력이 직접적으로 정치적이 아닐 경우—왜냐하면 통치하는 자에게 통치당하는 자를 좌지우지할 힘이 없으므로—이 권력에 대한 자료를 확보하기는 훨씬 어렵다. 남편은 아내를 자신에게 순종시키기 위해 규정집을 만들지 않으며, 따라서 그의 지시는 흔적을 남기지 않는다.

　두 번째, 사회적 서열이 개인 상호 간의 서열에 영향을 끼치는 것은 십중팔구 사실이며, 그렇기 때문에 일부 사람들은 사회적 억압 현상을 빌미로 다른 사람에 비해 훨씬 더 많은 순종을 경험한다. 이들은 말하자면 사회적 억압 현상의 희생자다. 누군가가 혜택받지 못하는 사회 계층에 속할 때, 누군가가 여성이거나 동성애자 또는 트랜스섹슈얼(transsexual)일 때, 요컨대 사회적으로 열등한 위치에 있을 때, 그 사람은 개인 상호적인 관계 서열에서도 열등한 위치에 머무를 가능성이 있다.[9] 가부장적 사회, 그러니까 남성에 의한 여성 지배가 구조화한 사회에서, 여성이 순종에 대해 겪는 경험(여성이 남성에게 순종하는 것)은 한 개인이 다른 개인에게 순종하는 것이므로 개인적인 동시에—그러한 순종이 사회의 구조에 의해 처방된 것이라는 의미에서—구조적이라고 할 수 있다. 이러한 기제를 이해하기 위해서는 그러므로 구조적으로 침묵을 강요당하는 상황에 대한 자료가 필요하다.

서발턴도 말할 수 있는가

이 문제는 동남아시아와 인도에서 포스트식민 연구 전문가로 활약하는 학계 인사들이 시작한 **서발턴 연구**(subaltern studies) 계열의 성찰에 의해 제기되었다. 이탈리아 출신 마르크스주의 사상가 안토니오 그람시(Antonio Gramsci)가 문화 헤게모니 이론에서 사용한 '서발턴'이라는 용어를 다시 끌어다 쓸 정도로 이들은 동남아시아 사회에서 소속 계층과 신분 계급, 나이 또는 젠더로 인해 순종하는 자의 위치에 있던 자들에 대한 연구에 심혈을 기울였다. 인도 출신 문학비평가이자 미국 컬럼비아 대학의 교수 가야트리 스피박(Gayatri Spivak)이 〈서발턴도 말할 수 있는가?〉라는 제목의 논문을 발표한 것도 이런 맥락에서였다.[10] 스피박이 쓴 이 논문의 출발점은 1972년으로 거슬러 올라가는, 질 들뢰즈(Gilles Deleuze)와 미셸 푸코의 대담—'지식인과 권력'이라는 제목이 붙은 대담—이었다.[11] 두 철학자의 대담은 주체의 전능(全能)에 대해 문제를 제기하는 큰 테두리 안에서 지식인의 태도에 초점을 맞추어서 진행되었다. 들뢰즈에 따르면 푸코가 이해한 대로의 대표성에 대한 비판, 지식과 권력의 연관 관계 드러내 보이기 등은 권력에 대한 사고 혁명의 첫 단계로, 이는 "다른 사람을 위해 말하는 것을 수치스럽게 여기는" 다음 단계로 우리를 이끈다. 특히 이 책과 관련한 맥락에서 보면, 지식인이 프롤레타리아를 위해 발언한다는 건 사실 말도 되지 않는다. "이론의 정립을 위해서는 관련 당사자들이 마침내 자기 자신을 위해 말을 해야만 할 것이다."[12]

가야트리 스피박은 애매모호하기로 유명한 문체를 사용해 들뢰즈와 푸코의 이러한 견해를 공격하는 것으로 포문을 연다. 두 사람이 "이데올로기 문제나 지식과 경제의 역사에 자신들이 연루되어 있는 것 따위는 번번이 무시한다"[13]면서 말이다. 스피박은 이 두 철학자가 그들의 모순을 제대로 가늠하지 못한다고 지적한다. 두 사람이 가령 노동자의 투쟁 일반에 대해 말할 때면, 세계적으로 노동의 분업이 어떤 상황에 처해 있는지 제대로 알지 못한다는 것이다. 억압받는 자들을 높이 평가한다는 사실은 두 사람이 근로자, 즉 노동자를 본질화(essentialisation)하고 있음을 함축하는 것으로, 이 두 석학은 억압받지 않는 자들에게서 관찰할 수 있는 바로 그러한 본질화를 비난하면서 본인들 스스로도 똑같은 오류를 범한다. 실제로―스피박에 따르면―들뢰즈와 푸코는 상아탑 속에만 머무는 까닭에 억압받는 자들의 경험에 대해 투명하고 의식적인 어떤 것으로서 특정 개념을 제시하는 반면, 억압받지 않는 자들의 경험과 관련해서는 항상 이데올로기적 측면에서 이를 바라본다. 그저 억압받는 자들의 발언을 듣는 것으로 충분하다고 제안함으로써 이 두 철학자가 이들을 이념과는 무관한 방식에 의해 구축된 자들로 간주한다는 얘기다.

이에 따라 스피박은 서발턴, 즉 순종하는 자의 위치에 있는 여성들이[14] 과연 발언을 할 수 있는지, 페미니스트가 과연 이들의 발언을 들을 수 있는지 진지하게 자문하기에 이른다. 그러므로 대학 중심의 학계, 특히 페미니스트가 주축이 되어 진행하는 연구에서, 서발턴 위치에 놓인 여성의 의식을 고려해야 할 필요가 있다. 그러려면 필연적으로 해당 여성―서발턴 위치에 있는 여성―에게 주관성을 부여하는 과정이 빠져서는 안 되는 현실 사이에 팽팽한 긴장 관계가 조성되기 마련이며, 이 긴장 관계를 명백하게 드러내느냐 아니냐의 문제도 제기된다. 그런데 이렇듯 주관성—스피박이 들뢰즈와 푸코에게서 예리하게 찾아낸 주관성도 이와 다르지 않다—을 인정하고 이를 고려하는 것은 그 자체로 인식론적 폭력으로 받아들여진다. 그럴 수밖에 없는 것이 서발턴 위치에 있는 여성에게 서양적이며 특별한 구조, 그러니까 그 여성의 것이 아닌 구조를 강제하기 때문이다. 결과적으로, 억압받는 자의 위치에 있는 여성에 대해 말하려는 모든 시도는 주관성 귀속을 통해 그 여성의 실제 모습을 배반하게 된다.

이처럼 민감한 분야에서, 서발턴 여성의 의식이라는 문제를 제기하기란 쉬운 일이 아니다. 〔……〕 페미니스트 경향의 혹은 반(反)성차별적인 모든 프로젝트가 이것으로 귀착되는 건 아닐지라도, 이를 무시하는 것은 이미 오랜 역사를 지니고 있으며, 연구자의 위치를 보이지 않게 가려버리는 남성적 과격주의의 편을 들어주는 일종의 무의식적 정치 행위가 된다. 역사를 통해 줄곧 침묵 속에 묻혀온, 서발턴 위치에 있는 여성이라는 주제에 대해 말하려면 (그 여성의 말을 듣고 그 여성의 입장에서 말하는 대신) 포스트식민 시대를 사는 여성 지식인은 여성으로서 특권을 '머릿속에서 지워버려야' 한다.[15]

그러므로 인식을 진전시키려는 의지와 이를 방해하는 이와 같은 인식론적 폭력 사이에는 연구자—남성이든 여성이든—관점의 모순이 있다. 스피박에 의하면, 이 같은 인식론적 폭력과 이러한 배신을 고려하지 않는 것은 연구자의 초월적 위치가 가능할 것이라고 보는 가설과 일맥상통한다.

스피박의 분석은 여러 면에서 우리에게 중요하다. 무엇보다 그의 분석은 순종에 대한 모든 연구 작업이 발언권을 갖지 못한 자들이 겪은 경험에 대한 작업인 한 지닐 수밖에 없는 어려움을 보여준다. 위에서 살펴보았듯 억압받는 자, 서발턴, 다시 말해 어떠한 형태로든 지배 행사의 대상이 되는 자들에 대한 모든 연구 작업은 우리가 넓은 의미에서 자료 문제라고 할 수 있는 문제에 봉착한다. 지배라는 것은 그 구조 자체가 지배받는 자들에게 최소한 어느 정도 수준까지는 발언권이 결핍되어 있음을 함축한다. 이러한 결핍은 직접적인 방해물(학교에 다니지 못했거나, 의사 표현하는 법을 익히지 못했거나) 탓일 수도 있지만, 간접적인 원인 탓일 수도 있으며, 그 결과 발언 당사자의 목소리가 발화 환경 때문에 들리지 않기 때문일 수도 있다.

더 흥미로운 것은, 스피박의 분석이 서발턴의 경험은 학계 인사들의 연구 작업을 통해 학술 연구라는 일종의 번역으로 인한 내재적 왜곡 없이 제대로 보고 및 전달되는 조건을 완벽하게 갖출 수 없음을 보여주고 있다는 점이다. 같은 문제가 순종에 관한 작업에서도 똑같이 발생한다. 우선, 기술하고자 하는 경험의 주체에 대한 본질화의 우려가 있다. 실제로 어떤 특정한 상황 속에 있는 여성의 경험에 대해 그게 순종의 경험이라고 말하는 것은 그 여성을 '순종하는 것이 본질'인 인물로 만들지도 모르는 위험을 감수하는 셈이다. 이 문제가 지니는 두 번째 양상은 순종의 경험을 해방의 동인으로 삼고자 하는 연구 작업을 언어로 표현하는 과정에서 불가피하게 일어나는 왜곡으로, 이는 첫 번째 양상보다 훨씬 심각하다. 그러니 상존하는 이 문제에 대한 유일한 해결책은—사실 해결책이라고 할 수도 없지만—스피박이 쓴 "포스트식민 시대를 사는 여성 지식인"은 여성으로서 특권을 "머릿속에서 지워버려야" 한다는 문장 속에 들어 있다.[16] 어떠한 경우에도 특권이라는 것을 일관성 있게 잊으려고 노력하는 것이 중요하다. 특권이라는 말로 자신은 순종의 경험과 관련이 없다고 추정하려 하지 말고 말이다.

여성의 순종은 그러므로 철학적으로 볼 때 분석하기 매우 어렵다. 그것이 일상적 경험을 가리키는 한 순종은 항상 분석의 틀을 빠져나간다. 그것이 권력에 대한 관점의 전복을 필요로 한다는 점에서 순종을 분석하는 것은 불가능해 보인다. 한편으론 억압받는 자들에 의해서만 순종이 이루어지고, 다른 한편으론 억압이 바로 그들로 하여금 자신의 경험에 대해 발언하거나 이를 분석하지 못하도록 한다는 점에서 그들의 역량을 벗어나기 때문이다.

5

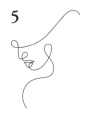

순종의
경험

순종의 분석과 관련해서—얼핏 보기에 도저히 풀릴 것 같지 않은 여러 문제에 직면해—우리는 모든 것에서 손을 떼고 싶은 유혹에 빠지기 쉽다. 하지만 보부아르는 마침내 순종이 무엇인지를 보여주는 매우 독특한 길로 우리를 안내한다.

특권적 위치

보부아르가 보여준 첫 번째 독창성은 순종을, 좀더 일반적으로는 여성의 경험을 이제까지 그 어느 누구도 바라본 적 없는 위치에서 바라본 점이라고 말할 수 있다. 사실 보부아르는 자신이 여성인 데

다 여성이라는 이 자격은 보부아르가 자신을 정의하고자 할 때(우리
는 보부아르가 《제2의 성》을 집필한 것도 결국 여성이란 무엇인지 생각해보고 이해
하기 위해서였음을 알고 있다) 제일 먼저 머리에 떠오른 변별적 자질이었
다. 그러나 보부아르가 여성의 조건을 드러내 보일 수 있었던 게 반
드시 자신이 여성이었기 때문만은 아니다. 남성이든 여성이든 판관
인 동시에 당사자인 건 마찬가지이나 "여성의 상황을 설명하기 위해
선 일부 여성이 그래도 제일 나은 입장에 있는" 것이 사실이다. 보
부아르는 자신을 포함해 이러한 일부 여성은 매우 특별한 상황에 놓
여 있다고 보았다. 그러니까 이 여성들은 여성이면서 동시에 "이제
껏 단 한 번도 여성다움을 불편함이나 장애물로 느낄 일이 없었기"
때문에 한편으로는 한 인간으로서 여성이라는 사실이 무엇을 의미
하는지 "훨씬 더 즉각적으로" 알 수 있으며, 다른 한편으로는 이러
한 질문에 직면해 일종의 초연함을 견지할 수 있다. 여기서 초연함
이란 보부아르에 따르면 "그들이 객관적 태도를 보일 수 있으리라는
기대를 가질 수 있게 하는 것"[1]이며, 그렇기 때문에 이 여성들은 스
스로에게 불편부당함이라는 호사를 선사할 수 있다. 보부아르는 회
고록에서 이 특권적 위치를 강조한다.

아니다. 나는 나 자신의 여성다움 때문에 괴로워하기보다는 스무 살 무
렵 남녀 양성(兩性)의 이점을 꾸준히 축적했다. 그 후 내 주변 사람들은
나를 작가이면서 동시에 여성으로 대접했다. 이는 미국에서 유난히 충격

적인 사실로 받아들여졌다. 각종 파티에서 부인들은 자기끼리, 그러니까 여성끼리만 모여서 이야기를 나누는 반면, 나는 남성들과 대화를 나누었는데, 이 남성들은 자신의 동성 동료를 상대할 때보다 나에게 조금 더 예의를 차렸다. 나는 다름 아니라 바로 이와 같은 특권적 상황에 대해 글을 쓰라는 부추김을 받았다. 이 특권적 위치 덕분에 나는 평온한 가운데 나의 생각을 표현할 수 있었다.[2]

우리는 물론 보부아르가 정말로 늘 남성들에게 동등한 입장의 동료로서 대접받았는지 의심해볼 수 있으며, 더 나아가서 자신의 여성다움을 장애로 인식한 적이 없다는 생각에 대해서도 의구심을 가질 수 있다. 더구나 회고록 《처녀 시절(Mémoires d'une jeune fille rangée)》의 여러 쪽에 걸쳐 이와 반대되는 내용을 기술하고 있으니 더더욱 의문이 들 수밖에 없다. 그럼에도 보부아르가 이 문제에 대해 대답하는 관점은 매우 흥미롭다. 보부아르는 여성이라는 위치를 통해 여성의 세계에서 성장했으며, 여성으로 존재하는 것이 무엇인지 일인칭 관점에서 경험했으며, 대부분의 남성에 비해 훨씬 더 직접적 방식으로 여러 여성적 체험을 했다. 거기에 더해 보부아르가 받은 교육, 개인 생활, 작가라는 상황은 일반적으로 여성들이 갖지 못하는 새로운 가능성을 열어주었다.

왜 여성이 창조적 재능을 발휘하지 못하는지 설명하면서 보부아르는 이렇게 말했다. 창조란 인간의 자유, 즉 "창조자의 자유라는 토대 위에 새로운 세계를 세우려는 시도이며, 그 같은 포부를 갖기 위해서는 오해의 여지없이 확실하게 자신을 위치시킬 수 있어야 한다".3 요컨대 창조에 필요한 포부를 갖추기 위해서는 세계에서 자신이 차지하는 자리의 정당성에 대단히 큰 신뢰감을 가지고 있어야 한다는 얘기다. 그런데 보부아르는 매우 각별한 상황에 놓여 있었다. 본인이 지닌 고유한 자질에 교육이 더해지면서 그 같은 포부를 가질 가능성이 열렸는데, 이는 일반적으로 다른 여성들은 누릴 수 없는 가능성이었기 때문이다. 대체로 여성은 남성의 지배로 인해 자신의 의사를 표현할 가능성도, 그럴 엄두도 내지 못했다. 그러니만큼 여성의 경험은 귀를 기울여 들어보기도 전에 이미 무시해도 좋은 것으로 여겨졌다. 보부아르는 여성이었지만 아버지의 금전적인 문제 때문에 남성처럼 학업에 전념했고(부유한 부르주아에서 파산한 보부아르의 아버지는 학업만이 두 딸을 가난에서 구해줄 수 있다고 믿었다. 그래서 딸들에게 결혼하지 말고 공부를 계속하라고 부추겼는데, 이는 당시로선 매우 드문 일이었다—옮긴이), 남성처럼 그 분야에서 두각을 나타낼 수 있었으므로 여성으로서 경험과 동시에 남성으로서 경험—세계에서 자신의 실존이 중요성을 갖는다는 의미에서—까지 겸비할 수 있었다.

그러므로 보부아르가 억압받는 자의 사회적 상황, 그리고 성찰과 집필을 가능케 해주고 자신이 쓴 글을 남들이 읽고 자신의 목소리를 남들에게 들려주는 사회적 특권자의 상황, 이렇게 두 상황 사이 어딘가에 놓인 중간 지대에 위치하고 있음은 명백하다. 이러한 이중적 위치 덕분에 보부아르는 스피박이 언급하는 서발턴처럼 침묵을 강요당하지 않고 자신의 세계관을 표현할 수 있었다. 그와 동시에 남성 철학자들은 볼 수 없거나 보려 하지 않는 삶의 양상을 드러내 보일 수 있었다.

사실, 위에서 살펴보았듯 평범한 삶은 흔히 철학의 대상으로 간주되지 않는다. 철학자가 관심을 기울이기에는 너무나 보잘것없을 뿐 아니라 남성 철학자는 그들의 사회적 지위로 보아 이러한 평범성·일상성에서 비켜나 있기 때문이기도 하다. 예를 들어, 페미니스트 경향의 인식론적 연구에서 다른 무엇보다도 남성과 여성이 여러 가지 다양한 지식에 접근하는 방식을 다룰 경우, 이 연구는 다음과 같은 사실을 보여준다. 요컨대 기계 기술자가 그렇지 않은 사람에 비해 엔진의 기계적 결함을 더 잘 보는 것과 마찬가지로, 여성은 남성이 가사 노동의 성별에 따른 분업 때문에 보지 못하는 몇몇 사실을 **본다**. 여성은 정리와 세탁 등을 맡고 있으므로 가령 더러운 양말을 잘 보는데, 이런 것들은 남성의 눈에는 들어오지도 않는다. 이는 여성이 천성적으로 세탁해야 할 빨래를 더 잘 지각하도록 생겼기 때문도, 남성이 가사 노동에 완전히 문외한이기 때문도 아니다. 다만 우리의 지각이라는 것에 사회적 차원이 있어 성에 따른 작업 분담이 여기에 영향을 끼치는 것이다.

여성으로서—그리고 여성이 집 안에서의 생활을 담당하는 전통이 지속되고 있는 만큼—보부아르는 일상적 삶을 그것이 지닌 모든 복합성을 훼손하지 않으면서, 다시 말해 청소와 요리가 제기하는 철학적 문제부터 월경 또는 2차 성징이 나타나는 사춘기의 몸이라는 도전에 이르기까지 무수한 문제를 총체적으로 드러내 보이고자 한다. 그리고 보다 특징적으로, 이 특별한 상황 덕분에 보부아르는 대단히 예리한 방식으로 여성의 순종을 파악할 수 있었다. 여성으로서 보부아르는 자신과 주위의 다른 여성들이 헌신하고 포기함으로써 쾌락을 맛보는 점을 간파하는가 하면, 자유를 가장 기본적 가치로 삼는 실존주의 지식인으로서 여성의 순종이라는 광경 앞에서 분노하기도 한다. 순종(보부아르가 회고록 《처녀 시절》에서 자신 안에 내재하는 성향이라고 강조한 그 순종)에 대한 유혹과 순종에 대한 반사적 반응 또는 순종을 거부하는 태도(가령 《제2의 성》에서 보부아르는 집 안에만 머물러 있는 여성을 기술할 때 여러 차례에 걸쳐 이러한 태도를 거론한다) 사이의 팽팽한 긴장이 바로 총체적 복합성으로서 순종을 수면 위로 끌어올려 이를 분석하도록 이끈다.

독창적인 현상학적 방법

보부아르의 특별한 위치가 여성의 경험, 특히 여성이 순종과 관련해 겪는 경험을 이제까지와는 확실히 다른 전혀 새로운 방식으로 보도록, 그리고 드러내 보이도록 해주었다면, 일상적인 것 그리고 아래로부터 위로의 권력 분석에 따르는 여러 문제를 해결하기 위해서도 역시 적절한 방법을 제시해야 할 필요가 있었다. 그러기 위해 보부아르는 현상학에서 영감을 얻는다.[4] 현상학은 하나의 사조(思潮)이면서 동시에 철학적 방법이기도 하다. 현상학이라는 용어는 다른 철학자들이 먼저 사용하긴 했지만, 하나의 학문으로서 현상학은 독일 출신 철학자 에드문트 후설(Edmund Husserl)과 더불어 19세기 말에 탄생했으며, 여러 방향으로 갈래를 치면서 ─ 때로는 모순되는 방향도 불사하면서 ─ 20세기 내내 발전해나갔다.

살구 칵테일의 유산

현상학을 처음 창시하면서 후설이 품었던 야심은 주관적 경험의 학문을 제안하는 것으로, 그는 이를 통해 철학이 사물로 돌아갈 수 있을 거라고 보았다. 그러기 위해 후설은 의식을 경험하는 방식, 달리 말하면 일인칭 의식에 관심을 기울였다. 예를 들어 보는 것, 듣는 것, 느끼는 것뿐만 아니라 걷는 것, 말하는 것 등은 그것을 직접 경험하는 주체한테 과연 무엇인지 스스로에게 묻는 것이다. 보부아르는 회고록에서 사르트르와 자신이 처음 후설이라는 인물에 대해 들었을 때 이야기를 상세하게 들려준다. 베를린에 머물면서 후설이라는 철학자를 발견한 레몽 아롱(Raymond Aron)이 독일 체류를 마치고 돌아와 자기 앞에 놓인 살구 칵테일 잔을 들더니 사르트르에게 이렇게 말했던 것이다. "이보게, 친구. 자네가 만일 현상학자라면, 자네는 이 칵테일에 대해 이야기를 할 수 있어. 그게 바로 현상학이라는 철학이거든!" 이 일화 덕분에 사르트르는 현상학이란 "사물에 대해 자신이 만지는 그대로 말할 수 있도록 해주는 방식이며, 그것으로도 철학이 될 수 있다"는 확신을 갖게 되었다. 그 이후로 사르트르에게 나 보부아르에게나 "의식의 지고함과 세계의 현존을 동시에 확언하는" 것이 가능해졌다.[5]

소박한 한 편의 일화를 넘어 보부아르는 몇 가지 점에서 후설에 주목한다. 첫 번째, 현상학은 실제로 겪은 경험을 연구하며, 그것이 세계의 의미 가운데 무엇인가에 접근하도록 도와준다는 사실을 입증해 보인다. 보부아르는 《제2의 성》 2권에 '실제로 겪은 경험'이라는 제목을 붙임으로써 이러한 후설의 생각을 받아들인다. 이 말은 후설의 개념인 에를레프니스(Erlebnis)를 직역한 것이다. 메시지는 분명하다. 보부아르는 이 세계에서 여성이라는 현실이 품고 있는 의미에 도달하기 위해 실제로 여성이 겪은 경험을 연구했다. 수많은 경험에서 출발해—일반적으로 고려할 만한 유일한 관점이라고 여겨지는 남성의 관점에서 출발하지 않는다는 얘기다—이것들을 축적하고 분석함으로써 여성의 관점과 경험으로부터 여성이란 무엇인지를 이해한 것이다.

보부아르가 후설에게 배운 두 번째 가르침은—실제로 겪은 경험이라는 첫 번째 가르침과 뗄 수 없는 것으로서—일인칭을 중심부에 위치시킨다는 점이다. 현상학은 (어떤 형태가 되었든) 그것이 일인칭으로서 경험이자 인식이라는 한도 내에서, 다시 말해 경험을 한 자와 이 경험을 분석하는 관점을 제공하는 자가 동일할 경우의 의식과 경험에 관심을 갖는다. 현상학의 가장 중심적 개념 가운데 하나가 바로 모든 의식 행위는 의도적인 행위, 즉 세계를 향한 행위라는 생각이다. 여성으로 존재하는 것이 무엇을 의미하는지에 대한 성찰이라는 맥락에서 보면 일인칭 고집은 매우 특별한 의미를 지닌다. 보부아르가 《제2의 성》 1권에서 보여주듯 남성에 의해 여성이 대타자로 바뀌어가는 변신의 발현 방법 가운데 하나가 남성이 객관성을 전유하는 방식과 삼인칭 사용에서 비롯된다는 점이다. 그러므로 이렇듯 일인칭을 차용한다는 것은 대단히 강력하며 그 자체로 페미니스트적 행위라 할 수 있다.

마지막으로, 보부아르는 후설과 그의 후계자들 덕분에 일상성에 관한 철학에서 매우 중요한 요소 가운데 하나, 즉 몸의 역할을 주목의 대상으로 끌어내는 데 성공했다. 후설은 《순수현상학의 이념과 현상학적 철학》 2권에서, 물질적 신체를 경험하기 위해서는 두 가지 방법이 있는데, 단순히 물리적 사물로서 경험과 살아 있는 몸으로서 경험이 그것이라고 설명한다. 과학에서는 물질적 신체를 단순히 물리적 사물—예를 들어 물리학에서는 하나의 몸이 공간에서 얼마나 빨리 이동할 수 있는지 묻고, 이 속도를 측정하며 법칙을 정립한다—로 간주하는 반면, 일상에서 우리가 갖는 자연스러운 태도는 몸을 살아 있는 생물로 본다. 이는 과학적 개념과는 근본적으로 다른 것이다. 살아 있는 생물체는 물리적인 몸과 네 가지 면에서 차이를 보인다. 무엇보다 생물체는 감각의 장(場), 자발적인 모든 움직임의 출발점으로 나타나며, 인과관계 정립의 당사자가 된다. 후속 저서에서 후설은 연구해야 할 현상학적 문제의 목록을 제시하는데, 예를 들면 태어남과 죽음의 문제, 무의식의 문제, 역사성과 사회생활, 그가 "섹스의 문제"라고 명명한 것 등이 그 목록에 올라 있다.[6] 분석을 진행하면서 실제로 겪은 몸의 경험에 할애한 자리―여기에 대해서는 뒤에서 다시 다룰 예정이다―를 놓고 볼 때, 보부아르는 확실하게 방법뿐만 아니라 주제 설정에 있어서까지도 후기 후설 및 그의 후계자들과 궤를 같이한다. 잘 알다시피 모리스 메를로퐁티(Maurice Merleau-Ponty)가 후설의 계승자로 첫손에 꼽힌다.

보부아르가 택한 방법의 독창성

후설이 남긴 유산에서 출발해 보부아르는―《제2의 성》에서―수많은 인물이 일인칭으로 구술한 내용에 결정적 비중을 할애하는 현상학적 방법을 정교하게 가다듬는다. 《제2의 성》서론 마지막 부분에서 저자는 "여성의 관점에서 본 세계를 그 여성들에게 제공된 그대로의 모습으로 기술하는 것을 자신의 임무로 삼는다"[7]고 천명한다. 여성이 남성에 의해 대타자로 형성되어가는 방식을 다루는 이 책 1권이 어떻게 해서 순종이 여성의 운명으로 비치게 되는지 이해하는 데 역점을 두고 있다면, 2권은 여성이 실제로 겪은 경험이라는 관점에서 순종에 대해 기술한다. 이렇게 볼 때, 《제2의 성》은 여성의 순종과 순종에 대한 그들의 잠재적 동의에 관심을 가진 사람들에게 더없이 귀중한 자료다. 그도 그럴 것이 여성의 순종에 관한 최초의 현상학적 분석이기 때문이다.

이러한 분석은 순종에 대한 가부장적이고 권위주의적이고 제국주의적인 접근과 관련한 의혹을 말끔히 날려준다. 보부아르식 분석을 통해 순종이란 모든 것이 결핍되어 전전긍긍하는 가없은 인도 여성이나 베일 착용을 통해 자유에 대한 열망의 허약함을 표현하는 것으로 여겨지는 이슬람 여성만의 일이 아니라는 게 명백히 드러난다. 약자에게 국한된 것이 아니라 오히려 그와 반대로 다양한 나이와 상황에 놓인 모든 여성이 겪는 순종 경험의 현상학을 제안함으로써, 보부아르는 여성의 순종이 지니는 일반화 가능하고 거의 범보편적인 성격을 명백하게 드러내는 것이다. 이러한 특성은 순종에 대한 여성의 보편적 취향에서 기인하는 것이 아니라, 여성이라는 성을 소유한 자들이 태어나는 세계가 이미 오래전부터 줄곧 여성다움이라는 규범, 다시 말해 순종의 규범에 의해 구조화해 있다는 사실에서 비롯된다.

《제2의 성》 2권은 철학 관련 서적을 읽는 데 익숙한 독자들에게는 매우 충격적이다. 600쪽 넘는 분량 속에 문학과 과학 텍스트, 각종 증언에서 발췌한 개인적 경험, 오로지 디테일이 살아 숨 쉬는, 사실에 충실한 그러한 경험을 집요하게 축적한 보부아르가 그 자료들에 기대어 "여성의 전통적 운명"에 대한 기술을 시도하기 때문이다.

여성은 어떻게 자신의 조건을 학습하는가? 여성은 어떻게 삶 속에서 그 조건을 경험하고, 어떤 세계 속에 갇혀 있으며, 그 세계 속에서 여성에 게는 어떤 일탈이 허용되는가? 이것이 바로 내가 기술하고자 하는 내용 이다.[8]

보부아르는 여성이 처해 있는 조건에 대한 기술을 여성 해방에 관한 모든 성찰에 반드시 필요한 전제 조건으로 인식한다.[9]

이러한 기술은 세 가지 차원에서 심오할 정도로 독창적이다. 첫 째, 여성의 삶을 그것이 함축하는 복잡성과 다양성 속에서 기술하는 데, 이는 그때까지 단 한 번도 시도된 적 없는 참신한 방식이었다. 둘째, 보부아르의 기술이 독창적인 것은 외부인의 관점에서 본 여성 의 삶이 아닌 실제 그대로 여성의 삶을 기술하고 있기 때문이다. 일 반적으로—《제2의 성》 1권에서도 이미 드러났듯—여성의 삶은 늘 남성의 관점에 따라서만 분석 및 해석되었다. 다시 말해, 여성은 항 상 대상(연구 혹은 성적 대상)으로서만 고려되었다. 그런데 《제2의 성》 에서는 처음으로 무수히 많은 여성이 주체로서, 즉 일인칭으로 행한 경험에 의지했다는 점에서 보부아르는 현상학자다. 그중에서도 대 단히 독창적인 현상학자라고 할 만한데, 일인칭으로 구술되는 자료 의 소스를 끝없이 확장시켜나갔다는 점에서 그러하다.

이 두 가지 특성은 세 번째 차원의 독창성과 불가분의 관계를 맺고 있으며, 이는 보부아르 자신의 위치 덕분에 가능하다. 사르트르를 비롯한 다른 현상학자들과 달리 보부아르는 수집한 여성들의 경험담을 기술하고 분석하는 과정에서는 일인칭 시점을 사용하지 않는데, 이를 통해 기술 및 분석 내용이 기술하는 자, 즉 자신의 개인적 경험이 아니라는 사실을 분명하게 각인시켜준다고 할 수 있다. 프랑수아 모리악(François Mauriac)이 〈탕 모데른(Temps modernes: 1945년 사르트르와 보부아르가 공동으로 창립한 프랑스의 정치·문학·철학 집지로, 2019년 초까지 발행되었다—옮긴이)〉에 기고하는 로제 스테판(Roger Stéphane)에게 보낸 글—"나는 당신 여자 상사의 질(vagin)에 대해서라면 모든 것을 다 배웠습니다"[10]—에서 암시하는 것과 달리, 보부아르는 여성의 경험을 기술할 때 일인칭이 아닌 삼인칭 시점을 사용하며, 이러한 경험을 때로는 매우 엄격하게 판단함으로써 책에 등장하는 기술이 자전적 수준에 그치고 마는 작업이 아님을 드러내 보인다. 보부아르의 기술은 무수히 많은 유명 여성의 일기와 회고록, 심리학, 사회학적 연구 등을 토대로 한 세심한 분석에서 비롯되었다. 이와 동시에 예를 들어 자신이 기술하는 내용에 대해 항상 외부자적 태도를 견지하는 사회학자들과 달리, 보부아르는 단언컨대 판관이자 당사자인 이중적 위치에 있다. 가정에 머무는 여성의 일상생활 또는 육아 생활 등을 기술할 때, 보부아르는 자신의 경험을 쓰는 것이 아니다. 《제2의 성》 2권은 대단히 방대한 자료 수집의 결과물이다. 반면, 자신의 개인적 경험 또한 기술의 토대를 형성하는 수많은 자료 가운데 하나로 작용한다. 한 예로 《제2의 성》에서 젊은 처녀가 백마 탄 왕자에 대한 꿈 이야기를 전개해나갈 때나 회고록 《처녀 시절》에서 자신이 사춘기 소녀였을 때 가졌던 판타지를 이야기하는 방식 등에서 이를 확인할 수 있다.

보부아르의 독창성은 의심의 여지가 없다. 즉 보부아르가 제시하는 분석은 개인적 경험의 단순한 일반화—예를 들어, 사르트르식 현상학에서는 이러한 사례를 자주 발견할 수 있다—에서 비롯되는 것도, 다른 사람의 경험에 거리를 둔 연구, 그러니까 객관적인 학문적 분석에서 기인하는 것도 아니다. 보부아르는 자신의 개인적 경험과 친구들의 경험 그리고 일상생활에 대한 자신의 관찰 등을 비롯해[11] 문학 작품, 학문적 연구 논문 등을 두루 섭렵해 일인칭으로 이루어진 무수히 많은 삶과 경험을 일반화하며 그것들로부터 전형적인 경험, 전형적인 형상을 도출해낸다. 보부아르의 제언(提言)엔 그러므로 주관주의적이고 개별적인 분석의 약점도, 경험을 여성적 본질이라는 가설 속에 고정시켜버리는 남성적 분석의 약점도 담겨 있지 않다. 보편적이고 고정적이며 역사성이 결여된 '영원한 여성다움'에 맞서 보부아르는 개별적 경험을 전면에 제시하는데, 나란히 열거한 이러한 경험은 더 이상 개별적 사례가 아니라 일인칭 경험으로 여성이란 무엇인가를 보여주는 다양한 변주로 승화된다. 관점의 확대는 이러저러한 개인, 이러저러한 상황의 개별성을 지우고, 그

대신 보다 일반화한 경험을 도출해낸다는 점에서 매우 중요하다. 보부아르에게 현상학이란 후설이나 하이데거 그리고 사르트르의 경우에서처럼—물론 이들 각각에게서도 다른 양상으로 나타나지만—인식철학 또는 있는 그대로의 세계에 대한 철학을 제시하는 기능을 지닌 게 아니다. 보부아르에게 현상학은 특별한 상황, 즉 여성이라는 상황을 분석하는 데 도움을 주는 도구이며, 일인칭 기술을 통하지 않고선 그 특별한 상황에 대한 접근은 아에 불가능하다.

보부아르는 현상학적 방법과 마르크스적 사회 접근을 함께 가동해 여성이 여성의 상황을 경험하는 방식을 밝혀내고자 한다. 이를 위해 하이데거로부터 개인의 상황은 이미 늘 의미를 지녀왔으며, 그 의미와 관련해 개인은 부분적으로만 통제 가능하다는 생각을 차용한다. 보부아르는 엄밀한 의미의 개인적 관점으로 만족하기를 거부한다.[12] 거부할 뿐 아니라 자료의 출처를 개인 차원을 넘어서는 것들로 확장시킨다. 동일한 상황에 대한 다양한 경험을 제시함으로써 이 상황이 하나의 자료, 하나의 운명이며, 여성은 이 자료, 이 상황에 직면해 자신의 입장을 정해야 한다는 것을 보여준다. 법적 테두리와 경제 구조가 여성의 상황에 미치는 영향에 관심을 가지면서[13] 보부아르는 개인들 사이의 관계를 이해하기 위해서는 마르크스의 주장대로 하부 구조와 상부 구조를 분석하는 작업이 필요하다고 생각하지만, 그럼에도 이 관계의 실존적 차원을 포기하지는 않는다.[14] 보부아르는 그러므로 《제2의 성》 2권에서 자신에게 고유한 현상학을 제안한다. 보부아르만의 고유한 현상학이란 실존주의적 현상학의 다양한 구성 요소에 대한 나름대로의 전유에서 비롯되며, 여성의 순종에 접근할 때 제기되는 여러 방법론적 문제를 해결해주는 현상학이라고 할 수 있다.

왜 현상학인가

현상학적 방법은 보부아르에게 — 여성의 순종과 관련해 — 객관화를 지향하는 남성적 몸짓을 재현하지 않으면서 지배당하는 자들에게 침묵을 강제하는 데 따른 문제를 적어도 부분적으로나마 해결할 수 있는 분석을 제안하는 데 도움을 주었다. 한편으론 현상학적 방법 자체가 당사자의 경험에 대해 위에서 아래로의 하향식이 아닌 아래에서 위로의 상향식 관점 채택을 용이하게 해주며, 다른 한편으론 규칙성 도출을 도와주면서 암묵적으로는 여성에게 그들의 개인적 경험, 그들이 특이하다고 믿는 그 경험이 실제로는 광범위하게 공유되고 있으며 개인적인 것이 곧 정치적인 것임을 깨닫도록 해준다.

억압받는 자들의 침묵

순종에 대해 묻는 것은 위에서 살펴보았듯 열등한 위치에 있는 자들의 입장에서 지배 관계를 분석하는 것이다. 이는 그러므로 부분적으로는 사람들이 이처럼 열등한 위치를 어떤 식으로 겪고 어떤 식으로 분석하느냐의 문제라고 할 수 있다. 그런데 우리가 살펴보았듯 상황 때문에 침묵을 강요당하는 사람들의 경험을 아래에서 위로, 즉 상향식으로 접근하는 것은 방법론적으로 볼 때 대단히 골치 아픈 작업이다.[15]

보부아르는 현상학적 방식을 택함으로써 이러한 난제에서 빠져나왔다.[16] 사실, 오늘날 인문과학이 현상학을 활용하는 방식에서 드러나듯 현상학은 분석의 통상적 움직임을 전복시킨다. 연구자가 일반적으로 개인 간의 객관적 규칙성을 탐구할 때, 연구자가 자신의 관점을 흐리게 할 수 있다는 염려 때문에 주관성을 무조건 불신할 때, 현상학자는 이와 정반대로 행동한다. 현상학자는 자신의 개인적 경험 또는 다른 개인들의 주관적 경험에서 출발하는 것이다. 자신의 내적 경험에서 출발한 현상학자는 외면화 운동으로 간주되는 분석 작업을 진행한다. 브뤼노 프레르(Bruno Frère: 벨기에 출신 철학자, 사회학자. 주로 정치사회학과 사회 이론 분야에서 활발하게 활동 중이며 저서로는 《사회학의 현상학》 《일상에 저항하기?》 등이 있다─옮긴이)와 세바스티앵 라우뢰(Sébastien Laoureux: 벨기에 출신 철학자. 현대 철학의 내재성, 현상학과 사회학의 관계 등을 주로 연구한다─옮긴이)가 인문과학에서의 현상학 활용에 대해 쓴 저서에서 밝히고 있듯 이러한 활용은

인문과학 분야에서 세계를, 공간을, 주체를 위에서 아래를 굽어보는 식

의 접근과 결별하고 싶은 문맥이라면 거의 어디에서나 관찰할 수 있다. 삶을 형성하는 거대한 구조(무의식, 노사 관계, 정치 등) 내에서 우리는—언젠가 드러내 보여야 할 일반적 틀의 존재를 가정하기에 앞서—우선 지금 여기서 의미를 만들어내는 것을 포착하고자 한다. 개별적인 것은 보편적인 것을 머금고 있지만, 그걸 보여주려면 인간이 직접 겪는 것, 몸, 동물, 사물, 다른 사람과의 직접적인 관계로 엮어지는 것들 속으로 들어가야 한다. 현상학은 이러한 삶을 구성하는 소재이며 그 삶 중에서 일반화할 만한 것을 섬세하게 파헤칠 수 있는 가능한 한 가장 통찰력 있는 접근법으로 보인다.[17]

이렇듯 개인적 대담, 회고록, 문학 작품, 학술 논문 등에서 수집한 수많은 증언을 재생산함으로써 보부아르는 현상학과 더불어 순종하는 여성들의 목소리를 세상에 어느 정도까지는 들리게 만들었다.

사회 구조

그렇긴 하지만 현상학에 개인적 경험의 발굴자라는 자격을 부여하는 정도로는 만족하지 않은 걸 보면, 보부아르가 현상학을 매우 독창적인 방식으로 활용했다고 보아야 한다. 현상학 덕분에 보부아르는 "삶을 형성하는 거대한 구조들"이 어떤 식으로 기능하는지 드러내 보일 수 있었으며, 개인이 그것을 어떤 식으로 경험하는지도 보여줄 수 있었다. 보부아르는 이렇듯 개인과 구조를 항구적으로 왕복 운동 속에서 파악한다. 2권에서는 현상학을 여성의 전통적 운명 탐구, 다시 말해 여성이 남성의 지배에 의해 개인으로 구조화해가는 방식을 연구하는 데 활용한다.

현상학은 귀납적 상향 전개(개별적 사례로부터 여성의 일반적 상황을 이해한다)에 활용되는 동시에 하향 전개(여성의 일반적 상황이 개별적 여성의 경험에 영향을 미치는 현상을 이해한다)에도 도움을 준다. '사실과 신화'라는 제목이 붙은 1권은 "여성이란 무엇인가?"라는 질문에 통상적인 관점, 그러니까 여성을 대타자로 간주하는 관점, 다시 말해 남성의 관점에서 답한다. '실제로 겪은 경험'이라는 제목의 2권은─보부아르가 여성으로 존재한다는 것은 무엇인지를 분석하기 위해 현상학적 방법을 차용하고 있는 것으로 보아─1권과는 완전히 다른 관점과 전망으로 시작한다. 이처럼 두 가지 관점의 채택은 본질을 묻는 "여성이란 무엇인가?"라는 질문이 추상적 답변, 즉 여성이 두 발 딛고 서 있는 사회를 벗어난 답변을 허용하지 않는다는 생각에 의해 정당화된다. 성적 차이를 벗어난 곳에서 이를 객관적으로 분석할 수 있는 초월적 존재란 생각할 수 없다. 남성 지배라는 맥락─보부아르가 그 안에 놓여 있고 그 안에서 글을 쓰는 맥락─속에서 여성을 여성이게 하는 무엇이란 남성에게 있어 여성이란 무엇인지를 의미한다. 즉, 남성이 여성에 대해 갖는 개념을 뜻한다. 보부아르는 서두에서 이러한 이중적 관점을 설명한다.

　그러므로 우리는 생물학, 정신분석, 역사적 유물론 등이 여성을 보는 관점에 대한 토론으로 시작할 것이다. 그런 다음에 실제로 여성이라는 현실이 어떻게 형성되었는지, 왜 여성은 대타자로 정의되었는지, 남성의 관점으로 인한 결과는 무엇이었는지 등을 제시할 것이다. 그런 연후에 여성의 관점에서, 여성에게 제시된 그대로의 세계를 기술할 것이다. 이렇게 하면 비로소 우리는 여성이 지금까지 여성에게 부과된 영역으로부터의 탈출을 시도함으로써 미트자인, 즉 인간 공동 존재에 참여하겠다는 야심을 표현하는 순간 어떤 어려움에 봉착하게 되는지 이해할 수 있을 것이다.[18]

　2권에서 현상학은 두 가지 현상을 동시에 조명하게 해준다. 첫 번째는 남성의 관점이 여성이 겪은 경험을 구조화하는 방식(하향식), 두 번째는 첫 번째 현상의 귀납적 추론을 통해 순종이라는 경험이 구조화하는 방식이다. 그러니까 바꿔 말하면 순종이 과연 무엇인지, 이 순종이 어떻게 몸속에, 생각 속에, 감정 속에, 요컨대 여성이 겪는 경험 속에 각인되는지를 대타자로서 여성의 상황이 남성에 의해 외적으로 구조화하는 것으로부터 출발해 살펴보겠다는 것이다.

　이 점은 아마도 보부아르가 자기 나름대로 현상학을 전유한 결과 가운데 가장 복잡하고 가장 흥미진진한 부분일 터인즉, 보부아르는 사회학자들이 하듯 여성의 조건이나 여성이 겪는 경험을 기술하는 것에서 그치지 않는다. 각 장에서 기술하는 여성은 같은 상황에 놓인 개별적인 여성의 일반화 사례라고 할 수 없다. 각 장에서 기술하는 것은 어떤 의미에서 각각의 상황을 겪는, 일종의 하이데거식 '세상 사람(das Man)'이다. 무슨 말인가 하면 정해진 시점에 통용되는 사회 규범에 따라 여성이 처신해야 하는 방식이며, 여성이 그 상황을 겪는 경험을 해야 하는 방식인 것이다. 확실히 보부아르가 기술하는 것은 여성이 평균적으로 처신하는 방식에 일치하는데, 이는 다름 아니라 바로 모든 사회 규범은—그것이 지시적인 의미에서 규범으로 기능할 경우—결국 통계적으로 정상적인 것을 기술하도록 하기 때문이다. 하지만 보부아르적인 관점에서는 기술된 경험이 여성이 실제로 겪는 게 아니라 여성에게 강제된 것임을 명심해야 하며, 이는 굉장히 중요하다. 사실상 이러한 경험들이 겹치거나 동일하다고 해도 그렇다는 말이다. 보부아르가 2권의 처음 세 장을 여성에게 강제된 운명과 여성이 이미 늘 그 운명 속에 던져져 있음을 기술하는 장으로 계획했다는 사실은—보부아르 입장에서 볼 때—자신이 이미 이러한 경험에 대해 판단을 내렸음을 정당화하는 것이라고 볼 수 있다.

집안일이라고 하는 것이 현상 유지만 하려 해도 진이 빠지는 터라, 저녁에 집에 돌아온 남편은 정돈되지 않은 채 어질러진 집 안을 발견하기 쉽다. 남편이 보기에 집 안은 당연히 정돈되고 깨끗해야 하는 것 아닌가 하는 생각이 든다. 남편은 정성껏 준비된 저녁 식사를 대하자 좀더 긍정적인 마음이 된다. 요리한 사람이 승리의 기쁨을 맛보는 순간은 잘 만든 음식을 식탁에 내려놓는 때다. 남편과 아이들은 요리한 사람을 향해 칭찬의 말을 건넬 뿐 아니라 즐겁게 음식을 먹음으로써 요리사를 따뜻하게 대접한다. 〔……〕 요리한 사람의 노동은 식탁에 앉은 사람들이 그것을 입에 넣을 때 진실과 마주한다. 요리한 사람에게는 그들이 던져주는 찬성표가 필요하다. 요리한 사람은 그들이 자신이 만든 음식을 좋아해주길, 그 음식을 자꾸만 더 먹길 바란다. 그들이 더는 배가 고프지 않다고 하면 요리한 사람은 짜증을 낸다. 그러다 보면 감자튀김이 남편을 위한 것인지 남편이 감자튀김을 먹기 위해 있는 건지 알 수 없을 정도가 되기도 한다. 이런 모호함은 집 안에 머무는 가정주부의 태도 전반에서 거듭 만날 수 있다.[19]

위의 기술에서 주부는 약간 우스꽝스럽게 보인다. 주부는 지나치다 싶은 기대를 품고 있으며, 균형이 맞지 않는 방식으로 반응하는데, 이처럼 똑 부러지지 않은 태도를 보부아르는 약간 조롱하는 듯하다. 보부아르가 반복적으로 여성을 판단하는 것처럼 보인다는 사실은 현상학을 활용하는 그의 특별한 방식을 이해할 때에야 비로소 그 진정한 의미를 드러낸다. 즉, 보부아르가 외부의 시선을 택하고 있는 것은 사실이지만, 이는 절대 우월한 자의 위치가 아니다. 다시 말해 보부아르는 스스로에게 거짓말을 하고 있는 이 실제 여성들을 비판하지 않는다. 보부아르가 엄하게 비판하는 것은 남성에 의해 구조화한 여성의 운명이 지시하는 여성의 태도다.

순종은 운명이다

이런 점에서 현상학적 방법은 보부아르의 분석에 있어서도, 우리의 연구에 있어서도 결정적 사항을 표면화하는 데 도움을 준다. 여성의· 전통적 운명을 분석하면서 보부아르는 여성이 연령에 상관없이 모든 상황에서 남성에 의해 순종하도록 운명 지어져 있음을 보여준다. 보부아르는 그러므로 절대 해결될 것 같지 않아 보이는 문제, 그러니까 어떤 인식론적 외면성을 통해 누가 순종하고 누가 순종하지 않는지, 누가 진심이고 누가 진심이 아닌지 알아내야 하는 문제를 피해간다. 그 대신 엄청난 양의 시시콜콜한 디테일과 사실, 뒤섞인 경험을 통해 다음과 같이 분명한 것들을 표면으로 끌어올린다. 즉, 각 장마다 연구 대상으로 삼은 모든 부류의 여성에게서 나타나는 공통점은 여성 실존의 애매함, 그리고 인간으로서 여성이 지닌 자유와 남성 지배가 낳은 대상 또는 절대적 대타자 지위로의 환원 사이에 항구적으로 존재하는 모순, 이렇게 두 가지를 꼽을 수 있다. 모든 여성이 공유하는 이 모순 앞에서 순종이란 여성이 처한 상황에 의해 강제로 부과된 태도다. 이렇게 볼 때, 순종은 예외적인 현상이나 규범에서 벗어나는 일탈이 아니라, 오히려 그와 반대로 '사람들'에 의해, 사회 규범에 의해 지시된 태도다. 여성이기 때문에 순종한다.

모든 여성이 겪는 경험?

이 같은 현상학적 방법에 직면해 한 가지 의심이 고개를 든다. 보부아르가 제안하는 일반화는 본인의 암묵적인 말처럼 유효할까? 페미니즘의 역사는 자주 '물결'이라는 은유를 통해 도식화되곤 한다. 19세기 말과 20세기 초에 처음으로 페미니즘 물결이 밀려왔을 땐, 여성의 선거권 쟁취가 투쟁의 중심에 있었다. 이어서 《제2의 성》으로 촉발된 두 번째 물결은 남녀평등권, 특히 여성이 가정이라는 울타리 안에 갇혀 있지 않아도 될 권리를 쟁취하기 위해 투쟁했다. 그런데 이 두 번째 물결은 1970년대부터 페미니스트—이들이 세 번째 물결의 주축을 이룬다—에 의해 맹렬하게 비판을 받았다. 여성이 놓인 상황의 다양성을 고려하지 않고 무작정 투쟁에 나선다는 게 그 이유였다. 세 번째 물결의 주축인 페미니스트에 따르면, 그들의 선배 페미니스트는 주로 사회적으로 특혜를 받는 계층에 속한 서구 백인 여성으로서, 모든 여성이 다만 여성이라는 이유 하나만으로 공통의 경험을 공유한다고 믿는 경향이 있는데, 이들이 말하는 경험이란 자신이 속한 서구 백인 여성의 경험에 불과하다는 것이다. 세 번째 물결을 일으킨 페미니스트는 그러므로 교차적(intersectionnelle) 접근을 주장한다.[20] 교차적 접근이란 각기 다른 인종과 사회 계층 그리고 젠더 등에 토대를 두고 이러한 억압들이 하나하나 중첩되는 현실, 예를 들어 흑인 여성의 경우 흑인으로서 혹은 여성으로서 억압을 받을 뿐 아니라 흑인에 여성이기 때문에 받는 특별한 억압까지 거기에 더해지는 현실을 고려하려는 방식을 가리킨다.

이런 맥락에서, 보부아르는 《제2의 성》에서 현상학적 방식을 제시하며 도출해낸 일반화 때문에 여러 차례 공격을 받았다. 가령 영국 출신 인류학자 주디스 오켈리(Judith Okely)의 경우, 보부아르가 제안하는 내용은 파리 생제르맹에 거주하는 동네 여성들에 관한 인류학적 연구에 가까운 것으로, 은연중에 보부아르 자신이 모범적 사례에 해당한다는 걸 내비친다고 비난했다.[21] 보부아르가 교차성이라는 개념을 알지 못했음은 명백하며, 여성에 대해 번번이 축소적인 가설을 제시한 것도 사실이다. 보부아르는 여성의 경험과 흑인의 경험을 너무도 분명하게 구분한 탓에 흑인 여성의 경험을 전혀 고려하지 못했기 때문이다. 게다가 가정을 벗어나 일을 갖는 게 여성이 자유로워질 수 있는 방식이라고 생각했다는 점만 보더라도 혜택받지 못하는 사회 계층에 속하는 여성 대다수는 이미 일을 하고 있으며, 그 일이라는 게 그 여성들에겐 전혀 해방으로 인식되지 않는다는 사실을 알아채지 못했음이 자명하다.[22] 또한 보부아르가 언급하는 유일한 비(非)서구 여성은 하렘에 사는 여성이며, 그들에 대해 동양 취향적이고 상투적인 관점만을 되풀이한다는 점도 지적받을 만하다.

보부아르의 강점은 이처럼 부인하기 어려운 약점이 있음에도 《제2의 성》이 다룬 정체성의 힘이 도처에서 시대를 불문하고 통했다는 것이다. 《제2의 성》은 십중팔구 20세기에 가장 많이 팔린 철학책이다. 출간 첫 주에 이미 2만 부가 팔렸을 정도다. 이 책은 프랑스에서 100만 부 이상 팔렸고, 전 세계에서 40개 넘는 언어로 번역되었다.[23] 책이 나온 순간부터 보부아르는 전 세계 여성 독자들로부터 편지를 받았다. 이 편지들은 정도의 차이는 있으나 모두 똑같은 이야기를 들려준다. 《제2의 성》을 읽음으로써 자신들의 고립 상태가 끝났으며, 그 책 덕분에 자신들의 실존과 여성다움을 이해하게 되었다는 것이다. 보부아르가 받은 수천 통의 편지는 이 책에 활용한 현상학적 분석의 역할을 이해하는 데 매우 중요한 자료가 된다. 비록전 세계 여성이 여성으로 존재하는 것과 관련해 완전히 동일한 경험을 겪는 것은 아니지만, 보부아르의 책을 읽은 여성 독자들은 이 책이 담고 있는 내용에서 자신에게 고유한 경험의 울림을 공유했다. 보부아르가 쓴 책을 읽으면서 이 여성들은 가령 사춘기를 지나는 젊은 처녀가 자신의 달라진 몸이 관찰당하는 불편한 느낌을 갖는 게 알고 보니 여성 모두가 광범위하게 공유하는 감정이라거나, 자신이 오랜 시간 동안 준비한 식사를 가족이 순식간에 끝내버리는 광경 앞에서 느끼는 좌절감 또한 많은 여성이 공감하는 것임을 알게 된 것이다. 보부아르가 이러한 경험을 체계적으로 남성에 의한 여성 지배의 산물로 자리매김함으로써 여성 독자들은 20세기 후반부를 관통하는 페미니즘의 중심 화두, 즉 '개인적인 것은 정치적인 것'임을 의식할 수 있게 되었다. 여성 독자들은 자신의 개인적이고 특이한 경험이 보부아르가 기술하는 다른 여성들의 경험과 너무도 많은 공통점을 지니고 있으므로, 그것을 단순히 개인적인 것으로만 간주할 수 없으며 억압이라는 공통적인 상황에서 기인한다는 걸 깊이 인식하기에 이르렀다. 자신의 실존이 그 모양인 것은 자기 남편이 유별나게 나쁘거나 자기 아이들이 특별히 버릇없기 때문이 아니라 자신이 여성이라서, 여성이라는 이유로 순종해야 하는 운명이기 때문이라는 걸 알게 된 것이다. 자신들 역시 인간으로서 자유를 갈구함에도 말이다.

요컨대 순종이 철학적 분석에 장애가 될 것으로 보였음에도 보부아르는 억압받는 자들의 일상 경험이라는 어려운 철학적 주제를 해결하는 방법을 모색하고 이를 찾아냈다. 이렇게 하면서 보부아르는 철학이라는 것을 고쳐 썼다. 보부아르는 일인칭으로 말하고, 매춘부와 익명의 여성을 포함해 본인이 아닌 다른 이들의 경험도 일인칭으로 언급했다. 철학에서는 그때까지 단 한 번도 이런 목소리들에 귀를 기울인 적이 없었다. 보부아르는 당시만 해도 비철학적이라고 간주할 만큼 너무나 평범한 주제들—청소에서 여성의 욕망을 넘어 월경에 이르기까지—을 기술하는 데 전념했다. 이렇듯 보부아르는 여성이자 작가로서 자신의 특혜받은 위치를 활용해 철학이 이제까지 여성을 바쁘게 하고 여성의 걱정을 유발해온 것들, 특히 여성의 순종에 전혀 관심을 기울이지 않았음을 입증해 보였다.

보부아르가 현상학이며 마르크스주의 철학, 헤겔 철학 등을 전유한 점은 그것이 여성으로서 자신이 겪는 평범한 경험 속에 뿌리내리고 있기 때문에 충분히 철학적이면서 독창적이다. 그런데 이렇듯 평범한 것에 대한 주목 때문에 일부 인사들은 보부아르의 역작이 지니는 철학적 차원을 제대로 보지 못했다는 점─전형적인 사고방식에 따르면, 저자가 평범한 것을 기술하는 걸 보니 저서나 그 저서의 작업 방식 또한 평범하기 이를 데 없을 것이라는 식으로 생각하는 사람들이 있다─도 놓치지 말아야 한다. 하지만 그 또한 보부아르식 전유의 독창성을 보여준다고 할 수 있으니, 보부아르가 여성과 남성의 평범한 삶에 대한 철학적 분석을 제안하는 데 필요한 연구 수단을 마련하기 위해 철학의 역사를 활용하기 때문이다. 실제로《제2의 성》은 현상학적이고 실존적인 분석 방식, 그리고 동시에 분석의 출발점과 결과를 통해 보더라도 정통 철학서가 분명하다. 그 책을 읽고 나면 우리가 세계와 맺는 관계가 달라지니 어찌 철학서가 아니라고 하겠는가.

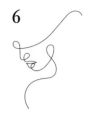

6

순종은
소외다

상황 이론과 현상학적 방법을 결합함으로써 보부아르는 여성이 순종에 이르게 되는 기제를 이해했다. 남성에 의한 여성 억압은 소외 과정―대타자로의 변화―을 거친다. 여성은 남성에게 순종하는데, 그건 여성이 이미 늘 남성에 의해 주체가 아니라 대상으로 간주되어 왔으며, 그 결과 여성 자신에 의해서도 그렇게 여겨지기 때문이다.

소외로서 억압

어떤 면에서 여성의 조건이 특별히 순종에 의해 낙인찍히는지 이해하기 위해 보부아르는 여성다움을 억압과 관련 있는 다른 한정적인 어휘들과 비교한다. 예를 들면 여성을 흑인, 유대인, 프롤레타리아 등과 같이 억압적 상황이 빚어낸 각양각색의 인물들과 비교하는 것이다.[1] 이는—위에서도 살펴보았듯—문제의 소지가 있는데, 이러한 비교가 다중적 정체성의 가능성을 은연중에 차단하기 때문이다.[2] 말하자면 흑인이니 유대인이니 하는 인물은 여성이 필연적으로 백인에 기독교인 그리고 부르주아여야 함을 함축할 수 있다는 것이다. 그렇긴 해도 이러한 비교는 각기 다른 형태의 억압이 공통적으로 지니고 있는 점, 즉 억압은 억압하는 자 입장에서 억압당하는 자를 자신과 다른 사람, 즉 내가 아닌 다른 사람으로 정립시키는 것임을 분명하게 드러내는 기능이 있다.

억압 또는 '타자'로 변화하는 억압받는 사

20세기 철학자나 많은 좌파 인사들에게 있어 억압에 대한 가장 좋은 설명은 유명하긴 하지만 모호하기 그지없는 '주인과 노예의 변증법'이라고 할 수 있다. 이러한 표현은—비록 헤겔 자신은 그렇게 쓴 적이 없다 해도—헤겔이 《정신현상학》에서 개인들 간의 관계를 분석한 글을 상기시킨다. 《정신현상학》 섹션 B에서 헤겔은 자기인식에 도달하기 위해서는 나 아닌 타인의 중재가 필요하다고 설명한다. 그런데 타인이란 처음엔 부정적인 방식으로, 그러니까 위협으로 나타난다. 자아는 그러므로 타인을 파괴하려는 동시에 타인으로부터 인정받으려고 한다. 여기서 저 유명한 인정을 위한 인식의 투쟁, 즉 인정 투쟁이 등장한다. 헤겔은 2명의 개인이 만날 때 벌어지는 일을 죽음을 불사하는 투쟁인 양 생각해볼 수 있다고 말한다. 이 투쟁에서 2명의 개인 가운데 한 명—번역에 따라 하인이 되기도 하고 노예가 되기도 하는 인물—은 죽음의 두려움에 사로잡힌 나머지 목숨을 부지하기 위해 상대를 인정하겠다고 수락하는 반면, 다른 한 명, 그러니까 주인은 인정을 받아 자유의 한 형태라고 할 수 있는 것에 이른다. 이 도식은 마르크스 철학에 의해 전유되었는데, 특히 1930년대에 러시아 태생 프랑스 철학자 알렉상드르 코제브(Alexandre Kojève)가 파리에서 진행한 헤겔 관련 강의에서 마르크스주의 색채를 띤 인류학적 해석을 제안한 것이 대표적이다. '주인과 노예의 변증법'이라는 이름도 그가 붙인 것이다. 코제브는 인정투쟁으로 인해 역설적이게도 노예가 주인보다 더 유리한 위치를 차지하게 되는 과정을 보여준다. 일단 인정을 받게 된 주인은 그 인정이 언제까지고 지속되게끔 하려면 노예의 존재를 필요로 하는 반면, 노예한테는 주인의 존재가 필요하지 않기 때문이다. 그뿐만 아니라 자신의 노동과 그가 세계에 끼치는 변화를 통해 노예 역시—주인과는 별개로—자유의 한 형태에 이를 수 있다. 그렇기 때문에 코제브는 이 같은 주인과 노예의 변증법 속에서 계급투쟁 분석의 모델을 본다. 즉, 노예는 자신의 노력으로 무엇인가를 창조하고, 그렇게 함으로써 새로운 조건을 만들어내므로 다시금 인정받기 위한 투쟁을 재개할 수 있다. 어떤 경우든 노예가 주인을 주인으로 인정하길 수

락하는 순간부터 억압은 다음과 같은 방식으로 기능한다. 즉 주인은 노예를 타인으로, 그러니까 자신과는 완전히 다른 천성을 가진 존재로 인식한다. 주인은 타인을 노예로 만듦으로써 상호 인정의 모든 가능성을 차단한다.

보부아르는 헤겔의 《정신현상학》과 코제브의 분석에 관해서라면, 1940년 여름 전쟁으로 인한 불안감에서 벗어나기 위해 열심히 읽었으므로[3] 잘 알고 있었다. 《제2의 성》에서 보부아르는 억압의 일반적 구조와 남성에 의한 여성 지배의 특수성을 드러내 보이기 위해 인정 투쟁에 관해 코제브가 쓴 글을 읽었던 기억을 되살려 이를 활용한다.

남성 지배의 특수성: 여성은 대타자이다

억압의 일반적 구조는—보부아르가 보기에—인정 투쟁에서 직접적으로 물려받은 것이다. 억압이란 지배하는 위치에 있는 집단이 '타인들' 같은 다른 집단을 형성하는 것으로, 그들의 이타성〔altérité, 異他性: 흔히 자신보다 남을 먼저 생각하고 위한다는 의미로 사용하는 이타성(利他性)과 달리 동일성(idendité)과 반대되는 '다름'의 의미로서 이타성. 이 책에 나오는 이타성은 모두 이런 의미로 쓰였다—옮긴이〕은 이 집단을 다른 집단과 구별하는 특징에 특별한 의미를 부여하고 강조하는 데에서 찾을 수 있다. 예를 들어보자. 흑인은 검은 영혼이라는 이름으로 백인에게 억압받고, 유대인은 유대 민족이라는 특성으로 인해 억압받고, 여성은 영원한 여성다움이라는 명목으로 억압받는다.

그런데 보부아르는 여기서 더 나아간다. '타자'와 '대타자' 사이에 존재하는 암묵적 구별 덕분에 보부아르는 여성 억압의 특수성을 드러내 보일 수 있다.

오직 다른 인식만이 이른바 상호적인 요구를 주장할 수 있다. 이웃 나라를 여행 중인 원주민은 그곳에서 자신을 이방인처럼 바라보는 다른 원주민이 있다는 황당한 사실을 깨닫는다. 마을이며 부족·민족·계층 사이에는 전쟁이며 포틀래치(potlatch: 북미 인디언이 부와 지위를 과시하기 위해 경쟁적으로 진수성찬을 베풀고 주변에 선물을 안기는 일—옮긴이)·협상·협약·투쟁이 있어 대타자라는 개념에서 절대적 의미를 지우고, 그것의 상대성을 발견하게 된다. 좋건 싫건 개인이나 집단은 그들이 맺는 관계의 상호성을 인정하지 않을 수 없다. 현실이 이럴진대, 어떻게 서로 다른 성별 사이에 이러한 상호성을 전제하지 않을 수 있단 말인가? 어떻게 둘 중에서 하나만 유일하게 본질적이라고 주장함으로써 그와 상관관계에 놓인 다른 것에 대해 그것을 순수한 이타성으로 정의하며 모든 상대성을 부정할 수 있단 말인가? 어째서 여성은 수컷의 주권에 항의하지 않는가? 그 어떤 주체도 대번에, 자발적으로, 스스로를 비본질적이라고 인정하지 않는다. 대타자가 스스로를 대타자(저쪽)라고 자처하면서 상대를 이쪽이라고 갈라놓는 게 아니다. 대타자는 스스로를 이쪽이라고 자처하는 상대에 의해 정의된다. 그런데 대타자(저쪽)가 상대(이쪽)로의 반전이 이루어지지 않으려면 이방인의 관점에 순종해야 한다. 여성 안의 순종은 어디에서 오는 것일까?[4]

남성과 여성의 관계에는 특수성이 있다. 여성은—다른 모든 개인이 그런 것과 달리—주체이면서 동시에 대상, 나이면서 동시에 타자가 아니다. 여성의 소외에는 상호성이 없다. 여성은 항상 대타자인데, 그건 여성이 순종적이기 때문이다. "여성이란 무엇인가?"라는 질문에 대한 답은 그러므로 "여성은 대타자이다"이며, 여성은 남성에게 순종하므로 대타자이다. "여성이란 무엇인가?"라는 질문에 실제로 답한다는 것은 그러므로 "여성 안의 순종은 어디에서 오는 것일까?"라는 질문에 답하는 것이다.

헤겔과 포스트헤겔식 분석에 따르면, 타인은 나 자신인 이쪽과 관련해 '타자'로 나타나며, 무엇보다도 나 자신이 타인에게는 '타인'이라는 인식을 갖게 만든다. 그렇긴 해도, 일상적 삶은 끊임없이 이러한 이타성의 상대적이고 상호적인 차원을 드러나게 한다. 사르트르가 일찍이 시선의 분석에서 보여주었듯, 나는 타인이 스스로를 이쪽으로, 나를 저쪽으로 지각하는 것을 본다. 나는 그러므로 타인에게는 타인이고, 나에게는 주체이다. 반면, 여성은 남성에 의해 대타자로, 다시 말해 상대적이 아닌 절대적 이타성으로 형성된다.

변증법적이지 않은 관계

이타성이 지닌 절대적이라는 특성은 타자를 대문자로 표기하는 데에서도 드러나듯 결정적인데, 그 까닭은 절대적이라는 특성 안에 남성/여성 관계에서 가능한 변증법, 다시 말해 진화란 없음을 함축하고 있기 때문이다.[5] 아닌 게 아니라 자주 여성을 노예—남성은 이 노예의 주인이다—와 동일시하는 경향이 자주 보이는 데다 헤겔에 대한 언급, 여성의 실존을 여러 차례에 걸쳐 변증법적이라고 평가한다는 사실들로 미루어 보부아르가 남성과 여성의 관계를 주인과 노예의 관계와 동일시한다고 추정할 수 있다. 그런데 실제로, 여성이 처해 있는 상황에서는 이러한 변증법이 작동할 수 없다. 헤겔식 변증법에서 인정 투쟁이며 변증법적 움직임은 개인이 애초부터 지니고 있는 평등함에서 비롯된다. 2명의 개인이 각기 상대방의 인정을 추구할 때, 한 사람은 죽음에 대한 두려움 때문에 인정을 포기하고 상대를 인정하기로 결정하며, 그로 인해 상대는 그의 주인이 된다.[6] 그리고 이때부터 변증법적 움직임이 성립한다고 할 수 있는데, 겉보기엔 승리를 쟁취한 것으로 여겨지는 주인이 실제로는 그 승리로 인해 벽에 부딪히는 처지가 되기 때문이다. 무슨 말인가 하면, 주인은 노예가 있음으로써 그를 통해서만 주인으로 인정받을 수 있기 때문에 자신이 동등한 지위라고 인정하지 않는 자, 즉 노예의 손에 달린 처지가 되고 마는 것이다. 반면, 노예는 주인의 부인(否認)과 그로 인한 자신의 노예 상태를 극복하는 방책을 찾아낸다. 그 방책이란 바로 노동이다. 육체적 노동을 통해 그는 자연을 변화시키고, 이를 통해 자연뿐만 아니라 주인으로부터 스스로를 해방시킬 수 있다. 노예는 자신의 노동을 통해 스스로 자신을 해방시켜 자신에게 독립을 선사하는 방식을 인식하는 반면, 주인은 주인의 지위를 유지하기 위해 노예를 필요로 한다. 보부아르에 따르면, 이와 달리 여성은 이전부터 이미 늘 열등한 자로 있어왔다.

프롤레타리아는 늘 있지 않았으나 여성은 늘 있어왔다. 여성은 그들의 생리 구조를 통해서 여성이다. 아무리 역사를 거슬러 올라가보아도 여성은 항상 남성에게 종속되어 있었다. 여성의 의존 상태는 어떠한 사건 또는 진화의 결과가 아니다. 그런 것이 없다가 어느 날 불쑥 나타난 게 아니란 얘기다.[7]

남성에 의한 여성의 종속 상태는 어떤 사건의 결과물이 아니며, 발생한 시기를 특정할 수 없고, 오래전부터 이미 늘 그래왔다는 점에서 본질적으로 흑인, 유대인, 프롤레타리아 등의 종속 상태와 다르다.[8] 이렇게 볼 때, 여성은 원초적으로 남성과 동등한 위치에 있지 않았고, 따라서 남성/여성의 관계는 헤겔식 의미로서 주인/노예 관계와 비교할 수 없다.

노동은 여성과 노예를 가르는 두 번째 차이점이다. 헤겔의 도식에서 주인과 노예의 관계는 변증법적인데, 이는 자기 인식을 획득하는 노동의 덕분이다. 그리고 이후에도 노예가 자신이 대상화한 인정 거부를 번복할 수 있는 가능성 또한 노동에서 비롯된다. 노동, 특히 신체 노동은 노예의 잠재적 해방에 필수 조건이다.[9] 그런데 보부아르가 말하는 여성, 당시 통용되던 사회 규범에 따른 표상의 의미로서 여성은 노동을 하지 않는다. 아니, 그보다 여성의 노동은 한편으론 노동으로 간주되지 않으며, 다른 한편으론 노예의 신체 노동만큼 풍성한 결실을 낳지 못했다는 편이 더 정확하다. 실제로 보부아르의 세세한 가정생활 기술이 보여주듯 결혼한 여성의 노동은 부정적인 것에 대한 투쟁에 불과하기 때문에 해방적 차원으로 승화하지 못한다.

가정주부의 임무보다 더 시시포스의 형벌과 유사한 임무는 거의 찾아보기 어렵다. 날이면 날마다 접시를 닦아야 하고, 가구의 먼지를 떨어야 하며, 내일이면 다시 더러워지고 먼지투성이가 되고 찢어질 빨래를 기워야 하니 말이다. 가정주부는 한자리에 맴돌면서 마모된다. 아무것도 하지 않고 다만 현재를 언제까지고 반복할 뿐이다. 가정주부는 긍정적인 선(善)을 정복하는 것이 아니라 그저 끝도 없이 악(惡)을 상대로 투쟁한다고 느낄 뿐이다. 〔……〕 아이는 미래를 자기도 알지 못하는 정상을 향해 끝없이 상승하는 것으로 간주한다. 그런데 갑자기 — 어머니가 설거지를 하고 있는 부엌에서 — 여자아이는 벌써 몇 년 전부터 매일 오후면 늘 같은 시간에 자기 두 손이 기름이 둥둥 떠다니는 물속에 들어갔다가 뻣뻣한 행주로 도자기 그릇을 닦고 있음을 깨닫는다. 죽을 때까지 여성은 이러한 의식에 순종할 것이다. 먹고, 자고, 닦고 …… 흘러가는 시간은 몇 년이 되었든 더 나아지지 않는다. 그 시간들은 늘 똑같이 잿빛 층을 이루면서 수평으로 퍼진다. 오늘 하루는 어제 하루를 그대로 흉내 낸다. 쓸데없고 희망도 없는 영원한 현재.[10]

가사(家事)에서는 헤겔이 기술한 노동의 미덕을 전혀 찾아볼 수 없다. 가사는 더러움·무질서·파괴 등의 부정적인 것에 대항하는 단순한 투쟁으로, 여성에게 자신을 인식하게끔 해주기는커녕 내재성 및 창조와는 거리가 먼 데다 자유로운 시간성 속으로의 편입을 방해하는 반복성이라는 덫으로 여성을 옭아맨다. 긍정적인 노동, 즉 헤겔이 언급하는 노예의 노동이나 마르크스가 말하는 해방으로서 노동, 사르트르식의 투기(projet, 投企: 실존철학에서 현실에 내던져진 인간이 능동적으로 미래를 향해 스스로를 던지는 것―옮긴이)로서 노동 등과 가사, 그러니까 자기 인식을 동반하지 않는 노역의 이러한 질적 차이는 보부아르가 가정 밖에서의 일을 여성을 위한 해방으로 간주하는 이유 가운데 하나라고 할 수 있다. 집안일에만 매여 있는 한 여성은 노동을 통해 스스로를 해방시킬 수 없으므로 남성과의 관계를 변증법적으로 만드는 가능성마저 박탈당한다고 하겠다. 그러므로 여성은 남성과 주인/노예의 변증법과 유사한 관계를 맺고 있지 않다는 것이 명백하다. 여성은 절대적 대타자이지 우연한 타자―우연한 타자의 이타성은 상대적이어서 언제든 전복될 수 있다―가 아니다.

보부아르는 그러므로 주인과 노예의 변증법을 남녀 양성 사이에 벌어지는 일의 방식을 보여주는 철학적 **모델**이 아니라 **대조를 위한 도구**(outil de contraste)로 활용한다.[11] 다시 말해, 남성/여성의 불평등을 연출하기 위해 헤겔식 주인과 노예의 이미지를 불러오기보다 여성의 위치와 헤겔식 노예의 위치를 대립시키는 것이다. 이렇듯 남녀 양성 사이의 관계엔 변증법적 긴장이 존재하지 않는다. 여성은 남성에게 인정을 요구하는 데 실패했다. 여성이 이러한 요구에 실패했으므로 여성의 이타성이 지니는 상대성에 의해 남성이 충격을 받을 확률은 매우 낮다. 그러니―보부아르에 따르면―양측이 인정을 요구하는 상황에서라면 불가피한 일종의 상호성을 획득할 가능성도 거의 없다. 따라서 남성은 인정을 요구하고 여성은 인정을 요구하는 데 실패했으므로 여성은 절대적 대타자로 굳어진다.

보부아르는 따라서 주인과 노예의 변증법을 여러 층위에서 활용한다. 한편으론 그 변증법을 억압을 이해하는 관용구―"이타성은 인간 사고의 기본 토대를 이루는 범주"[12]이고, 억압은 정상적인 경우라면 항상 상대적이고 움직여야 하는 이타성을 한자리에 고스란히 쌓아두거나 정착시키는 것이다―로 활용하는가 하면, 다른 한편으론 주인과 노예의 변증법을 언급함으로써 여성 억압이 지닌 특수성을 강조―이와 같은 억압은 절대적이고 정태적이다―하기도 한다. 헤겔의 변증법은 프롤레타리아에게는 해방의 논리로 비칠 수 있으나, 실상은 그와 반대로 성적 차이를 극복할 수 없는 억압의 공간으로 드러내 보인다. "여성이란 무엇인가?"라는 질문을 던짐과 동시에 보부아르는 여성이란 즉각적으로는 남성이 아닌 것, 절대적 대타자이며, 이러한 이타성이 역사적으로 볼 때 열등성의 기초가 되었음을 확인한다. "여성이란 무엇인가?"라는 질문에 답하는 것은 그러므로 여성에서 거의 자명하게 이타성, 열등성, 순종으로 넘어가는 이 과정에 대한 설명을 함축한다. 따라서 여성의 순종에 관한 질문은 《제2의 성》을 지탱하는 중심축과 같은 질문이다. 남성과 마찬가지로 인간이고, 그러므로 당연히 남성과 마찬가지로 주체가 될 역량을 가진 여성이 자유롭지 않고 남성에게 예속화되어 있는 현실을 어떻게 설명할 수 있을까?

객체로서 여성

여성이 특수한 억압 상황이라는 처지에 놓여 있는 건 여성의 이타성이 절대적이고 그 때문에 해방적인 변증법의 가능성에서 벗어나 있기 때문만은 아니다. 여성의 상황이 지니는 또 다른 특수성은 여성이 흑인이나 유대인 또는 프롤레타리아처럼 독자적인 사회 집단이 아닌 개인들로 이뤄져 있다는 점이다.

억압하는 자와 함께 살기

첫째, 여성은 소수 집단도 주변화한 집단도 아니며―위에서 살펴보았듯―여성의 종속은 그 출현 시기를 특정할 수 없고 어떤 사건의 결과물도 아니다.[13] 둘째, 흑인·유대인·프롤레타리아와 달리 여성은 그들끼리만 살지 않고 그들을 억압하는 자들과 함께 산다.

> 여성은 남성들 사이에 흩어져 살며 주거나 노동, 경제적 이익에 따라 여성보다 특정 남성―아버지 또는 남편―과 한층 더 밀접하게 붙어서 지낸다. 부르주아 여성은 프롤레타리아 여성보다 부르주아 남성과 유대감을 느끼며, 백인 여성은 흑인 여성보다 백인 남성과 더 가깝게 느낀다.[14] 〔……〕 꿈속에서조차 여성은 수컷을 전멸시키지 못한다. 여성을 자신을 억압하는 자와 묶어주는 연결 관계는 그 어떤 연결 관계와도 비교할 수 없다. 성적 분리는 사실 생물학적 자료이지 인류 역사의 한순간은 아니다. 남녀 양성의 대립은 미트자인 가운데에서 형태를 갖추었으며, 이는 그 후 깨지지 않았다. 커플은, 기초적인 단위로 커플을 형성하는 2개의 절반은 서로가 서로에게 묶여 있다. 성에 의한 사회의 균열이란 불가능하다. 이 점이 바로 근본적으로 여성의 성격을 규정한다. 여성은 둘의 관계가 서로에게 필요한 전체 가운데에서 대타자이다.[15]

남성의 지배는―사회 지배에 있어 대다수 다른 거대한 구조가 집단 대 집단 방식의 지배 양상을 보이는 것과 달리―개인들 사이의 관계에서 발생한다는 특수성을 지니고 있다. 여성 집단이라는 표현은 사실 언어의 오용일 뿐이다. 여성들 사이에는 하나의 집단이라는 정체성의 공유가 존재하지 않으며, 집단이라는 이름의 연대감도 없고 집단으로서 사회성도 없다. 여성은 가족 내에서 스스로를 남성과 동일시하며, 남성과 연대감을 느끼고, 남성과 사회성을 공유한다.

여기서 하이데거의 미트자인 ─ 함께 있기 ─ 이라는 개념을 언급하며, 보부아르는 성적 차이에 대한 자신의 이해도를 복합적으로 만든다. 미트자인은 다자인이 본래 다른 사람들과 (조화롭게) 공유하는 세계 속에 있다는 하이데거의 생각을 상기시킨다. 인간은 이미 늘 자신이 남성이거나 혹은 여성이며, 그들이 다른 사람들과 함께하는 세계에서 살고 있다. 보부아르에 따르면, 이는 한편으론 남성과 여성의 연결이 역사적이지 않고, 따라서 전격석으로 바뀌게끔 되어 있지 않으며, 다른 한편으론 여성이 절대 사회 집단화하지 않는 결과를 초래한다.

미트자인이라는 개념을 끌어온 것은 애매하기 때문에 흥미롭다. 한편으로, 미트자인은 일종의 염세주의를 옹호하는 것 같다. 여성은 성적 차이가 이미 여성 열등성의 신호로 이해되는 세계에서 태어나고 여성이 무엇보다 남성과 함께 산다면, 우리는 어떻게 남성과 여성 사이의 불평등이 사라지는지 알 수 없다. 다른 한편으로, 미트자인은 헤겔식 인식 투쟁에 대한 언급이 보여주는 개인 사이의 관계에 대한 투쟁적 개념을 완화하기도 한다. 보부아르는 헤겔과 하이데거를 끌어들이며, 이 둘 사이에 긴장 관계를 조성하는 대신 둘을 함께 동원해서 상호 인정 가능성을 열어보고자 시도한다.[16] 물론 함께 있기의 본래적 조화와 인정 투쟁의 본래적 적의(敵意) 사이에는 모순이 있으며, 보부아르는 서두부터 하이데거식 접근의 불충분함을 확인한다.

이러한 현상은 인간 현실이 배타적으로 연대감과 우정에 토대를 둔 미트자인일 경우에만 이해할 수 있을 것이다. 그런데 반대로 헤겔의 생각을 따라가다 인식 자체 내에서 다른 인식에 대해 근본적 적대감을 발견할 경우, 주체는 대립을 함으로써만 정립될 수 있다. 주체는 스스로를 본질적인 것으로 확인하고 타자를 비본질적인 것, 즉 객체로 형성할 수 있다고 주장한다.[17]

이타성이라는 현상을 미트자인 같은 조화로는 설명할 수 없다. 그러면서 동시에 인정 투쟁에 대한 코제브식 이해는 조화로운 인정을, 다시 말해 남성과 여성 사이의 조화롭거나 행복한 관계의 가능성을 받아들일 수 없다. 하이데거와 헤겔을 함께 끌어들이면서 보부아르는 상호 인정을 위해 인식의 적대감 초월 가능성을 열어 보인다. 따라서 해결해야 할 문제는 다음과 같다. 이 시점에서 이러한 상호 인정을 불가능하게 만들고, 이에 따라 여성을 절대적 이타성 속에 가두는 걸 어떻게 이해해야 할 것인가?

객체화와 객관성

위에서 살펴보았듯 모든 억압의 특성은 소외, 곧 억압받는 자가 타자, 그러니까 자기와 돌이킬 수 없이 다른 존재로 변화하는 것이다. 남성에 의한 지배에서 여성이 겪는 소외는 여성의 객체화, 다시 말해 여성의 대상화, 특히 성적 대상으로의 변모를 통해 발현된다. 남성은 자신은 주체로, 여성은 객체 혹은 대상으로 인식한다. 여기서 객체 혹은 대상은 남성 자신에 비해 절대적으로 열등하며 남성이 이용하게끔 마련된 존재를 의미한다. 보부아르에 따르면, 여성은 그러므로 남성에 의해 객체화했다는 이유로 절대적 이타성에 갇힌다. 이러한 객체화로 여성다움은 남성에 의해 곧 순종으로 인식되며, 여성은 이미 오래전부터 늘 순종이 운명과 짝을 이루는 세계 속에 놓여왔다.

객체화는 사회와 인식 체계에 매우 광범위한 결과를 가져오는데, 보부아르는 객관성과 시선 그리고 객체화가 서로 연결되어 있음을 드러내 보인다. 보부아르는《제2의 성》3부 '신화' 첫머리에서 다음과 같이 말한다.

사람들은 가끔 여성을 지칭하기 위해 '섹스'라고 말한다. 여성은 살덩어리이자 그것이 주는 쾌락과 위험이다. 여성에게는 남성이 성징을 지니고 있으며 살덩어리라는 게 진실임에도, 이제껏 그런 주장을 하는 사람이 아무도 없었기 때문에 그런 소리를 들어보지 못했다. 세계 자체가 남성에 의해 작동한다는 식의 세계에 대한 표상으로 말하자면, 남성은 세계를 자신들의 관점에서 기술하며, 그 관점을 절대적 진리와 혼동한다.

남성의 관점은 남성 자신을 중립적으로 인식하며, 그렇기 때문에 여성의 객체화마저 중립화한다는 특수성을 지닌다. 그런데 여성의 객체화는 전혀 객관적이지 않으며, 어디까지나 남성 지배의 결과일 뿐이다. 캐서린 매키넌은 객관성이 남성의 시선에서 출발해 구축되며, 남성의 시선은 곧 여성을 객체화하는 시선이라는 생각을 주장하기 위해 이 대목을 인용한다.

남성은 자신들의 고유한 관점으로부터 세계를 **창조하며**, 이렇게 창조된 세계는 기술해야 할 진실이 **된다**. 〔……〕 자신의 관점에서 출발해 세계를 창조하는 역량은 곧 남성적 형태의 권력이다. 남성 중심의 인식론적 입장은 그것이 창조해낸 세계와 화합하는데, 이것이 곧 객관성이다. 노골적이다 싶을 정도로 전혀 함축적이지 않은 이러한 입장, 특별한 관점이라곤 담겨 있지 않으며 겉보기에 투명하게 현실을 반영하는 원격 비전. 이러한 비전은 그것이 고유한 관점임을 이해하려 하지 않으며, 그것이 세계를 파악하는 방식은 정복의 한 형태이며 〔……〕 정복을 전제로 한다는 점을 인정하지 않는다. 객관적으로 인식 가능한 것은 대상이다. 남성의 눈에 비친 여성은 성적 객체, 그러니까 남성이 자신이 남성이고 주체임을 스스로 깨닫게 해주는 객체다.[18]

여성의 상황은 남성의 시선이 여성들로 하여금 겪게 하는 객체화와 불가분의 관계에 있으며, 남성의 지배는 이러한 객체화가 눈에 띄지 않게 이루어지고 여성의 순종을 남성 지배의 결과물이 아닌 그들의 객관적 조건으로 받아들이도록 한다.

남성의 지배로 인해 여성과 관련한 두 가지 모순된 진실, 즉 여성은 여성인 동시에 인간이므로 본질적으로 자유라는 진실과, 남성의 시선이 여성을 본질적으로 열등하게 구축하므로 여성은 남성에게 순종하도록 되어 있다는 진실이 맞선다. 《제2의 성》 서론 끝머리를 보면, 이 문제와 더불어 책의 구성이 명확하게 드러난다. 보부아르가 "여성이란 무엇인가?"라는 질문에 답하는 것은 인간으로서 여성의 자유와 여성으로서 여성의 순종을 조명하는 것이라고 말하고 있기 때문이다.

여성의 상황을 특이한 것으로 만드는 것은, 여성도 다른 모든 인간과 마찬가지로 자율적이며 자유로운 존재이건만 여성은 남성이 자신에게 대타자로서 살기를 강요하고 그렇게 살기로 선택해야 하는 세상에 태어나게 되었다는 점이다. 그 세상에서 사람들은 여성의 초월성은 다른 본질적인 주인 의식에 의해 초월당할 것이므로 여성을 객체 상태에 고정시켜야 한다고 주장한다. 여성의 비극은 바로 스스로를 본질적이라고 인식하는 모든 주체의 기본적 요구와 여성을 비본질적인 것으로 구축하는 상황이 요구하는 것 사이에서 생겨나는 바로 이 같은 갈등이라고 말할 수 있다. 이런 처지에 놓인 여성이 어떻게 제대로 된 인간이 될 수 있겠는가? 여성에게는 어떤 길이 열려 있는가? 또 어떤 길이 닫혀 있는가? 의존성 속에서 어떻게 다시금 독립성을 쟁취할 수 있을까? 어떤 상황이 여성의 자유를 제한하며, 어떻게 그 같은 장애를 극복할 수 있는가? 〔……〕 개개인의 기회에만 관심을 가지면서 우리는 이러한 기회를 행복이라는 말로 정의할 것이 아니라 자유라는 말로 정의해야 마땅할 것이다.[19]

이러한 긴장을 이해하기 위해서는 여성의 객체화를 통해 여성다움이 절대적 타자로 구축되게끔 만드는 것은 무엇이며, 이러한 구축이 어떻게 여성의 순종을 구조화하는지 분석해볼 필요가 있다. 여성의 순종은 그것이 사회 규범에 의해 미리 정해진 가능성이라는 의미에서 여성의 조건이며, 분석은 이 같은 순종이 운명으로 여겨지도록 하는 것을 환히 드러내 보여주어야 할 터이다. 또한 분석은 순종이 어떻게 항구적으로 지속되는지, 이러한 항구성 속에서 남성과 여성 각자의 자리는 어디인지 등도 조명해야 할 터이다. 보부아르 이론의 가장 기본적인 토대, 즉 그 책 전체를 할애하는 화두는 그러므로 "여성은 순종적으로 태어나는 것이 아니라, 그렇게 만들어진다"로 정리할 수 있다.

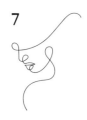

7

순종적 여성의
대상으로서 몸

여성이 순종적으로 태어나지도 않았는데 여성다움이라는 규범에 저항하지 않을 경우 어떻게 순종적이 되어가는지를 보여주기 위해 보부아르는 여성다움, 그러니까 순종의 신체적 차원을 분명하게 강조한다.

여성은 자신의 몸을 열외로 치부할 수 없다

보부아르는 "여성이란 무엇인가?"라는 질문에 답하기 위해 《제2의 성》 첫 쪽부터 몸의 중요성과 체화(incarnation)를 역설한다.[1] 남성과 여성 모두 몸으로 존재하므로 몸을 가지고 있음을 인정하지 않고서는, 성적 차이의 중요한 부분이 남성과 달리 여성은 자신들의 몸과 그 몸의 사회적 의미에서 자유로울 수 없다는 점에서 비롯된다는 사실을 인정하지 않고서는 그러한 질문에 답하기란 불가능하다고 강조한다.[2] 이는 데카르트와 보부아르를 비교할 때, 그리고 《제2의 성》 서론에 등장하는 보부아르의 철학적 젠더를 《방법 서설》에 등장하는 데카르트의 젠더에 대한 여성적 혹은 페미니스트적 재전유로 간주할 때 분명하게 나타난다. 두 번째 명상에서 데카르트는 자신의 존재 유형에 대해 자문한다. 그는 명백한 사실과 자신이 가진 명확하고 분별력 있는 사고에 입각해 당연한 내용, 그러니까 자신이 남성, 즉 인간이라고 말한다. 이때부터 그는 다음과 같은 논리를 세운다. 그가 자기 몸의 실존을 의심할 수 있지만 자기 자신의 실존을 의심할 수는 없으므로 몸은 인간을 인간이게 하는 본질적 요소가 될 수 없다는 것이다. 보부아르 역시 자전적 글쓰기의 정당화로 《제2의 성》을 시작한다. 하지만 보부아르는 누군가로부터 스스로를 정의해보라는 요청을 받을 경우 자신의 첫 번째 대답, 그러니까 제일 먼저 건네야 한다고 생각하는 대답은 "나는 여성이다"라고 못 박는다.[3] 그리고 이는 데카르트와 달리 자신은 자기 몸의 실존을 의심할 수 없고 몸으로부터 도망칠 수도 없다는 사실에서 비롯된다고 설명한다. 여성이라는 것은 하나의 몸이라는 사실을 피할 수 없다는 얘기다.

보부아르는 여기서 단순히 몸과 정신 사이에 질적인 차이가 있다

〈이원론〉는 데카르트식 사고에 반기를 드는 것으로 멈추지 않는다. 그저 정신과 몸이 별개가 아니라고 말하기만 하면 된다면 여성 몸의 특수성 따위는 없을 것이다. 그런 맥락에서라면 남성이든 여성이든 자기 몸의 실존을 의심할 까닭이 없을 테니 말이다. 메를로퐁티처럼 이원론에 반대하는 철학자들과 의견을 같이하는 보부아르는 여성과 남성은 이원론적 실체가 아니며, 여성이든 남성이든 몸을 가지고 있으면서 동시에 몸 자체이기도 하다고 생각한다. 하지만 보부아르는 오직 여성만이 몸에 의해 자신의 정체성이 정해지는 현실을 보여준다. 여성은 심지어—데카르트가 했듯이—자신은 자신의 몸이 아닐 수 있다고 주장하지도 못한다. 예를 들어 메를로퐁티의 경우, 몸은 세계를 향한 우리의 발판이라는 의미에서 사람은 자기 몸을 벗어날 수 없다고 하는데, 이는 이미 존재하면서 사회에 의해 인간에게 강제된 규범의 문제가 아니다. 몸은 세계에서 존재하기 위한 조건이지만 고정된 운명은 아니다. 보부아르가 보는 여성 몸의 특수성은 그것이 실제 삶을 사는 몸이기 이전에 사회적 몸이며 그렇기 때문에 운명처럼 기능한다는 데에서 찾을 수 있다.

이러한 몸의 개념은 여성의 순종이라는 수수께끼를 이해하는 데, 다시 말해 어떻게 해서 여성이 타자로 인식되는지, 어떻게 해서 그리고 무슨 이유로 여성이 주체로 인정받고자 요구하지 않는지를 동시에 이해하는 데 핵심적이다. 여성의 몸이 갖는 사회적 차원은 순종이 여성에게 운명으로 보이게끔, 그러니까 미리 그어진 길이면서 동시에 여성이 해야만 하는 것으로 여겨지게끔, 여성이 놓인 상황과 여성의 경험을 구조화한다. 실제 삶을 사는 몸에 비해 사회적 몸이 갖는 우위—여성의 몸은 개인에 의해 실제 삶을 사는 몸이기에 앞서 우선 타인에게 보여지는 몸이라는 생각—는 사르트르식 개인주의에 대한 문제 제기와 떼어놓고 생각할 수 없다. 사르트르는 어떤 사람이 마치 자신이 세계에 의해 좌우되는 객체처럼, 마치 자신이 세계에 의해 결정되는 것처럼 행동할 때, 실제로 그 사람은 얼마든지 자유롭게 선택할 수 있고 자신만의 프로젝트를 창조할 수 있기 때문에 자기기만이 있다고 말한다. 이와 반대로 보부아르는 여성의 몸이 갖는 사회적 차원이 여성의 상황과 경험을 구조화해 궁극적으로 여성을 순종하도록 만든다는 식의 몸의 철학을 제안한다. 이를 보여주기 위해 보부아르는 여성의 객체화가 여성 순종의 근간을 이루고 있음을 밝혀내는 데 현상학적 접근 방식을 차용한다.

생물학적 몸은 사회적이기도 하다

보부아르는 수컷과 암컷, 특히 인간이라는 종에 있어 양성의 차이를 통해 몸에 관한 생리적 연구 결과를 펼쳐 보이는 것으로 《제2의 성》을 시작한다. 비록 이 책에 동원한 자료와 이론의 상당 부분이 지금은 오래되어 폐기 처분될 처지이긴 하나, 그럼에도 논리의 뼈대

만큼은 예나 지금이나 통찰력으로 빛난다. 보부아르의 논리는 다음과 같다. 즉, 수컷과 암컷 사이에는 분명 생물학적 차이가 있다, 이 생물학적 차이의 결과 암컷은 대체로 수컷보다 힘이 덜 세다, 암컷은 종에 "종속되어"[4] 있는 반면 남성의 독립은 생물학적 입장에서 볼 때 가능하다.

몸에 의한 여성의 소외

생리적 몸의 차원에서 볼 때 여성은 이미 종속적인데, 이는 남성에 대한 순종은 아니다. 여성은 생리적인 몸으로 인해 종에 종속된다. 사실, 남성도 여성도 생리적인 몸을 지니고 있다. 이 차원에서는 그러므로 남성과 여성 사이에 권력관계가 성립하지 않는다. 양쪽은 그저 신체적으로 다른 속성을 지니고 있을 뿐이다. 반면, 여성에게만 특별한 형태의 종속이 존재하며, 이는 "종에 대한 여성의 예속화"[5]라고 할 수 있다. 남성은 종의 영속성이라는 이름으로 그들의 개체성 요구에 역행하도록 종용당하지 않는다는 의미에서 순수하게 개인일 수 있는 반면,[6] 종의 영속성이 여성에게는 그들의 개체성을 부인할 것을 요구한다. 보부아르에 따르면, 여성의 몸 중에서 개인에게는 별반 흥미롭지 않은 부위들—예를 들면 젖샘—이 존재한다. 여성의 삶에는 개체로서 자신에게는 해가 되지만 종을 위해서는 득이 되는 순간이 있는데, "[이러한 종의 독재를] 여성은 좀처럼 벗어날 수 없다. 여성이 개체로서 삶을 예속화하면서 동시에 이를 부추기기 때문이다".[7] 보부아르에게 "번식이란 여성에게 개체적인 혜택을 주지 않을 뿐 아니라 오히려 무거운 희생을 요구하는 피곤한 작업"[8]이다. 보부아르의 책을 읽은 많은 여성 독자가 임신과 수유의 즐거움과 혜택을 모르는 척했다고 비난했지만, 그렇다고 해서 보부아르 논거의 가치가 줄어드는 것은 아니다. 어떤 경우에든 이러한 경험은 개체성과 생식 사이의 갈등에 속하기 때문이다.

보부아르가 "종속"[9] 또는 "구속"[10]이라고 부르는 "종에 대한 예속화"는 남성과 여성 사이에 단순한 하나의 차이만을 만들어낼 뿐이므로, 그것만으로는 여성의 남성에 대한 순종을 설명할 수 없다. 그렇긴 하지만—보부아르에 따르면—여성의 생리적인 몸은 내적 분열과 갈등을 가져온다. 생리·임신·수유 등이 "종과 개체의 갈등"[11]의 순간, 여성이 다른 것도 아닌 자신의 몸에 의해 개체성을 부인당하는 순간으로 비친다는 말이다. 이러한 순간들의 존재로 말미암아 "여성은 남성처럼 자신의 몸이지만, 여성의 몸은 여성과는 다른 무엇이다".[12] 여성의 몸은 종의 영속성의 공간으로, 이 영속성은 개체의 희생을 통해 이루어진다. 여성의 체화가 너무도 뚜렷한 까닭에 몸과 분리된 주체가 있어 그 주체가 몸 위에 군림할 거라는 식의 주장은 적절하지 않다.

생리적인 몸의 사회적 성격

이러한 논리에 입각해서 몇몇 논평가[13]는 보부아르가 생물학적 결정론을 옹호한다고 여기는 오류를 범하기도 했다. 이들의 생각과 반대로 보부아르는 이 장을 마무리하는 대목에서 이러한 생물학적 차이는 그 자체로서는 중요하지 않으며, 그것이 사회적으로 중요하다고 정의될 경우에만 중요성을 갖는다고 주장했다.

하나의 사회는 하나의 종이 아니다. 종은 사회 안에서 실존으로서 형상화된다. 사회는 세계를, 미래를 향해 스스로를 초월하며, 사회의 관습은 생물학적인 것으로 환원되지 않는다. 개체는 절대로 타고난 천성대로 방치되지 않으며, 관습이라는 제2의 천성에 복종하며 그 안에서 자신의 존재론적 태도의 표현인 욕망과 두려움을 드러낸다. 주체가 자신을 인식하고 능력을 발휘하는 것은 생리적인 몸으로서가 아니라 금기와 법에 예속된 몸으로서다. 말하자면 특정한 가치를 위해 스스로의 가치를 높여가는 것이다. 한 번 더 말하지만, 가치를 정립하는 것은 생리학이 아니다. 그보다는 생물학적 자료들이 존재자가 그들에게 부여한 가치의 옷을 입는 것이라는 편이 더 정확할 터이다. 여성이 풍기는 존경심이나 공포가 여성에 대한 폭력 행사를 금지한다면, 그건 근육 면에서 수컷의 우월함이 권력의 원천이 아니라는 말이다.[14]

따지고 보면 우리는 직관적으로 문제를 잘못된 방향에서 파악하고 여성의 신체적 약함을 자연스럽게 그들의 사회적 열등감의 원인으로 지목하는 경향이 있다. 실제로 생리적 몸은 그 자체로 아무 의미 작용도 하지 않는다. 그 자체로는 아무런 의미가 없으나 사회적 의미를 전달하는 매체가 된다. 신체적인 힘에 있어 여성이 실제로 남성에 비해 열등하다면, 이러한 열등함은 사회가 거기에 어떤 가치를 부여할 때에만 의미를 지닌다는 얘기다. (신체적인 힘에 중요성을 부여하지 않는 사회에서라면 남성과 여성의 이 같은 차이는 전혀 가치가 없다.)

요컨대 여성의 생리적인 몸은 두 가지 층위에서 중요하다. 첫째, 여성이 자신의 몸을 경험하는 방식의 생리적 토대이기 때문이다. 둘째, 사회 규범이 여성의 생리적인 몸에 부여하는 의미 때문이다.

우리는 생물학적 자료를 존재론적, 경제적, 사회적, 심리적 맥락의 조명 아래서 살펴볼 것이다. 여성의 종에 대한 예속화, 다시 말해 여성의 개체적 역량의 제한은 굉장히 중요한 사안이다. 여성의 몸은 여성이 이 세계에서 차지하고 있는 상황의 본질적 요소 가운데 하나다. 그런데 여성의 상황을 정의하는 데에는 여성의 몸만으로는 충분하지 않다. 여성의 몸은 인식이 행동을 통해 사회 내에서 수용하는 것으로 경험할 때에만 실재가 된다. 생물학은 우리의 관심을 끄는 질문, 즉 왜 여성은 대타자인가라는 질문에 답을 제공하지 못한다. 역사를 통해 자연이 여성 안에서 어떻게 수정되어왔는지 알아야 하며, 인류가 인간의 암컷에게 무엇을 했는지 알아야 한다.[15]

여성이란 무엇인지 이해하기 위해 그러므로 우리는 몸의 철학을,

여성의 생리적 몸에 관한 철학을 짚고 넘어가지 않을 수 없다. 그렇다고 오해를 해서는 안 된다. 생리적인 몸이 여성의 운명을 좌지우지하지는 않는다. 생리적인 몸은 그저 사회적으로 구축되어 곧 몸 속에서 토착화하는 운명의 **매체**일 뿐이다. 책의 결론 부분에서 보부아르는 소녀들에게 성차별주의적이 아닌 교육을 제공하면 자신들의 생리적인 몸이 갖는 의미며 경험이 완전히 바뀔 것이라는 생각을 피력한다. 보부아르 자신이 책의 '어린 시절'과 '처녀 시절' 편에서 기술한 혐오 및 불안과 달리, 사춘기를 평온하게 극복할 수 있으리라 내다보고 있기 때문이다.[16] 여성의 생리적인 몸은 그것의 사실적 양상의 기술만으로는 온전히 파악할 수 없다. 여성의 생리적인 몸은 무엇보다도 실제 겪은, 실제로 살아가는 몸이다.

실제 겪은 몸은 객체화할 수 있으며, 이는 남성과 여성이 공통으로 지니고 있다

보부아르는 이렇듯 생물학이 여성의 열등함의 토대가 될 수 있다는 생각을 부인한다. 하지만 그렇다고 여성의 사회적 지위를 조율하는 데 있어 몸의 중요성마저 인정하지 않는 건 아니다. 이 점을 명백히 드러내기 위해 보부아르는 현상학적으로 생리적 몸과 실제 겪은 몸을 구분한다. 이러한 방식은 현상학 전통에서 이어받은 것이다. 위에서 살펴보았듯 후설의 본을 따서 현상학은 실제 겪은 경험으로서 몸을 기술하고 분석해야 한다. 현상학자이자 보부아르의 친구인 메를로퐁티는, 몸을 연구하는 것은 우리의 몸이 어떤 방식으로 우리에게 보이며 우리가 어떻게 그것을 경험하는지 분석하는 것을 함축한다고 말한다.[17] 메를로퐁티에 따르면, 현상학의 핵심은 인식이 과학이 되기 이전의 삶으로 되돌아가는 것으로, 몸이 무엇인지 이해하려면 우리가 그것에 대해 이론적 지식을 축적하기에 앞서 '몸 자체', 다시 말해서 사람들이 실제로 경험하며 우리에게 나타나는 그대로의 몸으로 돌아가야 한다. 데카르트적 이원론과 주체/객체의 분열―원칙 자체만으로도 이미 이 이원론에 뿌리를 내리고 있는 분열―은 몸의 경험, 즉 나와 세계가 결합하는 경험이라는 실재에 대한 생각을 방해한다. 몸은 우리가 소유하는 어떤 것이 아니라 우리가 세계를 품기 위한 보편적 매개체다.

실제 겪은 몸

보부아르는 대단히 분명하게 메를로퐁티식의 몸 개념을 지지한다. "내가 선택하는 관점―하이데거, 사르트르, 메를로퐁티의 관점―에서 보면, 몸은 하나의 사물이 아니라 상황이다. 세계에 대한 우리의 발판이며 우리의 투기(投企)의 초안이다."[18] 보부아르는 확실하게 실제로 겪은 몸의 개념, 메를로퐁티로부터 직접 전수받은 그 개념을 선호하는 입장을 취한다. "구체적으로 존재하는 것은 학자들이 기술하는 객체로서 몸이 아니라 주체가 실제 겪은 몸이다."[19] 보부아르는 사물로서 몸이라는 개념을 거부한다. 여성은—남성도 마찬가지지만—그들이 몸으로 사는 방식에 의해 세계 속에 자리매김한다. 이들의 몸은 이들이 세계로 향하는 발판이 되어주는 매체로서 개인에게 세계를 의미 있게 만들어주는 수단 가운데 하나다.

실제 겪은 몸은 그것이 생리적인 몸의 주관적 경험인 한 각 개체별로 차이가 난다. 우리는 심지어 실제 겪은 몸은 비교 불가능하며 개체별로 이를 측정할 수 없다고까지 말할 수 있다. 실제 겪은 몸은 몸의 경험이며, 이는 몸을 가지고 있다는 것 이상이다. 그런데 "몸은 우리가 세계를 향하는 발판이라고 할 때",[20] 생리적인 몸들 간의 차이는 몸이 경험하는 방식과 세계를 지각하는 방식의 차이를 낳는다. 여성의 몸의 종에 대한 예속화는 그러므로 여성의 실제 겪은 몸과 그들의 세계에 대한 지각에도 영향을 끼친다. 이 점은 보부아르가 간략하게 폐경에 대해 언급할 때 명확하게 드러난다.

이렇게 되면 여성은 암컷으로서 속박에서 해방된다. 그렇다고 해도 여성은 활력을 그대로 지니고 있으므로 내시 같은 존재가 되는 것은 아니다. 하지만 여성은 더는 자신의 한계를 넘어서는 역량의 먹잇감이 아니다. 여성은 이제 자기 자신과 일치한다.[21]

이러한 논리는—대조라는 방식으로—여성이 월경, 임신, 수유 등을 통해 어느 정도까지 자신으로부터 소외되는지를 강조한다.[22] 여성이 자신의 몸으로 겪는 경험은 타인의, 나 아닌 이방인의 경험이다. 월경은 여성에게 자신의 몸 안에서 어떤 일이 일어나고 있는데, 그 일에 관해 자신에게는 아무런 힘도 없다는 느낌을 안겨준다. 여성은 임신에 대해 "부유해짐과 동시에 몸의 훼손이라고 느낀다. 태아는 자기 몸의 일부이면서 자신의 몸을 갉아먹는 기생충이기도 하다. 여성은 태아를 소유하고 있으나, 동시에 태아에 의해 소유당하고 있기도 하다".[23] 보부아르는 이 외에도 임신으로 야기된 소외는 출산 시 여성 자신 또는 아이의 죽음으로—물론 오늘날엔 보부아르 시절에 비해 그럴 위험이 매우 낮다—그 절정에 도달할 수 있다는 사실 또한 알고 있다. 그리고 수유는 여성을 "기진맥진하게 만드는" 고통스러운 노역으로, 이때 여성의 몸은 전적으로 아이의 의사에 따라야 한다.

이 같은 소외는 몇 가지 결과를 초래한다. 첫째, 여성에게 있어 자기 몸과의 관계에 분열이 일어난다. 여성이 자신의 몸을 온전히 자신의 것으로 간주할 수 없기 때문이다. "여성은 자신의 몸을 마치 소외당한 불가해한 사물로 느끼며, 여성의 몸은 고집스럽고 이상한 삶의 먹이가 된다."[24] 둘째, 이러한 소외는 여성의 삶을 애매하게 만든다. 여성은 주체이면서 동시에 자신의 몸을 **지니고** 있다. 주체로서 여성은 자신의 몸을 **지니고** 있는 동시에 자신이 곧 자신의 몸**이기도** 하고, 몸이 여성 자신에게 반대하는 것처럼 보이는 한 자신의 몸이

아니기도 하다.

보부아르는 여성이 자신의 몸으로 겪는 경험의 애매함이 그들의 순종을 만들어낸다고는 말하지 않는다. 그런데 어떤 의미에서는 이러한 경험이 여성을 준비시키거나 혹은 여성이 스스로를 외부의 힘에 의해 움직이는 수동적인 존재, 다시 말해 소외된 존재로 인식하는 바탕을 마련해줄 수도 있다. 이는 보부아르가 '생물학'이라고 제목 붙인 장의 마지막 부분과 2권의 사춘기—보부아르가 보기에 사춘기는 순종이 시작되는 지점이다—부분에서 사용한 어휘 분석을 통해 명확하게 드러난다. 두 경우 모두 여성은 "먹잇감"[25]으로 인식되며, 자신의 "소외"[26]를 경험하고 "수동적"[27]이다. 두 경우 모두 예속(servitude)과 관련된 어휘(예속, 노예, 예속화, 순종⋯⋯)에 의존함으로써 보부아르는 생리적인 몸과 사춘기, 다시 말해 실제 겪은 몸의 소외 경험 사이에 유사성을 찾을 수 있다고 강조한다. 그렇지만 진정으로 순종이 생겨나도록 부추기는 건 소외와 객체화의 공존이다.

대상으로서 몸

보부아르는 대상으로서 몸과 실제 겪은 몸을 분리시키는 메를로퐁티의 구분을 차용하지만, 이를 그대로 답습한다기보다는 타인이 나의 몸을 대상으로 변화시킨다는 사르트르식 성찰에서 얻은 영감을 더해 여성의 몸에 대해 나름대로 독창적 분석을 제안한다. 메를로퐁티가 주체/객체의 대립을 거부하고, 이러한 거부를 중심으로 몸에 대한 자신의 철학을 구조화하는 반면, 사르트르에게 몸은 객체화의 계열체적 공간이다.

사르트르가 쓴 《존재와 무》에서, 몸의 철학은 이타성 개념과 따로 떼어 생각할 수 없다. 사르트르는 헤겔에 기대어 개체 간의 관계를 "인식의 갈등"으로 이해한다. 각 개인은 우선 혼자이면서 고립된 개인으로—사르트르가 대자 존재(être pour soi, 對自存在)라고 부른 것—극복해야 할 사실성으로 낙인찍혀 있다. 이어서 두 번째 단계에서, 개인은 다른 사람의 실존을 경험한다. 이 경험은 사르트르에 따르면 즉시 부정적인 것으로 제시되며, 이는 수치심으로 드러난다.[28] 사르트르는 타인의 출현을 다음과 같이 요약한다.

그는 나와 다른 것이며, 따라서 그는 비본질적인 대상으로 제시되며 부정적인 특성을 갖는다. 하지만 이 타인은 또한 자기의식이기도 하다. 나에게 보이는 그대로, 삶의 존재 속에 잠겨 있는 평범한 대상으로서 타인. 그리고 또한 나 역시 타인에게 그런 식으로, 구체적이고 감각적이며 즉각적인 실존으로 보인다.[29]

사르트르는 인정 투쟁을 개인적이고 현상학적으로 이해할 것을 제안한다. 실제로 타인은 무엇보다도 "눈"[30]으로, 나를 바라보는 시선으로 나에게 나타나며, 나의 존재를 바라보이는 존재로 만든다. 이 점에서, 타인은 처음에 대상으로 지각되는 것이 아니라, 나를 대상으로 만드는 시선으로 지각된다.[31] 타인은 나의 대타 존재(être-pour-autrui, 對他存在)를 발견한다.

타인의 시선은 그러므로 나로 하여금 나의 몸을 타인을 위한 몸, 다시 말해 대상으로 지각하도록 이끌며 나 또한 타인의 몸을 대상으로 지각한다. 타인과의 관계는 나로 하여금 나를 위한 내 몸과 타자를 위한 내 몸을 구별하게 한다. 내가 나의 몸에 대해 겪는 최초의 경험은 나를 위한 나의 몸의 경험, 즉 의식으로서 나의 몸이며, 타인과의 관계는 내 몸을 타인을 위한 몸으로 바꾼다. 이렇게 되면 사르트르에게 있어 몸은 있는 그대로의 모습, 그러니까 나를 위한 내 존재에 중요한 것으로 나타나지 않는다는 것이 결정적이다. 몸은 타인과의 대면이라는 이유가 있을 때에만 주체를 위해 나타나고, 질문의 공간이 된다. "타인이 나에게 대상이고 나는 타인에게 대상이라면, 이때 두 대상은 몸이라는 모습으로 나타난다. 그렇다면 나의 몸이란 무엇인가? 타인의 몸이란 무엇인가?"[32] 나는 타인의 경험을 통해서만 나의 몸에 대해 질문하기 시작하며, 나의 몸은 타인의 경험을 통해서만 "나의 몸"으로 나타난다.[33]

타인과의 만남을 통해 몸은 2개의 완전히 다른 경험으로 나뉘어 나타난다. 나의 몸은 대자 몸(corps-pour-soi)—나 자신이 파악하는 그대로의 나의 몸—또는 대타 몸(corps-pour-autrui), 즉 대상으로 나타나는 것이다.[34] 사르트르는 내가 세계를 향하는 발판으로서 나 자신의 몸에 대해 경험하는 방식이나 타인의 몸이 나에게 나타나는 방식에는 관심을 보이지 않는다. 사실 타인은 몸이라기보다는 하나의 시선 또는 단순한 현존(présence)—예를 들면 나무들 사이에서 잔가지의 움직임이나 복도를 걷는 발자국—으로 나타나면서 보여지는 나의 존재를 촉발하고, 나로 하여금 나의 몸이 대타 몸이 되는 방식을 인식하게끔 한다.

대자 몸은 나 자신인 것으로, 세계에서 나의 현존과 분리할 수 없으며, 그렇기 때문에 나는 그것을 소유하는 것이 아니라 그 자체다. 대자 몸은 나에게 대상이 아니다.[35] 대자 몸은 나의 우연성을 표현한다.[36] 나와 내 몸이 맺는 관계의 이 같은 즉각성은 타인과의 만남을 통해서 부인된다. 타인은 나에게 나의 몸이 그에게는 외부적인 어떤 것, 즉 대상임을 일깨워준다. 대타 몸은 타인에 의해 객체화한 나의 몸이며, 따라서 소외된 상태의 몸이다. "대타 몸이란 우리 몸(corps-pour-nous)인데 파악할 수 없고 소외되어 있다."[37] 우리 몸은 나를 수줍게 만드는 몸이며, 내가 수치스러워하는 몸이다. 이 두 가지 몸은 서로에게 환원될 수 없으며, 사르트르는 몸에 대한 단일한 개념, 그러니까 우리 몸과 대타 몸이 단 하나의 실재로서 겪게 되는 개념을 거부한다.

대타 몸은 소외의 경험으로 이는 주체에게는 견딜 수 없는 것이다. 그의 시선으로 나를 객체화함으로써 타인이 나를 소유한다. 이러한 객체화에 따른 소외는 불가피하게 타인과의 갈등을 초래한다.

나에게 값어치가 있는 것은 타인에게도 값어치가 있다. 내가 타인의 영향력에서 벗어나려고 시도하면 타인 역시 나의 영향력에서 빠져나오려고 애를 쓴다. 내가 타인을 예속시키려 하면 타인 역시 나를 예속시키려 한다. 이는 즉자 대상(objet-en-soi)과의 일방적 관계가 아니라 상호적이고 가변적인 관계다. 뒤에 이어지는 기술은 그러므로 갈등이라는 전망 속에서 고려해야 할 것이다. 갈등은 대타 존재(être-pour-autrui)의 원초적 의미다.[38]

이 타인과의 갈등 관계는 사르트르의 몸의 철학에서 핵심적이다. 타인과의 갈등 관계는 객체화에 따른 소외 관계이며 나는 타인이 나에게 느끼게끔 하는 소외를 방지하기 위해, 그리고 나의 주체로서 지위를 유지하기 위해 필연적으로 타인과 싸움을 벌여야 한다.

여성의 소외: 객체화한 실제 겪은 몸

보부아르의 몸의 철학에서 객체화가 차지하는 중심적 위치는 특별히 여성적이라 할 수 있는 두 가지 몸의 경험을 구별하도록 이끈다. 첫째, 여성의 몸은 사회적 차원에서 객체화하며, 그렇기 때문에 이러한 객체화는 여성이 자신의 몸과 더불어 가질 수 있는 경험에 선행한다. 둘째, 이러한 구조적 객체화는 여성이 자신의 몸과 더불어 가질 수 있는 경험을 결정하며, 따라서 오직 여성만이 객체화한 실제 겪은 몸의 경험을 갖는다.

여성의 객체화는 사회적이다

《제2의 성》 1권이 표방하는 중요한 야심 가운데 하나는 남성이 여성을 대상으로 바꿈으로써 끊임없이 주체로서 자신의 자리를 확인하고 있음을 보여주는 것이라고 할 수 있다. 여성은—클로드 레비 스트로스(Claude Lévi-Strauss)가 보여주었듯—혼인과 친인척 관계에서 교환 대상으로 간주된다. 여성은 신화와 문학 작품에서 욕망의 대상으로 바뀐다. 신화를 다루는 장에서, 보부아르는 신화에서 나타나는 여성의 상시적인 객체화는 여성 몸의 상시적인 객체화임을 보여준다. 여성의 몸은 때로는 먹잇감으로, 때로는 힘오의 원천으로, 때로는 사유 재산으로 간주된다. 그런데 어떤 경우에든 남성은 여성의 몸을 대상으로 만들면서 주체로서, 영웅으로서, 전사로서 자신의 이미지를 형성한다.

사르트르식 개인 상호 간의 관계에 있어 인식의 갈등을 겪고 있는 2명의 당사자가[39] 주체(être-pour-soi)이면서 대상(être-pour-autrui)일 경우, 젠더 불평등의 사회 구조는 남성에게 여성을 대상으로 정의함으로써 자동적으로 스스로를 주체로 정의하게끔 한다. 이렇게 되면 여성은 주체인 동시에 대상이 될 수 없다. 여성은 우선, 그리고 무엇보다도 남성에게 대타 존재인 것이다. 여성이라고 하는 것은 여성의 몸을 갖고서 그 몸 안에서 사는 것만을 의미하지 않는다. 여성이라고 하는 것은 객체화한 사회적 몸까지 갖는 것이다. 남성과 여성의 몸은 개체 간 관계에서 객체화할 수 있으나, 이때의 객체화는 우발적이다. 반면, 젠더 불평등의 사회 구조는 남성에게 어찌나 큰 권력을 주는지 이 우발적 객체화가 구조적이 되고 연대기적으로도 앞선 것이 된다. 남성은 먼저 주체이고, 타인의 시선을 통해 대상이 되기도 하는 반면, 여성은 우선 대상인 것이다. 결과적으로, 여성의 몸은 여성이 그 몸으로 고유한 몸/실제 겪은 몸의 경험을 가져보기도 전에 객체화한다.

여성이 그들의 실제 겪은 몸속에 소외되었다는 단순한 사실만으로는 여성을 절대적인 대타자로 구축하기에 충분하지 않을 것이다. 여성은 남성의 시선을 통해 이타성 속에 고정되어버리며, 결국 거기서 헤어 나오지 못한다.

사르트르가 기술하는 개인 간 관계에서 타인은 나에게 나 자신인 이쪽(l'un)에 비해서 저쪽(l'autre)인 것으로 나타나게 되어 있는데, 그렇다고는 해도 일상적 삶에서 이러한 이타성의 상대적 차원이 끊임없이 드러난다. 나는 저쪽이 스스로를 이쪽으로 지각하고, 나를 저쪽으로 지각하는 것을 본다. 이 같은 타인의 이타성의 상대성은 교환을 통해 사회 집단 차원에서는 한층 강화되는 경향을 보인다. 외국에 가면 나는 나 자신이 그곳 사람들에게 외국인이며, 그렇기 때문에 내가 외국인 신분이 아닌 상태에서 관찰하는 외국인이 객체화되는 것과 유사한 방식에 따라 대상으로 바뀌는 것을 깨닫는다. 반면, 여성은 남성에 의해 개인 차원에서뿐 아니라 사회적 차원에서도 절대적인 대타자로 구축된다. 그러니까 상대적이 아닌 절대적 이타성으로 바뀐다는 뜻이다. 여기서 여성의 객체화가 갖는 특수성이 명확하게 드러난다. 여성에 대해 여성이 대타자라고 말하는 것은 여성이 이러한 이타성의 상대성에 포함되지 않음을 강조하는 것이다. 여성의 이타성은 절대적이며 모든 상호성으로부터 배제된다. 이브의 사례를 제시하면서 보부아르는 여성이 "단순한 사고"로, "비본질적인 방식으로", 그리고 "천성적으로 순종적인 의식"으로 잉태되었다고 지적한다.[40] 비본질적이라는 이 지위, 위협적이지 않은 이 지위는 여성의 이원적 본성에 의해 정당화된다.

여성은 남성에게는 생소하기만 한 자연과 그를 너무도 빼닮은 비슷한 것 사이에 놓인 바람직한 매개자다. 여성은 남성에게 자연의 적인 침묵도 상호 인정이라는 까칠한 요구도 하지 않는다. 유일한 특권이라면, 여성이 하나의 의식이긴 하나, 그 살 속을 파고들어 소유하는 것이 가능해 보인다는 점이다.[41]

남성은 그들이 지닌 사회적 권력 덕분에 여성을 대타자로 만들 수 있었다. 바꿔 말하면, 여성을 유별나게 애매한 존재, 남성을 주체로 인정해줄 정도로 의식이 있으면서 동시에 몸을 통해서 사물과 유사한 존재로 대접한다는 뜻이다. 이렇듯―보부아르에 따르면―남성의 지배는 여성에게 존재의 한 유형, 몸이 대상이며 몸=성욕을 지닌 육체라는 유형이 되어야 하는 운명을 강제한다. 이러한 운명에 직면해서 순종은 논리적인 선택처럼 보인다.

몸은 실제 삶을 겪기 전에 이미 대상이다

여성 몸의 객체화는 사회 구조 속에 깊이 각인되어 있으므로 모든 여성이 자신의 몸으로 실제 겪는 경험에 앞서서 존재한다고 할 수 있다. 이런 의미에서, 여성 몸의 객체화는 또 다른 구별을 부른다. 인간이 생리적 몸을 지니고 있으며 그들이 그 몸과 더불어 겪는 경험이 그들을 실제 겪은 몸으로 만들어주는 것과 마찬가지로, 여성은 객체화한 몸을 지니고 있으며, 여성이 그 몸과 더불어 겪는 경험은 여성을 객체화한 실제 겪은 몸이 되게끔 한다.

이러한 생각은 대타 몸이라는 생각과는 근본적으로 다르다. 여성 몸의 객체화는 개인 간의 관계에서 시작되지 않는다. 이는 그 관계보다 앞서서 존재하는 어떤 것이다. 보부아르는 《제2의 성》 2권 첫머리를 장식하는 사춘기 분석 편에서 이 같은 생각을 뚜렷하게 전개해나간다. 보부아르에 따르면, 사춘기는 어린 소녀의 몸이 "성욕을 지닌 육체"[42]로 변하면서 발생한다. 이 변화는 당연히 생리적인 육체의 변화다. 그러나 보부아르가 2권 1장('유년기') 말미에 써놓은 상세한 기술은 사춘기가 실제 겪은 몸에서 또 다른 실제 겪은 몸으로

이행하는 과도기에 해당하며, 이 과도기는 소녀가 자신의 몸을 객체화한 몸으로 인식하면서 시작된다는 것을 암시한다. "스웨터 속에서, 블라우스 속에서 가슴이 두드러지게 튀어나오면 소녀가 자신과 혼동했던 이 몸은 소녀에게 성욕을 지닌 육체로 보인다. 이 육체는 다른 사람들이 바라보고 마음에 그리는 대상이다."[43] 성욕을 지닌 육체가 되는 것은 생리적인 몸의 진화를 통해서 발생하는 게 아니라는 뜻이다.

보부아르는 사춘기와 관련해 많은 사람이 폭넓게 공감하는 경험을 기술한다. 소녀에게 성욕을 지닌 육체가 되는 것은 자신이 바라봄을 당한다는 사실을 의식하게 되는 끔찍한 충격을 통해 발생한다. 보부아르는 열세 살 무렵 길에서 자신의 신체에 대해 누군가가 언급했던 경험담을 들려주는 한 여성의 예를 든다. "그런데 난 갑자기 내가 보여지고 있음을 느꼈을 때 받은 충격을 내내 잊지 못할 것 같다"[44]고 그 여성은 털어놓았다. 사춘기부터 여성은 내 몸(corps-pour-moi)이 되기도 전에 객체화한 몸을 경험한다. 공공장소와 길거리는 물론 가정의 상호 작용 속에서도 소녀는 별안간 자신의 몸이 남성들의 시선에 의해 성적 의미를 갖게 되었음을 깨닫는다. 그 전까지는 특별히 주의를 끌지 않았으나 그때부터 남들에게 보여지는, 검사의 대상이 되는, 욕망의 대상이 되는 자신을 보는 것이다. 어떤 의미에서 소녀는 사춘기와 더불어 자신의 몸이 더는 자신에게 속하지 않는 무엇, 더 이상 자신의 몸이 아니라 여성의 몸, 다시 말해 남성의 시선 속에서 욕망의 대상이 되었음을 인식한다는 말이다. 우리는 여기서 보부아르식 현상학의 힘을 본다. 보부아르가 여성다움에 관한 너무도 공통적인 경험을 수면 위로 끌어올리는 데 성공했기 때문에, 오늘날까지도 길거리에서 일어나는 성추행과 그것이 소녀들에게 미치는 결과에 대한 몇몇 사회학적 연구는 《제2의 성》의 이 부분이 자신들이 다루는 이 현상에 대한 가장 뛰어난 설명이라고 입을 모은다.[45] 오늘날에도 여전히 사춘기는 몸에서 성욕을 지닌 육체로 넘어가는 과도기로 경험되며, 이 시기를 거치면서 소녀는 자신의 몸이 먼저 자신의 몸이 아니라 자신을 이 세계에서 가능한 먹잇감으로 보이게 한다는 것을 인식한다.

이러한 과도기는 선행성을 보이는데, 이는 여성 경험에서 특수하게 나타난다. 소녀가 완전히 성인 여성이 되어 여성의 몸으로 살기 시작하기 전에도 이미 그 몸은 성적 대상으로서 사회적 의미를 지닌다. 소녀의 대자 몸은 먼저 대타 몸인데, 이는 소녀에게 성적으로 소유당할 수 있는 존재임을 알려준다. 사르트르가 기술한 상황 속에 놓이는 대신, 그러니까 스스로 주체임을 알고 이어서 타인에게는 자신이 대상임을 발견하는 대신, 길거리에서 벌어지는 성추행이나 변해가는 자신의 몸에 대해 던지는 이런저런 성적 발언은 소녀로 하여금 새로운 자신의 몸을 충분히 살아보기도 전에 자신을 대상으로 인식하게끔 한다. 이는 사춘기에 접어든 많은 소녀가 느끼는 불편함·혐오감 같은 반응을 설명해주며, 이로 인해 소녀는 이유를 모른

채 남들의 이목을 끄는 이 새로운 몸을 거부하기도 한다. 사춘기를 거치면서 겪는 이러한 소외의 경험을 통해 보부아르는 《제2의 성》 2권의 중심 테마 가운데 하나를 제시한다. 즉, 여성이란 무엇인가를 이해하는 것은 일인칭으로서, 다시 말해 주체로서 남성의 시선에 의해 먼저 대상으로 구축된 몸으로 사는 것이 무엇인지를 이해하는 것이다.

대상으로서 몸에서 수동적인 먹잇감으로

간략하게 살펴본 여성의 몸에 대한 보부아르식 분석은 여성의 몸이 네 가지 차원을 지니고 있음을 일깨워준다. 생리적인 몸, 실제 겪은 몸, 우발적으로 객체화한 몸 그리고 이미 구조적으로 객체화한 것으로서 실제 겪은 몸, 이렇게 네 가지다. 메를로퐁티나 사르트르의 두 가지 차원이 아닌 네 가지 차원의 존재는 사회 질서가 낳은 산물이다. 남성의 사회적 우월성이 여성을 대상으로 구축하도록 하며, 여기에서 나아가 여성의 몸을 객체화하고, 결국 그 몸이 대자 몸이 되기도 전에 대타 몸으로 만든다. 여성의 몸에 대한 이 같은 현상학적 분석은 그 자체로 재기가 넘치며, 보부아르에게 여성의 순종이 어떤 식으로 이루어지는지 설명할 수 있는 토대를 마련해준다.

보부아르는 실제로 남성에 의한 여성 몸의 객체화가 여성으로 하여금 사람들이 기대하는 대로 이 타자의 지위에 순응하도록 부추기고 있음을 보여준다. 위에서 살펴보았듯 소녀가 자기 몸의 변화로 인해 겪는 경험은 이미 소녀를 자신의 몸으로부터 소외되었다고 느끼게 한다. 남성의 시선은 소녀가 이미 자신의 몸으로 간주하기 힘들어하는 몸을 찬미함으로써 이러한 소외에 새로운 두께를 더한다. 보부아르는 몸의 경험, 아니 조금 더 정확하게는 성욕을 지닌 육체의 경험이 야기하는 절망감을 상세하게 기술한다. 그런데 이 성욕을 지닌 육체라고 하는 것은 이미 늘 욕망의 대상으로 구축되어 있는 것이다. 이 같은 절망감은 소녀에게 자신의 몸에 대한 장악력을 잃게 만든다. 다시 말해, 소녀는 세계 속에 존재하기 위해 필요한 수단에 대한 장악력을 잃는다.

사람들은 사춘기 소녀에게 거짓말을 하도록 부추기는데, 사춘기 소녀는 대상인 척, 그것도 아주 매혹적인 대상인 척해야 하기 때문이다. 정작 소녀는 자신을 불확실하고 분산된 존재처럼 느끼는 데다 자신의 결함까지도 잘 알고 있건만 말이다. 화장과 인위적인 컬(curl), 코르셋, 단단하게 심지까지 박아 넣은 브래지어 등이 말하자면 그 거짓말에 해당한다. 사람들은 능란하게 기꺼운 표정을 짓도록 소녀를 부추기고, 경탄할 만한 수동성을 연기하도록 한다. 여성으로서 기능을 수행하는 중에 갑자기 익히 잘 알고 있는 본모습이 불쑥 나온다 해도 전혀 놀랄 일이 아니다. 소녀의 초월성은 부정되고 내재성 흉내만 남는다. 시선은 더 이상 지각하지 못하고 반사하기만 한다. 몸은 더는 사는 게 아니다. 기다리기만 한다. 모든 몸짓과 미소가 넌지시 서로를 부른다. 무방비 상태로 방치된 소녀는 그저 선물받은 한 송이 꽃, 나무에서 딸 과일에 지나지 않는다. 속았다고 외치면서 이 같은 속임수를 쓰도록 부추기는 건 남성이다. 그런 다음 남성은 짜증을 내고 비난한다. 하지만 남성은 교활한 술책을 쓰지 않는 소녀에게는 무관심을, 심지어 적대감을 표한다. 그는 자신에게 함정을 내미는 소녀에게만 매혹당한다. 선물처럼 주어진 소녀는 먹잇감을 노린다. 소녀의 수동성은 계획에 도움을 준다. 소녀는 자신의 약함을 힘의 도구로 활용한다. 노골적으로 공격하는 것은 금지되어 있으므로 소녀는 술수와 계산에 따라서만 움직인다. 무상으로 주어진 것처럼 보이는 것이 소녀에게는 이득이다. 사람들은 소녀에게 뻔뻔하고 배은망덕하다고 비난하는데, 그건 사실이다. 하지만 남성이 지배를 요구하므로 소녀가 남성에게 순종이라는 신화를 제공해야 하는 건 불가피하다.[46]

이러한 맥락에서, 소녀는 자신이 성욕을 지닌 육체, 즉 남성을 위한 대상이라는 사실을 피할 수 없는 운명으로 지각한다. 사실, 사람들은 소녀에게 끊임없이 먹잇감의 지위에 저항하지 않음으로써 얻게 되는 이득을 보여준다. 이렇듯 소녀에게는 한편으로는 이 매력적인 수동성을 선택할 자유가 있으며, 다른 한편으로는 엄밀한 의미에서 그러한 선택에 도덕적 허물이 있다고 말할 수 없다. 소녀가 이미 늘 객체화해 있는 자신의 몸과 더불어 겪은 경험이 소녀로 하여금 자신에게는 타자가 되는 선택 말고 다른 선택지는 없었다고 생각하게끔 만들기 때문이다.

남성에 의한 객체화라는 맥락 속에서 실제 겪은 대로의 생리적 몸에 의해 촉발된 소외는 여성을 수동적이고 순종적인 성욕을 가진 육체가 될 운명으로 인식하게끔 한다. 순종은 여성에게 기대되는, 처방된 행동으로 보인다. 그보다 더 중요한 건 이러한 순종이 너무도 잘 여성의 몸속에 체화된 까닭에 여성의 에로티시즘과 떼려야 뗄 수 없는 것이 되어버린다는 점이다. 루소—그는 순종을 규탄하면서 자신이 바랑(Warens) 부인에게 엉덩이를 맞으며 느꼈던 쾌감은 잠시 잊었던 것 같다 — 에게는 듣기 싫은 소리겠으나 순종이 늘 자유의 포기로 간주되지는 않으며, 때로는 무한한 열락(悅樂)으로 가는 길처럼 보이기도 한다.

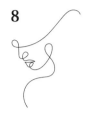

8

열락이냐 억압이냐:
순종의 애매성

《제2의 성》2권은 여성 순종의 모든 형태와 이러한 순종이 여성 안에 형성하는 엄청난 유혹에 대한 기나긴 기술로 읽을 수 있다. 보부아르가 찾아낸 가장 중요하고 가장 금기시되는 내용은 다음과 같다. 즉, 순종에는 여성의 마음에 드는 무엇인가가 있다는 점이다. 이 말이 곧 여성은 천성적으로 순종하도록 운명 지어졌다는 뜻은 아니다. 오히려 그와 반대로, 보부아르는 순종을 통해 얻는 쾌락은 여성의 특수한 상황에서 비롯된다는 것을 보여준다. 이 말 또한 순종이 항상 즐겁다거나 순종을 통해 얻는 쾌락이 그것이 야기할 수 있는 불행을 초월한다는 뜻은 아니다. 그렇긴 하지만 보부아르가 끌어올린 진실은 수치스럽다 할지라도 의심의 여지없이 명백했다. 순종은 여러 겹으로 치장된 면이 없지 않다. 보부아르는 소녀가 성적 먹잇감이 됨으로써 맛보는 "수동적인 열락",[1] 결혼한 여성이 가정에 군림하면서, 아기 엄마가 자식으로부터 소외를 자청하면서 얻는 쾌락을 아주 미세한 세부 사항까지 곁들여가며 기술한다.

아름다움

이러한 쾌락을 명백하게 들춰내면서 보부아르는 순종이 지닌 이중성의 베일을 벗겨낸다. 부정적인 함축으로 미루어 지레 짐작하는 것과 달리, 순종은 긍정적 양상과 부정적 양상을 동시에 지니고 있다. 순종은 선택되는 것이면서 그렇지 않기도 하다. 순종은 남성 앞에서 포기하는 것이면서 남성에 대한 권력이기도 하다. 순종은 쾌락의 원천이면서 실패가 예정되어 있기도 하다. 이 같은 이중성의 좋은 예로 여성과 아름다움의 관계가 보여주는 순종을 들 수 있다. 보부아르가 제시하듯 아름다움은 남성과 여성에게 같은 의미를 지니지 않는다. "여성이 예속화되어 있는 패션의 목적은 여성을 자율적인 개인으로 보이게 하는 것이 아니라 그와 반대로 여성을 초월성으로부터 단절시켜 수컷의 욕망에 먹잇감으로 제공하는 것이다."[2] 하지만 이러한 "성적 대상으로서 소명"[3]은 여성에 의해 고통으로 경험되지 않는다. 오히려 그와 반대로 여성은 스스로 먹잇감이 되어 벨벳과 비단으로 몸을 감싸고서 그 부드러운 감촉을 느끼며, 무대의 전면에 서서 남성의 욕망을 불러일으키는 것을 즐긴다. 여성은 먹잇감이 되길 수락함으로써 남성에 대해 관능적인 권력을 얻는다. 그러나 순종을 통해 얻는 쾌락엔 반대급부가 따른다. 실제로 여성의 치장이란 무엇보다도 남성이 여성의 아름다움을 그들의 역량 표현으로 생각하고 있음을 보여준다. 보부아르는 특유의 신랄한 문체로 트로피-여성(femme-trophée)이라는 잘 알려진 현상을 기술한다.

솔직히 여기서 잔치는 포틀래치 같은 양상을 보인다. 각자가 다른 모든 참석자에게 선물로 자신의 재산인 이 몸을 보여준다. 야회용 드레스를 차려입은 여성은 말하자면 모든 수컷의 쾌락을 위해, 그리고 그 몸의 소유주의 자부심을 위해 여성으로 변장한 것이다.[4]

트로이의 헬레나로부터 영화 〈섹스 앤드 더 시티〉에 등장하는 톱 모델에 이르기까지 같은 현상이 매번 반복된다. 남성은 자신의 능력을 과시하기 위해 여성의 아름다움을 이용한다. 여성의 교육에 포함되는 모든 것이 여성을 이 같은 경쟁의 당사자가 되도록 이끌어가는데, 그것이 여성을 어떤 막다른 길로 안내하는지는 알지 못한다. 남성이 탐내는 대상이 되기 위해 노력하는 가운데 주체로서 여성은 자취를 감춰버린다. 그렇게 하는 데에서 쾌락을 얻는다고 해도, 여성은 자신의 존재를 뚜렷하게 드러내는 순간 결국 스스로를 부인하게 되는 것이다.

좀더 폭넓게 보면, 외모를 통해 두각을 나타내고자 하는 행위는 여성을 바닥없는 의존성의 수렁 속으로 빠뜨리는 것이다. 그 까닭인즉, 여성은 자신의 존재, 자신의 가치, 자신의 정체성을 확인하기 위해 끊임없이 외부의 시선을 필요로 하기 때문이다.

순종을 구조화하는 여성의 환상은 보부아르에게 불편한 지적을 할 수밖에 없는 계기가 된다. 이는 하비 와인스틴 사건에서 보듯 오늘날까지도 여전히 현안으로 건재함이 입증되었다고 할 수 있다. 여성이 스포츠를 즐기면서 생겨났으며 오늘날이라면 임파워먼트(empowerment: 여성 해방 운동과 관련해, 여성이 자신의 강점과 가치를 인식하고 삶에 필요한 기술과 능력을 증진하는 과정—옮긴이)라고 불렀을 현상을 설명하면서 보부아르는 다음과 같이 말한다.

오늘날 그 어느 때보다도 훨씬 더 눈에 띄게 여성들이 운동, 체조, 수영, 마사지, 다이어트 등을 통해서 몸을 만드는 기쁨을 알아가고 있다. [……] 신체 단련 과정에서 여성은 주체로서 자신을 입증한다. 이는 여성의 입장에서 우발적인 육체에 대한 일종의 해방이다. 하지만 이러한 해방은 쉽사리 의존성으로 바뀐다. 할리우드의 스타는 자연에 대해 승리를 거두지만, 곧 제작자의 손아귀에 붙잡힌 수동적인 대상이 되고 만다.[5]

자신이 수동적이면서 매혹적인 대상으로 변하는 것이 주는 쾌락은 중요하지 않으며, 그것의 결과는 대상으로서 여성은 존재하기 위

해 남성과 남성의 시선을 필요로 한다는 사실이다. 그런데 이 시선
은 여성이 일단 자신의 계획을 실행에 옮기는 데 성공하고 나면, 그
여성을 주체로 바라보지 않고 대상으로, 이제 곧 잡아먹힐 먹잇감으
로만 바라본다.

포기로서 사랑

자신을 에로틱하고 수동적인 대상이 되게끔 하는 것이 여성 순종의
여러 양태 가운데 하나다. 또 다른 하나의 양태로, 아마도 제일 피하
기 힘들고 우회하기 어려운 것으로 보이는 것은 사랑에 빠진 여성에
게 나타나는 헌신의 유혹, 나아가 포기가 아닐까 싶다. 이러한 유혹
이 보부아르가 가장 염려하는 것이다. 자신이 사르트르와의 관계 초
기에 직접 겪은 것으로, 보부아르는 여기에 대해 회고록에서 공포
섞인 투로 언급한다. 사르트르가 있는 곳과 멀리 떨어진 마르세유에
서의 교사직 임명에 대해 보부아르는 이렇게 말한다. "나는 그러한
임명이 2년 동안 줄곧 나를 따라다녔던 유혹, 그러니까 포기하려는
유혹에 대항해서 나를 강하게 해줄 것을 기대했다. 나는 평생 이 시
기, 내가 나의 젊음을 배신하게 될까 봐 두려워했던 이 시기에 대한
불안한 기억에 시달려야 했다."[6] 조금 더 범위를 넓혀보면, 회고록
전체가 완전히 포기하지는 않았을지라도—보부아르가 유명 작가가

되었고, 자신만의 실존을 영위해나갔다는 의미에서—평생 사르트르를 자신보다 우월하게 생각했던 보부아르의 삶에 대해 들려준다고 해도 과언이 아니다. 두 사람이 처음 나눈 토론에서부터 뤽상부르 공원의 메디시 분수에서 벌인 논쟁까지, 보부아르는 자신이 사르트르의 명백한 우월성이라고 인식하는 것에 순종했다.

살면서 내가 지적으로 누군가에 의해 지배를 당한다고 느낀 건 처음이었다. [……] 나는 나의 패배를 인정해야만 했다. 그뿐만 아니라, 나는 대화를 나누는 동안 나의 많은 견해가 편견과 기만 혹은 어리석음에 토대를 두고 있음을, 나의 논리가 절름발이인 것을, 나의 생각이 혼돈 상태임을 깨달았다.[7]

《제2의 성》을 발표하고 9년이 흘렀을 당시 《처녀 시절》을 집필 중이던 보부아르는 자신의 패배가 어느 정도 사르트르의 허세부리는 태도—그 대목보다 몇 쪽 앞에서는 자신의 교수 자격 필기시험 (사르트르는 바로 그 전해에 이 시험에서 불합격한 탓에 재수 끝에 이듬해 보부아르 와 같이 합격했다) 합격 소식을 들은 사르트르가 어떤 태도로 "이제부터 구두시험 준비는 내가 당신을 책임지겠소"[8]라고 당당하게 선언했는지 기술한 보부아르였음에도—탓일 뿐이라고는 보지 않았다. 그저 자신이 열등하다는 표시라고만 여겼고, 이러한 열등감은 나중까지도 사라지지 않았다. 사르트르 앞에서—그리고 두 사람의 상호적인 영향력이라는 현실에도 불구하고—보부아르는 회고록의 처음부터 끝까지 내내 자신을 그의 2인자, 사르트르가 진정한 철학자일 때 자신은 그저 작가이고, 그가 창작가일 때 자신은 해설가라는 식으로 스스로를 소개했다. 《나이의 힘》에서 보부아르는 사르트르에 비해 열등하다고 여겨지는 자신의 능력을 고려해서 철학이 아닌 문학의 길을 선택하고 있음을 분명하게 보여준다.[9] 일반적으로, 보부아르와 사르트르가 서로에게 끼친 영향에 관한 최근 연구들은 보부아르가 회고록에서—마치 무슨 일이 있어도 자신에 대한 그의 우월성을 수호해야 한다는 듯—철학적 작업의 모든 흔적이며 사르트르에 대한 자신의 영향을 전부 지워버렸다는 사실을 밝혀내는 쪽으로 나아가고 있다.[10]

《제2의 성》

집필 작업 차원에서, 보부아르는 관점과 접근법을 다양화해가면서 사랑에 빠진 여성에게 나타나는 포기 유혹을 기술했다. 《제2의 성》에서 보부아르는 사랑이 여성에게 있어 포기, 즉 남을 위해 자신을 단념하는 형태를 취하게 되는 방식을 여러 쪽에 걸쳐 자세하게 다룬다. 보부아르가 시도하는, 사랑에 빠진 여성에 대한 분석의 출발점은 다음과 같다. "'사랑'이라는 말은 남성과 여성에게 전혀 동일한 의미를 갖지 않으며, 이 점이야말로 기어이 남녀 양성을 갈라놓게 만드는 심각한 오해의 원천이다."[11] 남성은 사랑과 정복자적 관계를 맺으며, 어떤 경우에도 사랑은 남성의 존재를 결정하지 않는다. 그렇기 때문에 미친 듯이 사랑을 하는 남성일지라도 그들의 고통은 잠시만 지속될 뿐이고, 사랑으로 인해 그들의 정체성이 위태로워지는 경우란 없다. 반대로, 여성에게 사랑은 자신으로부터 떠나는 것이다. 여성의 사랑은 자주 "몸과 마음이 모두 우리가 절대적, 본질적이라고 명명하는 것 속으로 빠져 들어가는 것"[12]이다. 이러한 구분을 통해 우리는 보부아르의 관심사, 즉 이른바 타고난 특성이라는 것에 맞서는 범주의 역사화와 다시 만난다. 사랑의 움직일 수 없는 본성이란 없으며, 같은 논리로 여성다움의 움직일 수 없는 본성이란 것도 없다. 사랑은 어느 특정한 역사적, 경제적, 사회적 상황에 의해 발생한 감정이다. 그러므로 어느 한 사회에서 성적 차이가 코드화하는 방식이 사랑의 개념에 반영된다고 해도 전혀 놀라운 일이 아니다.

여성에게 사랑은 특별히 뿌리 깊은 순종의 한 형태다. 사랑에 빠진 여성은 자주 사랑하는 남성 안에 자신을 희석시키고 싶어 한다. 바꿔 말하면, 기꺼이 자신의 정체성을 상실하고자 한다. 사랑하는 이 남성을 일종의 신으로 변화시키면서 여성은 그를 섬기는 데 기쁨을 느끼고, 자신을 포기하는 가운데 자기 삶의 의미를 찾는다. 보부아르는 쥘리에트 드루에(Juliette Drouet), 콜레트(Colette), 마담 다구(Madame d'Agoult), 비올레트 르뒥(Violette Leduc)을 비롯해 다른 많은 여성의 글이며 엘렌 되츄(Hélène Deutsch)의 분석과 자신만의 관찰을 토대로 순종으로서 사랑을 드러내 보인다. 순종으로서 사랑이 자발적으로 소망하는 바는 명쾌하다. "그를 위한 모든 것이 되기"[13]이기 때문이다.

보부아르는 이러한 포기의 주요 특성을 기술하는 것으로 만족하지 않고, 한 걸음 더 나아가 그것이 동반하는 거짓말, 출구 없는 막다른 길 등도 보여준다. 사랑에 빠진 순종적인 여성은 자신이 사랑하는 남성의 희생자가 아니다. 첫째, 이러한 사랑을 요구하는 것은 개인으로서 남성도 아니고, 타고난 성별이 지니는 특성도 아니며, 여성이 놓인 상황이기 때문이다. 여성이 사랑을 순종이라고 생각하는 것은 여성이 "상대적인 것의 영역 안에 갇혀 있고, 어린 시절부터 수컷에게 속하는 것이 예정되어 있으며, 그 안에서 자신은 맞먹는 것조차 허락되지 않는 주인의 모습을 보는 데 익숙해져 있기 때문"[14]이다.

둘째, 이러한 순종은 다가올 실패를 함축하고 있을 정도로 사랑받는 남성의 실질적인 자질과는 전혀 무관하다. "그는 자신을 숭배하는 데 헌신하는 여성의 사랑을 정당화할 자격이 못된다."[15] 자신의 포기를 합리화하기 위해 여성은 사랑하는 남성을 거의 신적인 재능을 가진 것처럼 치장하며, 이러한 치장으로 여성의 포기는 정당화된다. 여성의 포기를 합리화하기 위해 선택받은 남성이 의당 갖춰야 할 자질과 그 남성의 실제 현실 사이의 대조는 여성의 순종이 지니는 애매성을 보여준다. 어떤 인간도 신과 맞먹을 수는 없으므로, 사랑하기 때문에 남성에게 순종하는 모든 여성은 실망할 준비를 해야 한다. 이다지도 보잘것없는 자를 위해서 왜 모든 것을 단념했던가?

이 질문에서 출발해 보부아르는 어떻게 순종이 권력과 지배라는 반전을 가져올 수 있는지 설명한다. 남성에게서 자신이 획득하길 원하는 실존을 정당화해줄 거리를 찾지 못할 때, 남성을 위해 자신이 했다고 믿는 희생을 남성에게 충분히 인정받지 못하는 것 같을 때, "여성의 관용은 이내 요구로 변한다".[16] 이는 사랑에 빠진 여인의 순종이 빚어내는 피할 수 없는 막다른 길이다. "여성은 남성을 섬기는 것을 기쁨으로 여긴다. 그런데 이때 남성이 이러한 섬김을 감사하게 여겨야 한다. 자신을 내어주는 것이 헌신의 일상적인 변증법을 통해 요구가 되기도 한다."[17] 스스로 노예가 됨으로써 여성은 남성에 대해 일종의 권력을 갖는다. 사신의 희생이 남성에게 의무를 지워준다고 믿는 것이다. 사랑에 의해 여성은 스스로 노예가 되며, 남성을 묶어놓는다.

순종적인 사랑의 소설가 보부아르

보부아르는 사랑에 빠진 여성의 순종에 대해 매우 구체적인 분석을 제시했으며, 관점을 다각화하고 책에 수록되는 일인칭 글의 유형을 다양화함으로써 이러한 현상을 대변하는 초상화 격 사례들에 깊이를 더했다. 1954년 발표한 《레 망다랭(Les Mandarins)》에서 보부아르는 전적으로 앙리(Henri)에게 헌신하는 폴(Paule)이라는 여성상을 구축한다. 앙리는 폴이 사랑하는 남성으로, 폴은 그를 사랑하다 못해 숨이 막히게 할 정도다. 또 다른 여성 등장인물, 즉 "가정주부라는 경력"[18] 따위를 거부하는 안(Anne)과 달리 폴은 완전히 앙리를 위해 산다. 앙리가 다른 여성과 같이 취재 여행을 떠나려고 하면, 폴은 이를 반대하며 협상을 요구한다. 자신의 포기를 무기 삼아 그를 떠나지 못하게 하는 것이다. 폴은 앙리에게 "나는 자기가 하자는 대로 다 하잖아!"라고 말한다. 이 말에 앙리가 대답한다. "내가 나 하고 싶은 대로 하기 때문에 자기가 그걸 고통스럽게 여기면, 나는 내 자유와 자기 사이에서 선택을 해야만 할 거야."[19] 우리는 여기서 사랑을 빙자한 포기의 애매성과 만난다. 남성을 자기 실존의 전부로 여기는 여성은 자신의 포기에서 상대를 묶어놓을 이유를 찾는다. 그리고 그런 이유로 남성으로 하여금 지나치게 공격적인 이 사랑을 떨쳐버리게 함으로써 여성 입장에서는 자신을 정의하는 모든 걸 잃는 공포 속에 스스로를 빠뜨릴 수밖에 없는 처지로 몰고 간다.

폴과 앙리의 관계는 남성의 사랑과 여성의 사랑의 차이를 대단히 명쾌하게 보여준다. 폴 자신이 그런 점을 인정한다. 앙리가 두 사람의 불화를 사랑의 본성에 대한 오해 때문이라고 설명하자 폴은 이렇게 답한다. "난 자기가 무슨 말을 하려는지 잘 알아. 사랑은 내 삶의 전부인데, 자기는 사랑이 다만 자기 삶의 일부이길 원하지. 나도 그건 잘 알고, 그 의견에 동감해."[20] 폴의 포기는 결국 의존성을 요구하는 지경에 이르고, 폴은 거기서 벗어나길 원하지 않는다. 소설이 전개될수록 앙리에 대한 폴의 순종은 점점 더 심해지며, 그와 더불어 피할 수 없는 거부에 봉착한다. 보부아르는 자신의 순종이 함축하는 역설을 누구보다 잘 알고 있으면서도 항상 더 많은 걸 포기하는 폴이라는 여성을 구체적으로 그려낸다. 폴이 앙리에게 말한다.

"있는 그대로의 자기가 아니라 내가 꿈꾼 대로의 자기 모습을 원하는 것, 그건 자기보다 나를 더 좋아하는 거야. 그건 주제넘은 거지. 하지만 이젠 끝났어. 이젠 자기밖에 없어, 난 아무것도 아니니까. 난 내가 아무것도 아니라는 걸 받아들여, 난 자기의 모든 것을 받아들인다고. 〔……〕 내가 너무 오만했어. 포기의 길은 쉬운 게 아니야. 그렇지만 이제 내가 자기한테 맹세할게. 난 더는 나를 위해서 아무것도 요구하지 않을 거야. 자기만 존재하는 거야. 자기만 나에게 모든 것을 요구할 수 있어."[21]

폴의 사례는 그야말로 구제 불능이다. 사랑에 빠진 여성의 순종은 여성을 완전한 의존 상태로 전락시키며, 그와 동시에 거의 공격적이다 싶은 헌신의 논리─헌신하는 자에게 자신의 헌신이 상대에게 의무감을 지워준다는 느낌─때문에 자동적으로 이러한 순종을 단순한 포기 이상의 것이 되게 한다. 자신의 순종을 통해서 여성은 삶의 의미를 찾아야 하는 무게를 남성에게 떠넘기며, 그 남성으로부터 남성이 여성에게 행사하는 권력만큼이나 큰 권력을 부당하게 취득한다. 즉, 남성에게 제공받은 희생의 크기에 필적해야 한다는 의무감을 지워주는 것이다.

폴이라는 등장인물이 되었건《위기의 여자(La Femme rompue)》—
절대적인 순종에도 불구하고 남편과 딸들에게 버림받은 여주인공의
이야기—의 화자가 되었건, 보부아르가 내내 순종의 애매성을 보여
주고 있음은 다르지 않다. 겉보기에 완전하고 일방적인 포기로 보이
는 것과 달리, 순종은 헌신의 한 형태로 상대를 묶어두길 바라지만,
바로 그 이유 때문에 필연적으로 실패하게 되어 있다. 사랑에 빠진
여성은 상대를 통해 자기 실존의 정당성을 확보하길 소망하면서, 그
리고 그와 동시에 상대도 자신이 그에게 헌신하는 것만큼 절대적으
로 자신에게 헌신해주길 바라면서 전적으로 상대에게 자신을 내어
준다. 하지만 이렇게 되면 두 사람의 실존은 모두 의미가 없어진다.
사랑에 빠진 여성은 남성에게 그저 헌신 그 자체이기만을 바란다고
말하지만, 사실 여성은 그 남성을 필요로 함으로써 남성을 자신에게
묶어둔다. 이렇듯 이러한 사랑은 여성을 기다림과 버림받기의 굴레
로 몰아간다. 사랑이 남성의 주관성과 야심엔 해가 되지 않지만, 여
성의 사랑은 여성을 기껏해야 오디세우스를 기다리는 페넬로페, 그
보다 더 고약한 경우로는 한밤중에 아이네이아스(Aeneias)—올림포
스산의 신들은 그에게 한 여성의 사랑 속에서 정신 못 차리는 것보
다 더 중요한 할 일이 있음을 일깨웠다—에게 버림받은 디도(Dido)
신세로 전락시킨다.

순종의 권력

보부아르가 상황이라는 개념을 통해, 또 대상으로서 실제 겪은 몸의 철학을 통해 여성의 선택지가 남성 지배로 인해 제한적임을 보여주고 있긴 하지만, 그렇다고 해서 서구 사회 여성들이 그럼에도 선택권을 유지하고 있다는 사실을 부인하지는 않는다. 《애매성의 도덕을 위하여》에서 하렘에 갇혀 지내는 여성과 서구 여성을 구분했듯 보부아르는 구속에도 다양한 등급이 있으며, 그 결과 남성과의 공범의식에도 다양한 등급이 있을 수 있다고 생각한다. 몇몇 여성은 완전한 속박 상태에 있지 않지만, 그럼에도 순종을 한다는 식이었다. 1947년에 쓴 글에서처럼 "고의적으로 자유롭지 않길 원하는 건 모순적이라고 할 만하다. 하지만 사람들은 자유롭길 원하지 않을 수도 있다".[22] 따라서 문제는 자유를 선택하는 여성이 순종한다면, 그러한 행동의 근거가 무엇인지 알아내는 것이다.

적극적 수동성

이런 여성은 그저 남성들이 구현하는 맹목적인 힘에 지배당하는 것이 아니라 스스로—누가 시키지 않는데도—순종한다. 이런 여성은 그러므로 자신들의 수동성을 보여주는 상황에서조차 적극적이라고 할 수 있다. 보부아르의 글을 보자. "스스로 대상이 되는 것, 스스로 수동적이 된다는 것은 수동적인 대상이라는 것과 완전히 다르다."[23]

순종의 제일 첫째가는 힘 가운데 하나는 그게 마치 태도인 것처럼, 외부에서 강제된 게 아니라 스스로 하는 어떤 것처럼 비칠 수 있다는 점이다. 가령, 외출을 앞둔 여성이 자신을 아름다운 대상으로 만들기 위해 제모를 하고, 날씬해 보이도록 몸매 보정 속옷을 입고, 머리를 가지런히 가다듬으며 화장을 하는 경우가 좋은 사례일 수 있다. 틀림없이 이 여성은 대상처럼 보일 테지만 그 대상은 여성 스스로가 만들어낸 것이다.

보부아르는 《제2의 성》 2권의 적지 않은 부분을 '정당화'라고 부르는 것에 할애한다. 나르시시즘, 사랑, 신비주의 등이 '정당화'에 해당하는데, 이는 여성이 자신의 운명이 지닌 부정성을 정당화하면서 그것으로부터 도망치는 방법이다. 가령, 보부아르는 "갇혀 지내는 여성이 자신의 감옥을 영광의 하늘로, 자신의 예속 상태를 지고의 자유로 바꾸기 위해 기울이는, 때로는 우스꽝스럽고 때로는 비장하기까지 한 이 최후의 노력"[24] 따위로 이런 정당화를 기술한다. 이 같은 군상을 통해 자신을 지워버리는 행위 속에 일종의 권력이 도사리고 있음을 입증해 보이는 것이다.

위에서 살펴보았듯 보부아르는 주인과 노예의 변증법을 남성과 여성의 관계에 적용하길 거부하며 여성이 순종에 동의하는 현상을 다른 변증법으로 설명하는데, 바로 하녀와 우상의 변증법이다. 이는 여성과 남성 관계의 변증법이 아니라 여성의 여성 자신과의 관계, 그러니까 남성의 시선이 매개된 여성과 여성의 관계에 대한 변증법이다. 이 변증법은 가령 혼인한 여성에게서 뚜렷하게 드러난다.

남성은 집 안 인테리어에는 별반 관심이 없는데, 왜냐하면 어차피 온 세
계로 접근할 수 있는 데다 다양한 투기(投企)를 통해 자신을 입증해 보
일 수 있기 때문이다. 그런데 여성은 결혼 공동체 속에 갇혀 살기 때문에
이 감옥을 왕국으로 바꾸고 싶어 한다. 가정을 대하는 여성의 태도는 일
반적으로 여성의 조건을 정의하는 것과 동일한 변증법에 의해 좌우된다.
여성은 스스로 먹잇감이 되면서 권력을 쟁취하고, 포기함으로써 스스로
를 해방시킨다. 세계를 단념함으로써 여성은 세계를 정복하고자 한다.[25]

이러한 변증법에서는 몇 가지 차원이 맞물려 돌아간다. 먼저, 이
변증법은 여성의 경제적·사회적 상황에 따라 설명할 수 있다. 보부
아르가 보기엔―다른 무엇보다도―집 안에 갇혀 있다는 사실이 여
성을 열등한 사람으로 만든다. 여성은 경제적으로나 사회적으로 남
성에게 의존하는 상태에 놓여 있으므로 사실 여성에게는 선택지가
없다. 결혼을 해야 하고 남성의 먹잇감이 되어야 하는 것이다. 보부
아르는 기회가 있을 때마다 여성은 기꺼운 마음으로 순종을 하는 것
이 아니라고 강조한다. 나무에 올라가는 사내아이를 부러워하는 어
린 여자아이에서 자신의 딸마저도 여성이라는 조건 때문에 자신보
다 더 자율적인 인간이 될 수 없음을 확인해야 하는 엄마가 되기까
지, 여성은 자신에게 강요된 순종 앞에서 끊임없이 분해하면서 동시

에 체념하는 것으로 묘사된다. 바로 이럴 때 여성에게 변증법적 움직임이 열리고, 억압 가운데에서 자신을 주체로 만들 수 있는 가능성이 보이기 시작한다. 자신을 자기 가정이라는 왕국의 여왕으로 인식하면서 여성은 억압을 전능함으로 바꾸는 것이다.

이렇듯 순종은 여성에게 권력을 쟁취하는 기회이기도 하다. 권력 쟁취는─보부아르에 따르면─일종의 환상인데, 가정주부로서 실존이 여성을 돌이킬 수 없는 내재성의 수렁 속으로 밀어 넣는 판에 초월에 대한 추구를 가정으로 옮겨놓는 데 지나지 않기 때문이다. 그렇긴 해도 여성은 그것으로부터 이익을 얻으며, 바로 이 대목에서 보부아르 분석의 힘이 느껴진다. 보부아르는 순종에 대한 여성의 동의가 있는 것은 사실이지만, 이런 동의는 사실상 여성에게 강제된 운명을 오롯이 감수하고만 있지 않아도 된다는 허락이므로 완전히 쓸 데 없는 것은 아니다.

순종은 그러므로 애매하기 그지없는 모습으로 나타난다. 순종은 얼핏 보아 여성이 주인이 되기 위해, 자율성이라고도 할 수 있는 자기 통제권과 세계 통제권을 얻기 위해 구사할 수 있는 유일한 전략 같아 보인다. 보부아르는 여성의 가학피학증(sadomaochisme: 다른 사람에 대한 사회적·성적 관계에서 순종적이고 공격적인 태도의 공존 상태─옮긴이)이나 소녀들의 자해 관행, 또는 자신이 "모성의 가학피학증"이라고 부르는 것을 예로 들면서 이러한 애매함을 강조한다. 소녀들의 자해에 관한 보부아르의 설명을 읽어보자.

수동적인 먹잇감이 되도록 운명 지어진 여성은 고통과 혐오를 감내해가면서까지 자신의 자유를 요구한다. 여성이 자신에게 칼로 상처를 입히고, 잉걸불에 데어 화상을 입을 때, 그 여성은 자신의 처녀성을 빼앗는 질 삽입에 항의하는 것이다. 말하자면 여성은 그것을 폐기함으로써 항의한다. 여성은 자신의 행동으로 인한 고통을 받아들이므로 피학성애자라고 할 수 있으나, 따지고 보면 오히려 가학성애자다. 자율적인 주체로서 여성은 성욕을 지닌 의존적 육체를 향해 채찍을 휘두르고, 망신을 주고, 고문을 가한다. 여성은 순종하기로 운명 지어졌으며 그렇기 때문에 자신이 증오하는 이 육체와 그러나 완전히 분리되길 원하지는 않는다. 이 모든 상황에서도 여성은 진정으로 자신의 운명을 거부하겠다고 선택하지는 않으니 말이다. 가학피학증적 기벽은 근본적인 기만을 함축하고 있다. 소녀가 그런 짓을 벌인다면 이는 그 소녀가 거부를 통해 여성으로서 자신의 미래를 받아들인다는 뜻이다. 소녀가 스스로를 성욕을 지닌 육체로 인정하지 않는다면 그처럼 증오심에 가득 차서 자해를 하지는 않을 것이다. 폭력성의 폭발조차도 체념을 배경으로 솟아오르는 것이니 말이다.[26]

여기서 우리는 순종에 대한 동의가 어떤 식으로 이루어지는지 알 수 있다. 소녀는 자신이 거부하는 운명과 이 운명에 대한 욕망 사이에서, 먹잇감이 되려는 욕망과 자유 포기를 거부하는 마음 사이에서 만신창이 되어버린다. 아니 그보다도 소녀는 자신이 당면한 거대한 문제, 그러니까 〔(자가(auto, 自家)〕 객체화, 즉 자신을 대상으로 만들

거나 대상으로 만들어지는 것으로부터 맛보는 쾌락과 정면 대결하
길 거부하기 때문에 허위 또는 자기기만이라고 말할 수밖에 없다.

순종의 이점

보부아르는 여성이 순전히 억압의 수동적 희생자인 것만은 아니며,
여성도 거기서 이득을 취한다고 설명한다. 여성은 자신이 초월성 추
구―초월성이란 세계 속에서만, 타인들 가운데에서만, 요컨대 자신
이 접근할 수 없는 공적 영역에서만 가능하다―에 접근할 수 없으
므로 주체가 아니라는 사실을 견디기 위해 자신의 권력에 대해 환
상을 갖는다. 보부아르는 순종에서 얻는 긍정적 쾌락이 있음을 보여
준다.

무엇보다 소녀에 관한 장, 성교육 입문과 에로티시즘에 관한 장은
여성 에로티시즘의 형성 단계를 분석하며, 그것이 객체화 욕망―
보부아르는 여러 차례에 걸쳐 이것을 "수동성의 열락(délices de la
passivité)"이라고 부른다―에 의해 구조화한다는 것을 보여준다. 여
성의 에로티시즘은 순종-대상-수동성을 꼭짓점으로 삼는 개념의
삼각형에 의해 구조화한다. 예를 들어, 보부아르는 다음과 같이 설
명한다.

〔……〕여성의 섹슈얼리티가 발달해감에 따라 어릴 때부터 여성은 남성
에게 희생한다는 식의 종교적 감정이 내부를 파고든다. 어린 소녀가 고

해 신부 앞에서, 심지어 아무도 없이 텅 빈 제단 앞에서 훗날 연인의 품에서 맛보게 되는 것과 매우 유사한 전율을 느끼는 건 사실이다. 여성의 사랑은 자신을 뛰어넘는 존재를 위해 대상이 된다는 인식이 생겨나는 경험의 한 형태이기 때문이다. 신앙심 깊은 소녀가 교회당의 어둠 속에서 맛보는 것 또한 수동성의 열락이다. (……) 모든 것이 소녀에게 꿈속에서 영광의 하늘로 날아오르기 위해서는 남성의 품에 몸을 맡기라고 권유한다. 소녀는 행복해지기 위해서는 사랑받아야 한다는 것을, 사랑받기 위해서는 사랑을 기다려야 한다는 것을 배운다.[27]

수동성을, 소유되기를 꿈꾸는 소녀의 에로티시즘에는 특수성이 있다. 이러한 에로티시즘은 명백하게 교육과 이데올로기 탓으로 돌릴 수 있다. 어린 소녀에게 이상적인 여성다움을 받아 적게 하고 거기에 맞게 행동하라고 가르치는 것이다. 그러나 이는 여성이 자신의 객체화로부터 끌어내는 쾌락과 권력의 결과이기도 하다.

대타자가 되기를 거부한다는 것, 즉 남성과의 공모를 거부한다는 것은 여성에게 우월한 계급과의 결합이 자신에게 제공하는 모든 이점을 포기하는 것이 될 수 있다. 군주 격인 남성은 물질적으로 가신 격인 여성을 보호하며 그의 존재를 정당화해줄 것이다. 이로써 여성은 경제적인 위험과 더불어 자유라는 형이상학적 위험 요소—아무런 도움 없이 자신의 존재 목적을 만들어내야 하는 위험—를 교묘하게 피할 수 있다. 사실, 모든 개인의 내부에는 주체로서 자신을 확인시켜야 한다는 허세―이는 윤리적 허세라고 할 수 있다―외에 자유를 회피하고 사물로서 자신을 구축하려는 유혹도 있다. 이는 불행한 길이다. 수동적이고 소외되는 길이며, 헤매게 될 길이기 때문이다. 이 길로 접어드는 개인은 초월성과는 격리된 채 모든 가치로부터 좌절당해 결국 낯선 의지의 먹잇감이 될 것이다. 하지만 분명 쉬운 길이긴 하다. 이 길로 가면 불안감, 진정한 실존이 주는 긴장감은 피할 수 있으니 말이다. 그러므로 여성을 **대타자**로 구축하는 남성은 타자가 된 여성 안에서 뿌리 깊은 공모 의식을 만날 것이다. 이렇듯 여성은 구체적인 방편을 가지고 있지 않기 때문에, 자신을 남성에게 붙들어 매줄 끈―상호성이라는 전제 없이―의 필요성을 절감하기 때문에, 자주 절대적 **대타자**로서 자신의 역할이 마음에 들기 때문에 굳이 자신을 주체로서 인정해줄 것을 요청하지 않는다.[28]

주체가 되길 거부하고 스스로 대상이 됨으로써, 모든 인간은 자유라는 비용을 피할 수 있다. 하지만 남성/여성의 관계에는―주인과 노예 변증법의 사전 단계에서처럼―문제가 제기되는데, 죽을 위험을 감수할 것이냐 말 것이냐를 선택하기에 앞서 우선 자신이 주체임을 인식해야 하며 그렇게 인정받고자 원해야 하기 때문이다. 여성의 경제적·사회적 상황이 그들의 초월을 위한 비상을 가로막는다면, 이타성으로부터 얻는 개별적 선택의 쾌락도 있으며, 이것이 순종에 대한 동의를 설명해준다. 사회적 조건이란 늘 현존하기―이 점에 있어 보부아르의 생각은 결연하게 반(反)본질주의적이다—마련인데, 그것이 여성의 사고 속에 차곡차곡 쌓여 일종의 내부 식민지화처럼 작용한다.

보부아르는 그러므로 순종에 대한 동의를 일궈내는 여러 요소를 조명한다. 이러한 동의엔 무엇보다도 우선적으로 남성 지배에서 비롯되는 정치적, 사회적, 경제적 이유가 있게 마련이다. 하지만 순종을 통해 맛보는 쾌락에서 비롯되기도 하며, 이것이 여성의 순종이 갖는 특수성이다. 여성이 남성과 공유하는 '본래적인 미트자인' 때문에, 억압하는 자의 기대에 순응하는 여성의 태도는 억압받는 다른 부류의 집단들에 비해 훨씬 더 후한 대가를 받는다. 그러니 우리는 순종하는 여성이 일종의 비용 대비 편익 계산—순종이 제공하는 열락은 자유가 야기하는 위험에 비해 훨씬 묵직하다—을 끝낸 후 자신들에게 부과된 운명에 동의하는 것을 충분히 이해할 수 있다.

9

자유와
순종

보부아르 덕분에 여성의 순종이 보여주는 익숙하고도 다양한 형태를 일단 인식했다고 하더라도 한 가지 의문은 남는다. 왜 여성은 스스로 순종하는가? 사랑에 빠진 여성이나 할리우드 스타, 완숙미를 갖춘 주부이자 어머니, 자신의 연구를 위해 자료만 뒤적이는 학계 인사의 아내 등을 보고 있노라면 그들 중 많은 이가 불행하다거나 무엇이 되었든 강요를 받아 하고 있다는 기색은 보이지 않는다. 이는 곧 그 여성들이 순종을 **선택한다**는 뜻일까? 그 같은 가설은 그다지 유효해 보이지 않는다. 이는 그 여성들이 자신의 선택을 순종으로 기술하지 않기 때문, 아니 자신의 순종을 선택에 의한 것으로 기술하지 않기 때문이다. 선택에 의한 것이든 순종이든 둘 중 하나다. 순종하기로 선택하는 것은 불가능해 보인다. 아니면 몇몇 변태 혹은 피학성애자들에게나 가능할 것 같아 보이는 게 사실이다. 순종은 최후의 보루, 그러니까 적한테 순종하지 않으면 죽어야 하는 전사들의 상황에서나 정당화될 수 있을 것이다. 그러니 한편으론 거의 본능적으로 순종을 지탄하는 우리의 태도와 다른 한편으론 그것이 지닌 평범하고 일상적인 특성 사이에 흐르는 팽팽한 긴장감을 어떻게 이해할 것인가? 특히, 전형적으로 여성적인 순종이 있는 것 같다는 느낌은 또 어떻게 이해할 것인가? 이는 곧 여성이 남성보다 부도덕하다는 뜻일까? 아니면, 여성에게 순종은 부도덕한 게 아니라는 것일까?

순종하는 것은 부도덕한가

순종과 관련해 자연스럽게 보이는 것은 거부 반응이다. 순종은 도덕적 흠처럼 보이며, 사람들은 여기에 미리 준비해 대처할 수 있길 바란다. 가학피학증 게임 같은 대단히 특별한 상황을 제외하면, 어느 누구도 스스로 순종하는 자가 되겠다고 자청하지는 않는다. 이처럼 강력한 반응, 순종과 관련해 자동적으로 연상되는 이러한 부정적 태도는 순종, 그중에서도 특히 여성의 순종을 성찰하는 데 장애물이 된다. 이러한 반응은 본능적으로 자신에게서 아주 사소한 순종적인 행위조차도 보기를 거부하게 만든다. 아울러 순종과 관련해 사람들이 비난하거나 자신과 절대적으로 다르다고 여기는 사람들에게서만 순종을 보게끔 한다. 그런데 순종이 지닌 일상성 속에서 순종을 연구하려면, 반드시 우리의 사고를 가로막는 그 같은 거부의 근거를 찾아내야만 한다.

순종하는 것 외에는 다른 아무것도 할 수 없는 패배한 전사 이미지와 순종적인 여성을 비교함으로써 우리는 여성이 선택적인 순종의 전형적 유형으로 기능한다는 사실을 알았다. 전사는 순종하길 선택하지 않으나 여성은 그것을 선택하는 것처럼 보인다. 이런 선택은 우리가 순종을 하도록 부추기는 여성의 본성을 전제로 하지 않는다면 이해할 수 없을 듯싶다. 여성이 천성적으로 순종적이 아니라면, 여성의 순종은 선택에 따른 것이다. 그런데 자신의 자유에 의한 이런 선택은 그 목표와 모순되어 보인다. 나에게 선택할 자유가 있다면, 왜 내가 자유롭지 않기를 선택한단 말인가?

일상적 행위로서 순종은 철학적 분석에서 비껴나 있었다. 반면, 정치철학자들은 지도자(들)에 대한 민중의 순종엔 흥미를 보여왔다. 정치적 의무의 문제라는 용어를 통해 이들 철학자는 다음과 같은 질문에 관심을 쏟았다. 개인이 왕 또는 법에 복종하는 것은 어떻게 설명할 것인가? 이러한 복종은 어떤 방식으로 작동하는가? 이 같은 복종은 순종에 해당하는가? 만일 그렇다면 그것은 실제로 주체의 자유에 역행하는 것인가? 이렇듯 질문이 질문을 낳는 맥락에서 라 보에티와 루소는 자발적 복종에 대해 판결을 내렸다. 인간은 천성적으로, 그리고 원초적으로 자유이며 이 천성 때문에 순종하길 선택하는 것은 인간의 천성에 해당하는 것을 포기하는 것이므로 도덕적 과오라는 것이다.

보부아르는 이러한 견해에 반대한다. 보부아르는《제2의 성》에서 사르트르의 실존주의적 가설을 전유해 막다른 벽에 부딪힌 논리를 초월함으로써 여성으로 하여금 순종에 동의하도록 이끄는 것은 도덕적 열등함이 아니라는 것을 보여준다. 위에서 살펴보았듯 보부아르는 현상학적 방법을 활용해 순종을 기술한다. 하지만 현상학적 방법만으로는 여성이 순종을 수락하는 현상을 설명하기에 충분하지 않으며, 보부아르가 '수동성의 열락'이라고 명명한 것을 분석하기에도 턱없이 부족하다. 이 문제를 보부아르는 현상학적 방법에 자유와 관련한 실존주의 철학을 접목함으로써 여성의 순종 선택 입장에 대한 설득력 있는 설명을 제시하고, 그것이 엄밀한 의미에서 선택이라기보다 동의에 가깝다고 보아야 하는 이유를 밝혀낸다.

실존주의적 관점

보부아르는 책의 서두에서부터 자신이 "실존주의 도덕 관점"[1]이라고 부르는 걸 채택한다고 밝힌다. 이는 매우 중요한데,《제2의 성》이 사르트르 철학을 적용한 저술에 지나지 않는다는 세간의 편견과 달리 보부아르가 실존주의 도덕을 철학 체계나 교조(dogma) 또는 도구함(道具函)이 아니라 하나의 '관점'으로 보고 있음이 드러나기 때문이다.

여성 철학자 미셸 르 되프(Michèle Le Doeuff: 1948~. 프랑스의 철학자, 페미니스트. 전통적인 철학과 여성이 차지하는 사회적 위치 개념 사이의 관계를 천착하고자 정치적 관점에서 철학 텍스트 읽기를 주도하고 있다—옮긴이)가 지적했듯 보부아르는 실존주의를 그 의미와 활용도까지 다 고칠 정도로 철저하게 탈바꿈시킨다. 《존재와 무》는 성차별주의2에 가까운 남성중심주의(androcentrisme)3에 의해 구조화되어 있으며, 사르트르식 실존주의 체계는 억압에 대해, 보다 더 광범위하게는 사회 전반에 대해 생각하는 게 불가능할 정도로 오직 개인과 개인이 자유와 맺는 관계가 중심을 이루고 있다.4 그러므로 이 체계를 여성 억압의 분석과 비판을 위해 활용한다는 것은 선험적으로 불가능하다. 그럼에도 보부아르는 그 불가능해 보이는 일에 도전장을 내밀었다. 《제2의 성》은 사르트르 철학의 적용이 아니라 실존주의 관점을 채택해 전개한 독창적인 철학 연구다.

실존주의적 '관점'을 언급하면서 보부아르는 키르케고르에게서 물려받은 일종의 윤리적 결의를 상기시키는데, 그 결의란 개인과 개인의 실존, 개인의 일인칭 경험에서 출발해 인류를 생각한다는 것이다. 보편적이고 추상적인 진리를 탐구하려는 철학적 경향과 대조적으로 실존주의적 관점은 개인적인 것, 인간 각자의 실존이 지닌 특이한 것에서 출발한다. 특이한 것에서 출발한 연후에 비로소 특이한

것을 주시하는 가운데 보편적인 것을 다루겠다는 이러한 입장은 현
상학적 방법을 채택하게끔 이끄는 토대가 되었으며, 보부아르식 자
유의 개념을 정리하는 데 결정적 작용을 한다.

실존주의적 도덕의 관점은 보부아르에게 몇 가지 결과를 가져다
주었다. 첫째, 개인의 관점을 채택한다. 다시 말해, 개인의 입장에
자신을 위치시킨다. 이는 보부아르가 개인이 사회적인 것보다 선행
한다거나 사회적인 것은 개인들의 합에 지나지 않는다는 의미에서
방법론적 원자론 또는 개인주의를 추구한다는 뜻은 아니다. 보부아
르가 선택한 개인주의적 관점은 단순히 규범적 판단에 있어 사회의
선보다 개인의 선을 고려하는 데 주안점을 둔다. 보부아르가 썼듯
"우리는 개인들에게 제공되는 구체적인 기회라는 관점에서 제도를
평가하고 판단한다".5

둘째, 개인주의적 관점은 오직 개인의 주관적 행복만 중요시한다
는 뜻이 아니다.

하렘에 사는 여성들이 선거권을 가진 여성보다 더 행복하지 않을까? 가
정주부가 여성 근로자보다 더 행복하지 않을까? 우리는 행복이라는 단어
가 무엇을 의미하는지 잘 알지 못하며, 그 단어가 어떤 가치를 담고 있는
지는 더더욱 모른다. 타인의 행복을 측정할 수 있는 가능성은 전혀 없으
며, 타인에게 강제하고 싶은 상황에 대해 그것이 행복한 것이라고 말하
기란 언제나 쉬운 일이다. 특히, 한자리에서의 정체(停滯)를 강요당하는

자들의 경우를 보면, 사람들은 행복이란 곧 부동(不動)이라는 구실을 들어 그들을 행복하다고 선언해버린다.[6]

보부아르가 제시하는 이처럼 명확한 부연 설명은 순종을 성찰함에 있어 매우 중요하다. 남성과 여성의 불평등을 옹호하는 데 정기적으로 등장하는 논리 가운데 하나가 여성의 주관적 행복을 소환하는 것이다. 여성이 순종하는 건 그것이 그들을 행복하게 만들기 때문이라는 것이다. 실제로 순종은 여성에게 쾌락의 원천일 수 있으며, 이를 입증해 보인 것은 《제2의 성》의 최대 강점 중 하나라고 할 수 있다. 그러나 이 같은 쾌락과 관련해 순종이 여성에게 좋은 거라고 결론 내리는 것은 위험천만한 일이다.

여기서 잠시 경제 쪽으로 시대착오적 우회를 해보면 이러한 구분을 잘 이해할 수 있다. 인도 출신의 경제학자이자 철학자 아마르티아 센(Amartya Sen)은 개인들이 자기가 선호하는 게 무엇인지, 자신의 복지는 어떠해야 하는지를 자신이 놓인 상황에 잘 맞춰나간다는 것을, 즉 누울 자리를 보고 다리를 뻗는다는 것을 보여주었다.[7] 그중에서도 특히 극도의 결핍 상황에 놓인 개인은 그들의 욕망을 이러한 상황에 맞춰나가며, 결국 현실적으로 손에 넣을 수 있는 것만을 욕망하게 된다는 것이다. 센은 인도 시골의 가난한 여성을 예로 드는데, 이들은 자신에게 필수 영양 섭취량이 극히 제한적이거나 아예 없다고 믿는다. 요컨대 먹을 게 없기 때문에 자신은 남편이나 아이들에 비해 적게 먹어도 된다고 생각한다는 것이다. 객관적으로 아무런 근거가 없는 이러한 확신은 그저 개인이 그들의 욕망을 주어진 상황에 맞추고 있음을—그 같은 적응이 자신들에게 해가 되는 경우까지 포함해—입증할 뿐이다. 객관적으로 여성에게 해가 되는 순종의 사례도 존재하지만, 이러한 사례조차 행복한 상황까지는 아닐지라도 적어도 견딜 만한 상황으로 묘사될 수 있다.

센이 이 같은 사실을 확인하기 위해 나선 것은 복지를 가치의 첫 번째 기준으로 삼는 고전 경제학의 심각한 결함을 드러내기 위해서다. 복지의 경제는 사회 정의에 역행할 수도 있기 때문이다.[8] 사실 복지 경제는 복지를 주관적이고 완성된 것, 즉 현재 개인들이 누리고 있는 것으로 간주한다. 그런데 센은 그처럼 주관적인 측정은 좋은 것이라곤 전혀 갖지 못한 사람들마저 운이 좋은 저지, 심지어 객관적으로는 운이 좋으나 본인들의 운명에 불만을 지닌 사람보다 더 나은 처지라고 생각하게 할 수 있음을 보여준다. 그러니 우리는 순종의 부정적 양상과 순종하는 사람의 겉으로 드러난 주관적 행복을 이렇다 할 모순 없이 한 바구니에 담아 보여주는 것이 어떻게 가능한지 이해할 수 있다. 남성 지배가 그들이 선호하는 쪽으로 여성을 몰아가는 것이 가능하며, 이로 인해 여성이 순종을 택하는 게—그 선택이 비록 객관적으로는 자신들에게 좋지 않다고 해도—가능하다는 얘기다.

개인에게 집중하는 관점을 택한다는 게 선에 대한 주관적 개념을 함축하는 것은 아님을 보여줌으로써, 보부아르는 실존주의적 관점이 무엇인지 명확하게 설명한다. 요컨대 실존주의적 관점이란 구체적인 인본주의와 다르지 않다.

셋째, 실존주의적 관점은 "여성이란 무엇인가?"라는 질문에 대해서는 추상적이거나 객관적인 대답이 있을 수 없음을 함축한다. 이 질문에 대한 답은 개인들의 경험을 통해서만 얻을 수 있다. 이러한 실존주의적 표명이 《제2의 성》 전체의 뼈대를 구축하고 있으며, 2권에서 현상학적 방법을 차용한 배경이라고 하겠다. 개인적인 것에서 출발해 보편적인 것으로 관심을 넓혀가는 것은 "여성이란 무엇인가?"를 남성의 관점에서, 그리고 여성의 관점에서 자문해보는 것을 함축할 뿐 아니라 흔히들 여성다움이라고 하는 것에 대해 여성과 남성은 어떤 경험을 하는지 묻는 것이기도 하다.

자유는 쟁취하는 것이다

보부아르 철학에서 나타나는 가장 확실한 실존주의 유산은 자유에 대한 개념이다. '실존주의 도덕의 관점'을 표방할 때 보부아르가 참고하는 것은 자유에 대한 실존주의적 개념이다. 실존주의의 핵심은, 인간은 자유라는 것이다. 사람은 자유 아닌 다른 아무것도 아니며, 이것이 바로 실존이 본질에 우선한다는 말이 지니는 의미를 설명해준다. 인간 자신이 살아가는 동안 자신의 자유를 행사하는 방식이 인간의 본질을 형성한다. 미리 정해진 본질이란 없으며, 인간 개개인은 자유에 힘입어 자신의 실존을 다듬어나간다.

인간 본성에 대한 이러한 기술에서 출발한 실존주의는 규범적인 결론에 도달한다. 이 자유에 따라 살아야 한다는 것이다. 이 말은 인간이 스스로를 자유라 인정하고 자유롭게 행동해야 함을 뜻한다. 자신의 행동을 합리화하기 위해 결정론의 뒤로 피신할 것이 아니라, 자신이 모든 행동의 주체임을 인정해야 한다는 말이다. 사르트르는 이러한 유형의 태도를 특히 자기기만으로 규정하는데, 가령 의무와 책임을 준수할지 말지 항상 자유롭게 선택할 수 있음에도 마치 책임이나 의무 때문에 어떤 특정한 방식으로 행동해야 하는 것처럼 구는 것이 여기에 해당한다. 실존주의 도덕은 그러므로 지시나 규칙으로 이루어지는 것이 아니다. 진정으로 자유롭게 사는 규칙이라면 또 모르겠지만 말이다. 보부아르가 《실존주의와 민족의 지혜(L'Existentialisme et la sagesse des nations)》에서 썼듯 "인간은 천성적으로 선한 것은 아니지만, 그렇다고 천성적으로 악한 것도 아니다. 인간은 처음엔 아무것도 아니다. 그는 자신의 자유를 감내하거나 부정하거나에 따라 선하게 되기도 하고 악하게 되기도 한다".[9]

이 같은 견해는 자유가 양날의 검임을 말해준다. 한편으론 자신이 자유로운 존재임을 알아서 기분이 좋지만, 다른 한편으론 자신의 실존이 오직 자기 혼자만의 책임이라는 사실 앞에서 불안하지 않을 수 없기 때문이다. 자유 안에는 위험과 불확실성이 공존한다. 자유는 거저 주어지지 않으며, 주체가 쟁취해야 하는 것이다. 자유는 정적(靜的)이지 않다. 자유는 자신을 던지는 모험을 통해 발현되며, 미결정의 불확실성 방향으로 나아간다는 의미에서 초월적이다. 자유롭다는 것은 세계 속으로 자신을 던지는 것이다. 그러므로 결과적으로 위험을 동반하며, 용기와 자신감을 요구한다. 용기와 자신감은 자신을 위한 투기(投企)를 결정하기 위해, 불확실한 세계, 즉 투기의 성공이 보장되지 않는 세계 속으로 몸을 던지기 위해 반드시 필요한 덕목이다.

보부아르는 《애매성의 도덕을 위하여》에서 윤리적 주체의 계보에 대한 현상학적 기술을 통해 이에 대한 대가를 조명한다.[10] 개인은 가치와 권위, 의미가 이미 정립되어 있는 세계에서 아이로 태어난다. 그렇기 때문에 아이는 이 세계에 의존하고 순응해야 한다. 아이는 청소년으로 자라면서 세계 속으로 몸을 던지는 법을 배우고 차츰 의존성에서 벗어난다. 그러나 이렇게 해서 얻는 자유엔 대가가 따른다. 주체가 자유를 추구하면서 감수해야 할 위험이 있다는 뜻이다. 이 대가는 아이 시절, 복종과 의존이 자유로 인한 실존의 불안감을 회피하기 위해 치러야 할 대가였던 그 시절로 상황을 돌려놓고 싶다는 욕망을 불러일으키기도 한다. 모든 개인에게 자유는 실존의 불안감과 떼려야 뗄 수 없는 것이다.

순종이 제기하는 이론적 문제의 해결

《제2의 성》에서 모든 사람이 느끼는 도약의 원천으로 간주됨과 동시에 위험으로도 여겨지는 이와 같은 자유는 여성의 순종을 이해하는 데 핵심 역할을 한다. 무엇보다 이 같은 자유론은 매우 중요하다. 그리고 순종에 대한 동의라는 외견상의 모순을 해소시킨다. 루소에게 자발적으로 순종한다는 것은—순종은 곧 자유를 포기하는 것이므로—아예 불가능하다. 인간은 자유로 태어나며 자유가 가장 우선이라는 게 출발 가설이라면, 순종은 자유로부터의 소외라고밖에는 달리 설명할 수 없다. 합리적인 정신을 가진 자라면 어느 누구도 자신의 자유를 소외시키려 하지 않을 것이며, 결과적으로 아무도 자신의 순종에 동의하지 않을 것이기 때문이다.

반대로, 보부아르가 제안하는 계보에서 순종은 시간적으로 볼 때 개인이 가장 최초로 겪는 조건이다.[11] 확실히 인간의 천성이 타고난 자유이긴 하지만 이 자유는 잠재적 역량이다. 개인은 일단 아이, 즉 순종하는 자에서 시작하며, 그 같은 최초의 순종 상태에서 벗어나기 위해서는 행동에 나서야 한다. 자유는 행동이며, 이는 사실성에서 빠져나오기 위한 움직임이다.

이 같은 테두리 안에서 보자면, 순종에 동의한다는 생각에는 아무런 모순이 없다. 순종에 대한 동의는 자유를 포기하는 적극적 움직임이 아니라 움직임의 부재, 즉 수동성이다.

순종을 선택하느냐 순종에 동의하느냐 같은 생각 자체에 더는 모순이 발견되지 않는다고 해도, 한 가지 문제는 여전히 남는다. 인간이 자유이고 자유롭게 행동하는 것이 도덕에 부합하는 것이라면, 왜 몇몇 사람은 자유보다 순종을 선호하는 것인가?

자유와 상황

사르트르식 실존주의는 자유 앞에 선 모든 인간의 불안과 그 불안에서 비롯되는 체념 유혹을 인정하지만, 이 체념의 문제를 오직 개인의 관점에서만 바라본다. 자유와 포기를 둘러싸고 벌어지는 전투는 개인과 개인 사이에서 벌어진다는 뜻이다. 이 문제를 그런 식으로 접근하는 것은─위에서 살펴보았듯─보부아르가 보기에 사회 구조가 이 전투에 미치는 영향을 간과하는 것이다. 보부아르는 그러므로 현상을 조금 더 복잡하게 만들고, 이에 따라 상황이라는 개념을 끌어들여 자유에 대한 실존주의적 분석에 변화를 꾀한다. 분명 모두가 자유를 포기하고 체념하려는 유혹에 맞닥뜨리는 것은 사실이지만, 이러한 유혹은 개인이 놓인 상황에 따라 그 강도가 달라진다.

개인과 구조

《애매성의 도덕을 위하여》에서부터 이미 보부아르는 두 가지 사례를 구분한다. 개인의 상황 탓에 자유를 향해 자신을 던질 수 없는 경우[12]와 개인이 순종의 혜택을 충분히 누리기 위해 자유롭지 않기를 선택하는 경우가 그것이다.

우리는 어떤 차이가 이들을 진짜 어린아이와 갈라놓는지 발견할 수 있다. 아이에게는 상황이 강제된 것인 반면, 여성(여기서는 오늘날의 서구 여성을 뜻한다)은 상황을 선택하거나 적어도 거기에 동의한다. 무지와 오류는 감옥의 벽만큼이나 피할 수 없는 사실이다. 18세기의 노예나 하렘에 갇혀 있는 이슬람 여성은 머릿속 생각으로든 놀라움이나 분노를 통해서든 자신들을 억압하는 문명을 공격할 아무런 수단도 가지고 있지 않았다. 이들의 행동은 이와 같은 자료 인식 속에서만 결정 및 판단할 수 있을 것이다. 이들이 놓인 상황에서—모든 인간과 마찬가지로 제한적인 그 상황에서—여성은 자신들의 자유를 완벽하게 실현할 수도 있을 것이다. 그런데 해방이 가능한 것처럼 보이는데도 즉각적으로 이러한 가능성을 실천에 옮기지 않는 것은 직무 유기다. 직무 유기는 자기기만을 함축하고, 이는 명백한 과오다.[13]

보부아르는 이 대목에서 강요된 순종(주체성의 몫이 거의 완전히 사라지며, 그 결과 개인에게는 아무런 책임이 없다)과 동조하는 순종(자유를 위해 치러야 하는 대가를 피하고, 순종이 주는 이점을 챙기고 싶은 유혹으로 설명할 수 있다)의 차이를 분명히 한다. 후자의 경우, 보부아르가 보기엔 도덕적 과오에 해당한다.

그러므로 인간의 조건과 자유롭게 행동해야 할 필요성엔 순종하려는 유혹이 내재한다고 볼 수 있다. 그렇긴 해도 여성의 순종을 이런 식으로, 다시 말해 자유에 따르는 대가라는 관점에서만 설명하려 한다면, 이는 여성의 순종이 지니는 특수성을 거부하는 것처럼 보인다. 인간은 누구나 도저히 해방될 수 없다고 주장하는 자기기만을 통해 실존의 불안에서 벗어나려 기를 쓸 수 있다. 이런 맥락에서 볼 때 여성이 다른 사람들에 비해 유난히 기만적이라고 봐야 할 아무런 이유가 없다.

순종의 비용/편익 분석

실제로—보부아르에 의하면—자기기만을 통한 설명을 설득력 있게 만들어주는 여성의 특성이 있다. 하지만 그러한 특성이 여성의 본질일 수도 있을 거라는 확실하지 않은 가설과는 아무 상관이 없다. 여성에게는 남성에 비해 순종하려는 경향이 강하게 나타나는데, 이는 상황 때문이다. 보부아르는 이미 《애매함의 도덕을 위하여》에서 그러한 점을 지적했다.

우리는 이미 신뢰성의 세계 속에서 일부 성인들은 선의를 가지고 살 수 있다고 인정했다. 탈출 수단이라곤 모두 거부당한 사람, 예속화 또는 신비화된 사람이 그런 이들이다. 경제적·사회적 상황이 개인으로 하여금 세계에 영향력을 행사하지 못하게 하면 할수록 세계는 개인의 눈에 그렇게 주어진 것으로 보인다. 장구한 순종의 역사를 이어받은 여성의 경우가 바로 여기에 해당한다.[14]

이 문단은 여러 면에서 결정적이다. 첫째, 실존의 구체적 특성인 경제적·사회적·정치적 차원은 전혀 고려하지 않는 실존주의 전통 속에서 보부아르의 독창성을 보여주기 때문이다. 둘째, 이 문단은 보부아르가 자기기만과 진정성에 대한 사르트르식 양자택일을 고유한 의미에서의 대안으로 간주하고 있지 않음을 보여준다. 보부아르에게는 자기기만에도 자유에도 정도가 있으며, 이는 개인의 경제적·사회적 상황에 따라 달라진다. 결과적으로 보부아르는 반드시 자기기만에서 비롯된다고 할 수 없는 순종의 가능성을 염두에 둔다. 당사자인 여성의 사회적·경제적 예속화 정도에 따라 순종을 선택하는 여성도 정직할 수 있다는 말이다. 여하튼—모든 경우에 있어—남성 지배가 경제적·사회적 결과를 초래해 출발 선상에서 여성의 자유를 축소시킬 수 있다는 단순한 사실은 여성의 순종이 순전히 자기기만 행위이기만 한 것은 아님을 함축한다.

이렇듯—인간이면 누구나 순종과 자유 사이의 딜레마 속에서 전전긍긍한다고 할 때—여성은 자신의 상황과 자신이 물려받은 순종의 전통 때문에 이 딜레마에 의해 훨씬 크게 영향을 받는다. 이러한 상황은 젠더에 따라 달리 이루어지는 교육의 산물로, 보부아르는《제2의 성》2권의 '교육' 부분에서 이를 상세하게 기술한다. 어린 소녀들은 자신이 힘없고 약한 존재일 뿐 아니라, 또래 어린 소년들에 비해서도 훨씬 힘이 없고 훨씬 약한 존재임을 깨닫도록 교육받는다. 소녀들은 끊임없이 소년들과 비교당하면서 자라는데, 그 결과 자신을 대타자, 비본질적이고 허약한 존재로 지각한다. 그런데 이러한 상황은 먼저─무엇보다도─여성 주체를 정의함에 있어 남성이 쥐고 있는 통제권의 결과로서, 언뜻 보기엔 매우 이상한 결정, 즉 여성을 바라보는 남성의 시선을 우선 연구하고 그다음에 여성이 실제로 겪은 경험에 몰두하겠다는 보부아르의 결정을 해명해준다. 연구서를 그런 방식으로 구성함으로써 보부아르는 여성 상황에서 가장 중요한 구성 요소는 그것이 외부로부터 여성을 대타자로 인식하며, 그로 인해 열등하도록 운명 지어진 존재라고 이해하는 남성에 의해 구축 및 강제되었다는 점을 강조한다.《제2의 성》2권은 그러므로 1권에서 소개한 사실과 신화의 결과에 대한 현상학으로 읽어야 한다.

외부에 의한 구축은 가령 여성 해방을 추구하는 자들에게 여성의 삶에서 가장 문제적인 특징 가운데 하나로 여겨지며, 보부아르가 이 책에서 줄곧 상기시켰던 점을 설명한다. 유대인, 아메리카의 흑인 또는 노동자와 달리 여성에게는 자신이 억압받는 집단에 속한다는 감정이 없다. 여성은 여성끼리 뭉치기보다는 남성들에게 결합된 존재로 자신을 인식한다. 남성과 이성애적(異性愛的)인 여성 사이에 존재하는 이러한 '본래적인 미트자인'은 남성 지배라는 현상을 보다 은밀하게 감추고 여성의 순종을 보다 개연성 있게 만든다.

실존주의적 도덕 관점, 그것의 토대를 이루는 자유에 대한 독특한 개념, 그리고 상황이라는 개념, 이렇게 세 가지를 한데 묶음으로써 보부아르는 여성의 순종을 일종의 비용/편익 계산의 결과로 이해한다. 모든 인간처럼 여성 역시 욕망과 자유로 인한 불안, 세계를 향해 자신을 던지려는 의지와 포기하려는 유혹 사이에서 긴장하고 갈등한다. 하지만 남성과 달리 순종은 사회적으로 여성에게 처방된 행동이다. 여성은 그러므로 순종함으로써 얻는 게 있다. 예를 들어 젊고, 자신의 몸을 다이어트와 운동을 통해 날씬하게 잘 가꾸고, 아름답고, 화장까지 곱게 한 여성이 남성에게 그가 응당 받을 만하다고 여기는 배려를 제공하면, 그 여성은 남성의 배려 대상이 되는 반면, 독립적인 여성은 여성다워지기 게임을 제대로 하지 않을 경우 내쳐지거나 혼자가 될 확률이 높다. 결과적으로―가부장적 맥락에서―여성의 상황은 자유를 얻기 위한 대가와 자유를 통해 얻는 이익 사이의 균형을 변화시키며, 여성은 남성보다 자유에 대해 비싼 값을 치른다. 이 때문에 제일 야심 많은 여성이라 할지라도 때로는 터무니없이 비싼 비용을 치르느니 차라리 자유를 포기하는 쪽을 선호할 수도 있다. 가령 집안일을 몽땅 떠맡는 편이 결별이나 독신 위험을 안고 사는 편보다 낫다고 생각한다는 얘기다.

선택이라고 할 수 없는 동의

고전적인 정치철학에서 문제 되는 자유란 일상적인 삶에서 만나는 선택의 자유와 다르다. 사실, 루소가 아무도 자신의 인류애를 상실하지 않고는 자유를 소외시킬 수 없다고 단언했을 때, 그 자유는 모든 개인이 인간이라는 단 한 가지 사실만으로 소유하게 되는 추상적 권리인 반면, 순종하길 선택함으로써 대두하는 자유는 대개 주체성, 즉 행동하는 역량이라고 부르는 인류학적 정보, 인간의 자질에 해당된다. 자유의 정치적 개념은 사회 구성에 대해 성찰할 때 중요한데, 그 개념이 무엇보다도 이상적이고 규범적인 이론으로 가는 길을 터주기 때문이다. 하지만 구체적으로ㅡ그러니까 이상적인 방식이 아닌 방식으로ㅡ개인들 사이에 권력관계가 구조화하는 방식을 이해하고자 하는 사람에게라면 자유에 대한 그러한 개념은 별반 도움이 되지 않는다.

자유에 대한 구체적 이론ㅡ보편적으로 도약의 원천이라는 추상성은 공유하나 지불해야 할 비용은 불평등하게 배분되는 자유ㅡ을 구축해가면서 보부아르는 여성에게 있어 순종이 내포하는 특성을 뚜렷하게 드러내 보인다. 모든 인간은 공통적으로 자유에 대해 애매한 관계를 맺고 있다. 자유가 거저 주어지는 것이 아니라면 쟁취해야 마땅할 터인데, 이러한 쟁취에는 위험이 따르며, 그 위험 가운데 으뜸은 단연 실패의 위험이다. 모든 인간은 내재성, 예측 가능하고 순종하는 실존이 주는 평화로운 쾌락을 보존하기 위해 초월성에 등을 돌리고 싶은 유혹을 느낀다. 그렇긴 해도 여성의 순종엔 특수성이 있다. 여성이 자신의 자유를 욕망한다고 해도, 가장 모험심에 불타는 남성만큼이나 절대적인 것을 갈구하는 취향을 가졌다고 해도, 여성은 남성 지배라는 구조 때문에 자유를 추구하려면 남성에 비해 엄청나게 큰 비용을 감수해야 한다는 사실을 알고 있다. 역으로, 순종의 경우 많은 혜택이 주어진다. 여성에게는 그러므로 순종을 수락해야 할 구조적인 이유가 있다.

이러한 수락은 엄밀하게 말해서 선택이라고 할 수 없다. 개인과 개인의 자유에 집중하는 철학으로서 보부아르 철학 연구 맥락에서 보면, 선택한다는 것은 자신의 자유를 사용하기로 결정하는 것, 세계 속으로 자신을 던지는 것이다. 반대로, 순종하는 여성은 행동하지 않는 여성, 수동적이면서 자신이 처한 상황, 즉 자신에게 운명처럼 주어진 순종에 반대해서 다만 얼마간이라도 자유를 쟁취하려는 노력을 하지 않는 여성이다. 순종은 여성에게 이미 늘 있어온 운명이므로, 순종한다는 것은 그저 이 운명에 대항해 아무것도 하지 않는 것, 사회 규범, 즉 여성을 지배하는 남성이 자신을 위해 결정하도록 내버려두는 것이다. 여성은 적극적으로 순종을 선택하지 않는다. 그저 자신에게 제시된 것을 받아들일 뿐이다. 여성은 순종적인 여성으로서 자신의 운명에 동의한다.

해방을 향하여

이러한 사실 확인이 보부아르를 절망으로 이끄는 건 아니다. 오히려 그와 반대로 보부아르는 여성을 비난하거나 단순히 여성이 처한 조건의 암울함을 드러내 보이기 위해 순종에 대한 동의를 명백하게 확인하는 것이 아니다. 자신이 기술하는 순종하는 여성의 모든 사례에서 기저에 깔린 순종에 대한 저항 또는 혐오의 형태를 분석해내며,[15] 보부아르는 이러한 순종은 남성이 인간으로서 여성이 갈망하는 자유를 값으로 치르고 그 대신에 획득한 것임을 줄기차게 강조한다. 여성의 순종에 대한 분석은 해방이라는 생각을 낳는 산파 역할을 한다. 인간 조건에 대한 보부아르식 이해—태생적으로 애매하며 역사적, 사회적, 경제적으로 결정되는 상황 속에 자리매김하는 조건—는 해방의 가능성을 열어준다. 그리고 수백만 명의 여성이 《제2의 성》에서 앞으로 다가올 해방에 대한 예고와 선언을 읽은 것은 옳았다.

순종은 불가피하지 않다

《제2의 성》은 순종에 대한 동의를 분석하는 것에서 출발해 여러 층위를 지닌 해방에 관한 성찰을 촉발한다. 여성의 상황이 여성의 순종적인 천성이 아니라 남성이 구축한 역사적·종교적·이론적·신화적 구조에서 기인하는 방식을 밝혀냄으로써, 보부아르는 순종하는 여성을 자기기만과 나약함이라는 비난으로부터 해방시킨다. 이 같은 비난은 일반적으로 여성을 억압하는 상황을 강화하는 데 일조해 온 것이 사실이다. 어떻게 그리고 왜 여성이 순종에 동의하게 되는 지를 드러내 보임으로써 보부아르는 이러한 동의를 순종으로 인한 여성의 죄책감을 더해주는 데 활용할 가능성을 차단한다. 확실히 여성은 그들이 인간인 한, 따라서 자신의 자유를 선택할 가능성을 지니고 있는 한 그것을 선택하지 않는 데 대해 책임이 있다. 그러나 여성의 상황이 남성 지배를 통해 외부로부터 결정된 나머지 순종이 여성의 운명처럼 되어버린 방식으로 미루어 여성은 어떠한 경우에도 순종이라는 죄를 지었다는 손가락질을 받지 않아도 된다. 확실히 개인적 쾌락도 있을 수 있고, 또 어느 정도까지는 대타자가 되기를, 자유로운 주체로서 실존적 불안을 회피하려는 선택이 있을 수 있다. 그러나 초월을 향한 움직임이 남성보다 여성에게 더 큰 대가를 요구하게끔 만든 것은 엄연히 사회적·경제적 구조다.

보부아르는 여성에게 순종에 대한 도덕적 책임을 묻고자 하는 모든 시도를 차단할 뿐 아니라, 더 나아가서 이러한 순종이 피할 수 없는 운명이 아님을 보여준다. 여성의 순종을 역사화함으로써 남성 지배가 운명인 양 구축한 것으로부터 빠져나가는 것이 가능해지도록 한다.

메를로퐁티가 시기적절하게 말했듯 인간은 자연적인 종이 아니다. 인간은 역사적인 개념이다. 여성은 고정된 현실이 아니라 변해가는 것이다.

따라서 여성은 변해가는 과정 속에서 남성과 대면해야 한다. 다시 말해서 자신의 가능성을 결정해야 한다. 수많은 논쟁이 제대로 길을 찾아 나아가지 못하는 까닭은 여성의 역량 문제를 거론하면서 여성을 과거의 모습으로 혹은 오늘날의 모습만으로 축소하려 하기 때문이다. 역량이란 그것이 실현되었을 때에만 비로소 명확하게 드러나는 법이다. 그런데 사실 초월이자 극복인 하나의 존재를 고려할 때라면, 그의 역량을 명확하게 셈하는 일은 끝도 없이 계속될 수밖에 없다.[16]

여성이 남성과 마찬가지로 천성적인 이타성과 열등성을 지닌 대타자가 아니라 변해가는 존재, 역사적인 존재임을 이해한다면, 순종이 고정적인 것이 아니라 역사적인 태도라는 것도 이해할 수 있다. 경제적·사회적·정치적으로 특별한 조건 때문에 여성이 순종에 동의하는 것이며, 따라서 이러한 순종의 종말 또한 하나의 가능성으로 열려 있다.

틀림없이, 어떤 계급을 열등성 상태로 유지한다면 그 계급은 열등한 상태로 남아 있을 것이다. 하지만 자유가 이러한 악순환의 고리를 끊을 수 있다. 흑인들에게 투표하게 하라. 그러면 그들은 투표할 자격이 있는 자들이 될 것이다. 여성에게 책임감을 부여하라. 그러면 여성은 그 책임감을 감당할 것이다. 문제는 억압하는 자들이 이유 없이 관용의 움직임을 보일 것이라고 기대하면서 기다릴 수는 없다는 것이다. 그럼에도 때로는 억압받는 자들의 항거가, 때로는 특권 계층의 진화가 새로운 상황을 만들어낸다. 남성이 자신들의 이익을 위해 부분적으로나마 여성을 해방한 것도 다 이런 식이었다. 그러니 여성은 계속 자신들의 상승 가도를 따라가기만 하면 된다. 여성이 쟁취한 성공은 그들에게 용기를 북돋는다. 여성이 지금으로부터 꽤 오랜 시간이 지난 후엔 경제적으로나 사회적으로 완벽한 평등에 도달할 것이 거의 확실해 보이며, 이렇게 되면 내면의 변화까지도 이끌어낼 것이다.[17]

순종이란 요컨대 상황의 산물이다. 이러한 단언은 두 가지 면에서 결정적 중요성을 갖는데, 우선 순종이 정말로 운명이라고 할 수 없음에도 운명처럼 경험할 수 있다는 사실을 보여준다. 여성은 자연의 섭리에 따라 순종하게끔 만들어진 것이 아니라, 역사적 맥락 속에서 경제적·정치적으로 구축된 사회의 특정한 상태에 의해 그렇게 되었다. 사회와 개인 사이에는 순환적인 관계가 성립되며, 그 때문에 사회의 변화 가능성에 회의적일 수밖에 없는 것처럼 보일지라도, 개인과 개인의 자유에 토대를 둔 실존주의적 관점에서는 여성 억압을 재생산하는 기제에 제동을 걸 가능성이 엿보인다. 자유로 인한 위험을 감수함으로써, 노동에 참여함으로써 여성은 사회적·경제적 조건을 바꿀 수 있으며, 이렇게 할 때 순종은 더는 달리 어쩔 수 없어 받아들여야 할 여성의 운명으로 대두되지 않는다. 개인과 사회 구조라는 이분법, 순종에 대한 사유를 불가능하게 만드는 이분법을 뛰어넘음으로써 보부아르는 순종을 역사적 맥락 속에 자리매김했으며, 결과적으로 거기에 반기를 드는 일을 가능하게 해주었다.

남성이라고 (모두) 죄인은 아니다

순종이 상황의 산물이라고 말하는 것은 상황을 바꿈으로써 순종에서 벗어날 수 있다는 희망을 갖게 한다는 점에서뿐만 아니라, 개인의 책임을 명확히 한다는 점에서도 해방 지향적이다. 상황이라는 개념을 통해 보부아르는 여성이 순종에 동의하는 것이 전적으로 여성의 책임은 아님을 보여주고―개인으로서―**남성** 또한 이러한 여성의 순종에 완전히 책임을 져야 하는 건 아니라고 역설했다. 개별적인 남성을 놓고 볼 때, 이들은 대부분의 경우 여성으로부터 순종을 얻어내기 위해 아무 짓도 하지 않는다. 여성과 마찬가지로 이들 역시 이미 오래전부터 늘 의미와 사회 규범이 정립되어 있는 세계 속에 던져졌을 뿐이다. 그런 점에서 보부아르는 남성에게 개인적 책임을 지우지 않는다. 그저 그들이 자신도 의식하지 못하는 사이에 지배자의 특권을 누리고 있음을 강조할 뿐이다. 지배자의 특권이란, 이를테면 자신의 관점이 중립적이며 객관적이고, 따라서 진실이라고 생각하며 다른 사람의 이타성을 자연스럽게 받아들이는 것이다.

이렇듯 보부아르는 특권이라는 생각을 구축함으로써 해방에 대한 생각을 다듬어간다. 미국 출신 철학자 소니아 크룩스(Sonia Kruks)가 언급했듯[18] 《제2의 성》은 보부아르 자신을 포함해 특권 계층에 속하는 자들이 자신이 처한 상황을 보는 방식에 대해 성찰하기 시작한 첫 단계에 해당한다고 볼 수 있다. 이러한 성찰은 후에 한층 더 세부적으로 전개되는데, 《제2의 성》에서도 이미 남성의 도덕적 책임과 관련한 생각들이 선을 보인다. 여성이 자기가 놓인 상황에 의해 제약을 받는다면, 그 사정은 남성도 다르지 않다. 보부아르는 식민지 경영자의 경우는 그 일을 그만둘 수 있지만, 남성은 남성이길 그만둘 수 없다고 말한다. "그 역시 자신의 의지와 무관하게 죄인이며, 자신이 저지르지 않은 잘못 때문에 억압받는다"[19]는 것이다.

남성 지배가 남성의 자유까지 망쳐버리는 방식을 드러내 보임으로써 보부아르는 남성과 여성이 가부장 제도에 제동을 걸기 위해 함께 힘을 모을 수 있는 길을 열어준다. 남성이 여성을 대타자가 아닌 동반자[20]로 인식하면 많은 것을 잃게 될까 봐 불안해한다는 사실을 모르지 않는 보부아르는 오히려 남성과 여성 사이에 새롭게 싹트는 동지애의 이점을 강조한다. 《제2의 성》의 대미를 장식하는 마지막 문장은 다음과 같다.

주어진 세계에서 자유의 강림을 성사시켜야 하는 건 남성의 몫이다. 이 지고의 승리를 쟁취하기 위해서는 다른 무엇보다도 남성과 여성의 천성적인 차이를 넘어서 양측의 동지애를 흔들림 없이 확인하는 일이 반드시 필요하다.[21]

상황 개념을 도입함으로써 보부아르는 동지애를 통한 미트자인의 회복 가능성을 제시했다. 인식의 갈등과 거기에서 비롯되는 이타성은 어쩔 수 없는 숙명이 아니다. 성적 차이가 갖는 의미는 역사적·사회적 규범이므로 얼마든지 바뀔 수 있음을 이해한다면, 우리는 남성과 여성 사이에 조화로운 관계의 성립 가능성을 기대할 수 있다. 여기서 조화로운 관계란 동지애적인 두 가지 자유 사이에 생성되는 관계다.

자신을 사례로 제시하기

마지막으로 우리는 《제2의 성》을 집필한 것 자체만으로도 보부아르가 해방으로 가는 길에 참여하고 있다고 생각할 수 있다. 보부아르가 그런 책을 썼다는 사실 자체가 주체와 대타자의 이분법이 지닌 성차별적 차원에 맞서는 방식으로 보이기 때문이다. 저자로서 보부아르는 글쓰기라는 행위를 통해 자신을 노동 속으로 던져 넣고 있음을, 여성이 원칙적으로 초월성에서 배제되어 있지 않음을 보여준다. 여성이 창조적인 남성의 동반자로 머물러 있어야 하는 운명이 아님을 몸소 입증해 보인 것이다. 실제로 보부아르는 혼인한 여성에게 할애한 장에서 남편의 일에 참여해 그를 도움으로써, 그에게 조언함으로써 자신도 뭔가 개인적인 일을 한다거나 정말 자유롭다고 믿는 여성은 흔히 다음과 같은 실수를 저지른다고 강조한다.

모든 행위, 모든 작업에서 중요한 건 선택과 결정의 순간이다. 여성은 일반적으로 점쟁이들이 사용하는 유리구슬 역할을 한다. 다른 여성이라도 얼마든지 할 수 있는 일을 한다는 뜻이다. 남성이 이 여성 아닌 다른 여성 비서에게도 똑같은 정도의 신뢰를 보이는 것이 바로 그 증거다. 소피 톨스토이는 남편의 원고를 필사하고, 그러는 과정에서 지저분한 원고를 깨끗하게 정리해주곤 했다. 그런데 톨스토이는 나중에 같은 일을 딸들 가운데 한 명에게 맡겼다. 소피는 그제야 자신이 아무리 그 일에 열성을 보였어도 남편에게 자신은 없어서는 안 될 존재가 아니었음을 깨달았다. 자율적인 일만이 여성에게 진정한 자율성을 확보해준다.[22]

《제2의 성》을 집필함으로써 보부아르는 여성에게도 세계 속으로, 자유의 표상인 자율적인 일 속으로 자신을 던질 가능성이 있음을 보여주었으며, 이로써 여성 억압이라는 악순환의 고리를 끊었다.

결론: 그렇다면 앞으로는?

여성의 순종은 복잡하다. 사회 구조에 의해 영향을 받긴 하나 개인적 층위에서 이루어지며, 우선적으로 일련의 사회 규범에 대한 순종임에도 대개는 개별적인 한 남성에 대한 순종이다. 순종은 절망적인 막다른 길로 여성을 데려가지만, 그래도 달콤할 수 있다.

한 가지는 확실하다. 즉, 순종이 도덕적 과오가 아니라 여성을 끊임없이 소환하는 운명이라고 단언하는 것은 특히 새로운 비용을 들여서라도 성의 영역에 있어 동의의 문제를 숙고해보라는 초대라고 할 수 있다. 사실, 남성과 여성 모두 여성은 남성에게 순종해야 하며 여성은 그렇게 하는 것을 좋아한다고 생각한다면, 여성은 먹잇감으로서 사냥에 나선 남성이 그 먹잇감을 제압해야 한다고 생각한다면, 이때 남성과 여성의 애정 관계나 성관계는 두 사람의 욕망을 공평하게 고려하는 평등한 파트너 이미지—동의라는 개념이 전파하는 이미지—와는 상당히 거리가 멀다. 다중적 의미를 지닌 이 동의 개념은 특히 성적 동의에 있어 세 가지 층위로 나누어 성찰해볼 필요가 있다.

첫 번째는 성적 동의가 지닌 사법적 문제다. 강간, 성폭행, 성추행 등의 행위가 법에서 규정하는 대로 실제적인 형벌로 이어지게 하려면 어떻게 해야 할까? 예를 들어, 다음과 같은 수치를 보자. 프랑스에서는 강간당한 여성 피해자 가운데 10퍼센트만이 이를 고소하며, 강간 사건의 3퍼센트만이 형사 재판까지 간다. 자, 사정이 이럴진대, 제안된 행위를 선택하거나 수락하는 것으로 이해할 수 있는 동의라는 사법적 규범이 반드시 지켜지도록 하려면 어떻게 해야 할까? 이 기막힌 수치가 웅변적으로 기술하고 있는 가공할 만한 상황에 어떻게 종지부를 찍을 수 있을까? 이를 방해하는 두 가지 암초가 있다. 첫 번째 암초는—가장 명백한 것으로—성적 영역에 있어 당사자, 오직 당사자만이 무슨 내용의 말이 오갔는지, 무슨 일이 있었는지 알고 있으며, 따라서 사법부로서는 때로 사실 관계를 파악하는 게 상당히 곤란할 수 있다는 점이다. 그런데 여기서 두 번째 암초가 나타난다. 오늘날엔 사실 이런 일이 줄어들고 있긴 하지만, 암튼 여성이 거짓말을 한다고 추정하는 경향이다. 타리크 라마단(Tariq Ramadan: 1962~. 스위스 출신의 교수이자 이슬람학자. 프랑스에서 두 번에 걸친 강간 혐의로 2017년 기소되었으며, 수사가 진행됨에 따라 성폭행 피해자가 계속 늘어나 아직도 판결이 나지 않은 상태다—옮긴이)을 고소한 여성들을 대하는 방식이나 무고당한 남성들—조사에 따라 약간씩 차이를 보이나 대략 전체의 2~4퍼센트—을 보호하려는 몇몇 논객의 태도를 볼 때, 자신들이 동의하지 않았음을 공개 석상에서 주장하는 여성의 발언은 거의 자동적으로 의심을 사는 것이 확실하다. 이러한 의심은, 여성은 남성에게 순종해야 한다는 규범과 관련이 있다. 성폭행이 있었음을 호소하는 것은 말하자면 여성다움이라는 규범에서 벗어나는 행동이라는 말이다.

두 번째는 도덕적 차원의 문제다. "남성은 제안하고 여성은 거기에 맞춘다"는 도식, 다시 말해서 불평등하고 성차별적인 도식에 토대를 두고 있지 않은 에로티시즘 행각을 어떻게 생각할 것인가? 미국인이 "명시적 동의(consentement affirmatif)"라고 부르며 점점 더 많은 대학[1]과 몇몇 주에서 규칙으로 받아들이는 것, 그러니까 입 밖으로 소리 내어 확실하게 열정적으로 "좋다"고 할 경우에만 동의로 간주하는 방식이 가장 추천할 만한 해결책으로 보인다. 이 대목에서 벌써 '프랑스식 신사도'를 지지하는 자들이 '기습 키스의 달콤한 매력'을 외쳐대면서, 불평등하고 격렬한 것이야말로 에로티시즘의 본성이라고 주장하는 날선 쉿소리가 귓가를 쟁쟁 울린다. 사랑과 에로티시즘에 '본성'이 없는 것처럼 남성의 격한 본성이나 여성의 '순종적인' 본성 같은 것도 없다. 어떤 사람은 지배자가 되고 싶어 하는가 하면 어떤 사람은 무기력한데, 이런 건 아무래도 좋다. 하지만 성관계가 최대한 강압적이지 않으려면 지배하는 위치나 순종하는 위치 같은 것이 진정한 의미에서 양쪽 당사자의 선택 대상이 되어야 할 것이다. 자신의 욕망을 연인의 귀에 대고 속삭인다고 해서 그것이 반드시 사랑을 시들게 하는 거라고는 상상하기 힘들지 않겠는가!

　마지막으로, 우리 같은 가부장적 사회의 맥락에서 동의에는 정치적 차원의 문제도 따르는데, 우리가 순종의 개념을 정리하는 데 도움을 주는 건 바로 이 문제다. 가부장적 사회에서 남성과 여성은 젠더에 따른 사회 규범—남성에게는 독립심과 용기를, 여성에게는 배려와 순종을 지시하는 식의 규범—에 의해 조직된 세계에서 성장한다. 그러므로 사람들은 피해자인 몇몇 여성이 성추행이나 성폭행에 대해 고소하지 않는 것을 자랑스럽게 떠벌리면서 이를 고발하는 여성을 "피해자인 척한다"고 비난해도 별반 놀라지 않는다. 아무도 놀라지 않는 가해자끼리의 기막힌 연대 의식보다 양성 사이의 평등한 합의를 가로막는 더 큰 적은—이는 굉장히 중요한데—우리에게든 타인들에게든 바로 순종에 대한 여성 자신의 동의다.

1 철학적 금기

1. Jean-Jacques Rousseau, *Du contrat social*, 1762, dans *Oeuvres complètes*, t. III, Paris, Gallimard, coll. "Bibliothèque de la Pléiade", 1964, p. 356.

2. "Les aberrations sexuelles"(1905), "Un enfant est battu"(1919), "Le problème économique du masochisme"(1924), 이렇게 3개의 글이 Freud, *Du masochisme*, édition présentée et annotée par Julie Mazaleigue-Labaste, Paris, Payot 2011로 묶여 나왔다.

3. 예를 들어, 루소가 《에밀 또는 교육론》 5권에서 소피의 교육을 어떤 식으로 인식하고 있는지 살펴보라.

4. 현대 프랑스어권 문학에서 나타나는 순종에 관해서는 조엘 파피용(Joëlle Papillon)의 역작 *Désir et insoumission: la passivité active chez Nelly Arcan, Catherine Millet, Annie Ernaux*, Presses de l'Université de Laval, 2018을 참조하라.

5. 물론 몇몇 예외도 있으며, 이 중 가장 주목할 만한 인물은 사바 마흐무드(Saba Mahmood)일 것이다. Mahmood, *Politique de la piété: le féminisme à l'épreuve du renouveau islamique*, trad. fr. Nadia Marzouki, Paris, Éditions La Découverte, 2009를 읽어보라.

6. 한 예로, Sandra Harding, "Rethinking Standpoint Epistemology: What is 'Strong Objectivity'?", in Linda Alcoff et Elizabeth Potter(éds.), *Feminist Epistemologies*, New York, Routledge, 1993을 읽어보라.

7. Susan M. Okin, *Women and Western Political Thought*, Princeton University Press, 1978; Carole Pateman, *Le Contrat sexuel*, trad. fr. Charlotte Nordmann, Paris, La Découverte, 2010.

8. 타자(autre)와 대타자(Autre)의 구분은 일반적인 여성다움의 개념을 이해하는 데 매우 중요하다. 우리는 뒤에 나오는 장에서 이 문제를 좀더 상세히 다룰 것이다.

9. 한 예로 Abbie Goldberg, Julianna Smith et Maureen Perry-Jenkins, "The Division of Labor in Lesbian, Gay, and Heterosexual New Adoptive Parents", *Journal of Marriage and Family*, vol. 74, n° 4, 2012, pp. 812-828을 읽어보라.

10. Uma Narayan, "Minds of their Own: Choices, Autonomy, Cultural Practices, and Other Women", in Louise Antony et Charlotte Witt, *A Mind of One's Own*, Boulder, Westview, 1993, 2ᵉ éd., 2002, pp. 418-432.

11. '지배하다'의 대명동사 형태인 '스스로를 지배하다(se dominer)'는 자신이 주인인 상태 또는 자신이 주인으로서 하는 행동을 뜻하는 것으로 쓰인다. 하지만 이러한 용법은 권력관계에 따라 채택한 관점이 변하지 않는다는 점에서 '복종하다(soumettre)'의 타동사 용법과 대명동사 용법처럼 애매함을 초래하지 않는다.

12. 그 같은 권위에 의한 지배는—다시 한번 말하지만—비군사적인 경우에만 통할 수 있다.

2 여성의 순종은 동어반복인가

1. 예를 들어 Paula Caplan, *The Myth of Women's Masochism*, New York, Dutton, 1985를 보라.

2. 피학성애의 정신병리학 관련 내용은 쥘리 마잘레그라바스트(Julie Mazaleigue-Labaste)가 서문을 쓰고 주석을 단 프로이트의 *Du masochisme*에 실린 "Préface. Le 'maudit problème du masochisme'"의 분석이 큰 도움을 주었다. op. cit., pp. 7-45.

3. "이 억압 과정과 병행해 죄책감이 나타나는데, 이 죄책감의 근원이 무엇인지는 알려지지 않았다. 그러나 십중팔구 근친상간적 욕망과 연관이 있을 것이며, 무의식에 이러한 욕망이 집요하게 남아 있다는 사실이 이러한 가정을 정당화해준다." ibid., p. 134.

4. Ibid., p. 150.

5. Ibid., pp. 168-169.

6. 그는 이 설명을 생략—피학성애증에 수수께끼 같은 면이 있기 때문에 설명을 포기한다는 입장—하는 것에 대해 경제 원리로 짧게 합리화하는데, 고통 속에서 맛보는 쾌락에 대해 "우리를 너무 멀리 데려가게 될 고찰까지 다루지 않고는 도저히 설명이 불가능하다"는 것이 전부다. ibid., p. 172

7. Ibid., p. 176.

8. 〈에베소서〉 5장 21-33절.

9. 《쿠란》 4장 34/38절. 인용 구절은 무함마드 하미둘라(Muhammad Hamidullah)의 번역이다. 카시미르스키(Kasimirski) 번역의 경우, 순종이라는 단어가 여성의 덕스러운 행동을 표현하는 데 쓰인다. (덕 있는 여성은 계율을 잘 따르고 순종적이다. 덕 있는 여성은 남편의 부재 시 신께서 온전하게 보존하라고 명하신 것을 정성스레 보존한다.) 오직 앙드레 슈라키(André Chouraqui)만이 이 구절을 유의미하게 다른 방식으로 번역한다. "덕 있는 여성들은 알라신이 지키는 것의 신비를 경배하며 이를 지킨다."

10. 《쿠란》의 가부장적 독해가 낳는 문제에 관해서는 Asma Barlas, *Believing Women in Islam. Unreading Patriarchal Interpretations of the Quran*, Austin, University of Texas Press, 2002 참조.

11. Jean-Jacques Rousseau, *Émile ou De l'éducation*, 1762, dans *Oeuvres complètes*, t. IV, Paris, Gallimard, coll. "Bibliothèque de la Pléiade", 1969. (장자크 루소의 《에밀 또는 교육론》은 국내 여러 출판에서도 번역 출판했다—옮긴이.)

12. Catharine MacKinnon, *Toward a Feminist Theory of the State*, Cambridge, Harvard University Press, 1989, p. 219.

13. Catharine MacKinnon, "Sexuality, Pornography, and Method: Pleasure under Patriarchy", *Ethics*, vol. 99, n° 2, janvier 1989, pp. 314-346.

14. "사람들은 성교라고 정의하는 행위와 관련해 생식 기관의 결합을 정상적인 성적 목표라고 간주하며, 성교는 성적 흥분의 해소와 성적 충동의 일시적 사그러짐(허기진 배를 채웠을 때와 유사한 만족감)으로 끝난다." Sigmund Freud, "Les aberrations sexuelles", in Sigmund Freud, *Du masochisme*, op. cit., pp. 75-76.

15. Catharine MacKinnon, "Sexuality, Pornography, and Method: Pleasure under Patriarchy", art. cité., p. 315.

16. Ibid., pp. 333-334.

17. Ibid., pp. 318-319.

18. Catharine MacKinnon, *Toward a Feminist Theory of the State*, op. cit., pp. 113-114.

19. "급진적인 페미니즘 관점에서 보면, 성별을 가르는 조건과 집단으로서 여성에 대한 적절한 정의는 모두—신체 차원까지도—사회적인 것으로 인식된다. 그러한 것들을 생물학적인 것으로 인식하는 건 부차적이거나, 혹은 아마도 결과적으로 그렇게 된 것일 경우에만 해당할 것이다." Ibid., p. 46.

20. "On the first day that matters, dominance was achieved, probably by

force." Catharine MacKinnon, *Feminism Unmodified. discourses on Life and Law*, Cambridge, Harvard University Press, 1987, p. 40.

21. 매키넌에 따르면, 자신이 "지배 접근법"이라고 부르는 이 이론은 차이의 평등 이론에서 드러나는 불충분함을 보완하는 기능을 갖는다. 매키넌은 여성에게 주어지는 터무니없이 낮은 보수의 일자리, 만연한 성폭행, 가정 폭력, 성매매, 포르노그래피 등은 여성이 여성으로서 대면해야 하는 악습의 유형이며, 이러한 것들은 성적 차이에 대한 평등 접근법으로는 사법적인 면에서 취급할 수 없다고 본다. 실제로, 거의 배타적으로 여성에게만 쏠림 현상을 보이는 한 이러한 악습은 남성과의 평등 추구라는 측면에서 문제가 되지 않는다. 반면, 지배 관점의 접근은 이러한 문제를 사법 분야에서 체계적으로 다룰 수 있는 기틀을 마련해주며, 매키넌은 이런 문제에 관해 집필한 약 2000쪽에 이르는 법학 교과서에서 이를 입증한다. *Sex Equality*, University Casebook Series, Saint Paul, Fondation Press, 3ᵉ éd., 2016.

22. 내가 아는 한 매키넌은 이러한 용어 선택에 대해 어디에서도 그 이유를 설명한 적이 없다.

23. 이 여성들은 재귀적 용법이 아닌 방식으로 쓰이는 동사 soumettre의 의미로 ─그러니까 홉스가 언급하는 전쟁 포로 같은 의미로─ 순종적이다. 이들 전쟁 포로에게는 절대적으로 승자를 따르느냐 죽음이냐 둘 중 하나를 고르는 선택지만 있을 뿐이다.

3 여성이란 무엇인가

1. "사실, 나는 나 자신에 대해 말하고 싶었다. 나는 레이리스(J. M. Leiris)가 쓴 《인간의 시대(L'Âge d'homme)》를 좋아했다. 나에게는 특별한 구실 같은 것 없이 자신을 설명하는 일종의 순교자적 에세이에 끌리는 취향이 있었다. 나는 그런 글을 꿈꾸었고, 메모를 하기 시작했으며, 이 사실에 대해 사르트르와 이

야기를 나누었다. 제일 먼저 떠오르는 질문도 있음을 알아차렸다. 나에게 여성으로 존재한다는 건 무엇을 의미하는가? 〔……〕 말하자면, 나에게 그 문제는 별반 중요하지 않다고 나는 사르트르에게 말했다. 그렇긴 해도, 당신은 남자아이와 같은 방식으로 교육을 받은 건 아니니, 그 점에 대해 좀더 주의 깊게 살펴봐야 할 것이오.

나는 살펴보았고, 계시라도 받은 것 같았다. 이 세계는 남성의 세계이며, 나의 어린 시절은 남성에 의해 만들어진 신화를 자양분으로 삼고 있으며, 나 자신이 남자아이였다면 그렇지 않았을 방식으로 세계에 반응했음을 깨달은 것이다. 나는 너무도 큰 흥미를 느껴 개인적인 고백록 집필 계획을 포기하고 총체적으로 본 여성의 조건을 탐구하기 시작했다. 나는 국립도서관에서 많은 책을 읽으며 여성다움과 관련한 신화들을 연구했다." Simone de Beauvoir, *La Force des choses*, t. I, Paris, Gallimard, 1963, p. 136.

2. 이 주제를 보다 명확하게 파고든 글들 가운데 Alison Stone, "Essentialism and Anti-Essentialism in Feminist Philosophy", *Journal of Moral Philosophy*, n° 1.2, 2004, pp. 135-153을 참조하라.

3. Simone de Beauvoir, *Le Deuxième Sexe*, t. I, Paris, Gallimard, 1949, p. 14. (국내에서는 동서문화사와 을유문화사에서 번역 출판했다—옮긴이.)

4. Ibid., p. 15.

5. Ibid., p. 14.

6. 여기서 bizarre는 영어 queer를 프랑스어로 옮긴 것이다. queer는 역사적으로 이러한 인물들을 묘사하는 데 쓰이는, 경멸의 뉘앙스를 담은 단어다. 그런데 요즘엔 이들이 이 단어를 전유해 자신의 정체성을 긍정적으로 표현하기 위해 사용한다.

7. 보부아르가 이 글을 섹스와 젠더를 구분하기 이전에 썼으며, 이러한 구분이 보부아르식 주장이 담고 있는 내용을 모호하게 만들기 때문에 우리는 이 장에서 가능한 한 '젠더'라는 용어를 사용하지 않을 것이다. 그렇다고 해서 성적 차이가 생물학적으로 근거 없다는 의미는 아니다.

8. Simone de Beauvoir, *Le Deuxième Sexe*, t. I, op. cit., p. 14.

9. Judith Butler, "Sex and Gender in Simone de Beauvoir's Second Sex", *Yale French Studies*, vol. 72, 1986, pp. 35-49.

10. Simone de Beauvoir, *Le Deuxième Sexe*, t. II, Paris, Gallimard, 1949, p. 13.

11. "생산력과 번식력의 균형은 인간 역사의 다양한 경제적 계기에서 각기 다른 식으로 실현된다. 아울러 이것이 수컷과 암컷이 자손들과 맺는 관계를 좌우하며 나아가서는 그 둘 사이의 관계에도 영향을 끼친다. 하지만 그 대목에 이르면 우리는 생물학적 영역에서 이탈하는 셈이다. 오로지 생물학적으로만 볼 때, 우리는 종(種)의 영속성을 위해 수컷과 암컷이 맡은 역할의 우위를 말할 수 없다.

그런데 하나의 사회는 하나의 종이 아니다. 사회 안에서 종은 실존을 통해 발현된다. 종은 세계를 향해, 미래를 향해 스스로를 뛰어넘으며, 종의 관습은 생물학적 영역으로만 한정 또는 축소되지 않는다. 개인은 결코 자신의 천성에만 맡겨지지 않으며, 제2의 천성이라고 할 수 있는 관습에 따르는데, 이러한 관습 속엔 개인의 존재론적 태도를 비춰주는 욕망과 두려움이 반영되어 있다. 주체가 자신을 인식하고 자신을 성취하는 것은 단순한 몸으로서가 아니라 금기와 법에 종속된 몸으로서다. 주체는 특정한 가치를 내세워 스스로의 가치를 높인다. 다시 한번 말하거니와 생리적인 것이 가치를 정립하는 게 아니라, 생물학적 요소들이 실존자가 부여하는 가치의 옷을 입는 것이다." Ibid., t. I, p. 78.

12. "실제로 살아가는 상황에는 속하지 않는 본질적인 생물학적 자료가 있다. 이를테면 난자의 구조는 그 상황에 반영되지 않는다. 반대로―생물학적으로는 그다지 중요하지 않은―가령 음핵 같은 기관은 실제 살아가는 상황 속에서 매우 중요한 역할을 한다. 여성을 규정하는 것은 자연이 아니다. 여성이 자연을 자신에 맞추어 자신의 정서 속에 재정립하는 것이다." Ibid., p. 80.

13. 사회적 구성주의에 대한 정확한 분석은 Sally Haslanger, "Ontology and

Social Construction", *Philosophical Topics*, vol. 23, n° 2, automne 1995, pp. 95-125를 읽어보라.

14. Simone de Beauvoir, *Le Deuxième Sexe*, t. I, op. cit., p. 27.

15. "자기기만의 여러 양상 속에서 우리는 어떤 통일성을 발견하는가? 그것은 모순된 개념들, 다시 말해 어떤 하나의 생각과 그 생각의 부정을 하나로 결합하는 개념들을 형성하는 일종의 기술이다. 이렇게 해서 형성된 토대 개념은 인간 존재의 이중적 특성, 즉 사실성과 초월이라는 특성을 활용한다. 인간 현실의 이 두 가지 양상은 솔직히 말해서 가치 있는 공조가 가능하며 또 그래야만 한다. 하지만 자기기만은 이 둘을 연계시키는 것도 이 둘을 뛰어넘어 통합시키는 것도 원하지 않는다. 자기기만은 이 둘의 차이를 유지하는 가운데 각각의 정체성을 주장하도록 한다. 사실성을 초월로 초월을 사실성으로 확인시킴으로써 우리가 둘 중 하나를 파악하는 순간, 갑자기 나머지 하나와 대면하도록 하는 것이다." Jean-Paul Sartre, *L'Être et le Néant*, Paris, Gallimard, coll. "Tel", 1976, p. 91. (국내에서는 동서문화사에서 번역 출판했다—옮긴이.)

16. Simone de Beauvoir, *La Force de l'âge*, Paris, Gallimard, 1960, p. 498. (국내에서는 문학세계사가 1991년에 번역 출판했으나 현재는 절판된 상태—옮긴이.) 이 문단에서 우리는 보부아르에게조차 여성의 순종이라는 생각이 하렘이라는 상투적 이미지와 불가분의 관계로 이어져 있음을 확인하는 흥미로운 경험을 할 수 있다.

17. "나의 삶은 더는 놀이가 아니었다. 나는 나의 뿌리를 알았으며, 더는 내가 처한 상황에서 빠져나갈 수 있는 척하지 않게 되었다. 그 상황을 감수하기로 했다는 말이다. 이제 현실은 모든 무게로 짓눌렀다. 이따금씩 나에게는 거기에 나 자신을 적응시키는 것이 끔찍하게 여겨졌다." Ibid., p. 686.

18. 이 책에서 보부아르는 간접적이나마 단호하게 사르트르가 《존재와 무》에서 전개한 비사회적인 자유 개념에 반대하는 입장을 취한다. 보부아르의 글을 읽어보자. "18세기의 노예나 하렘에 갇혀 있는 이슬람 여성은 머릿속 생각

으로든 놀라움이나 분노를 통해서든 자신들을 억압하는 문명을 공격할 아무
런 수단도 갖고 있지 않았다." Simone de Beauvoir, *Pour une morale de l'ambiguïté*, Paris, Gallimard, 1947, p. 51.

19. Simone de Beauvoir, *La Force de l'âge*, op. cit., p. 538.

20. Martin Heidegger, *Being and Time*, 1927, trad. angl. John Macquarrie et Edward Robinson, Londres, SCM Press, 1962, § 4, p. 32, 〔12〕. (국내 에서는 동서문화사에서 번역 출판했다―옮긴이.)

21. Ibid., p. 119, 〔86〕.

22. "'사람들'이란 말은 자기만의 고유한 존재 방식을 지니고 있다." Ibid., p. 164, 〔126〕.

23. Simone de Beauvoir, *Le Deuxième Sexe*, t. I, op. cit., p. 15.

24. Ibid.

25. 예를 들어 보부아르는 《제2의 성》 2권의 결론에서 다음과 같이 말한다. "악 은 개인적인 타락에서 오는 것이 아니라―자기기만은 각자가 다른 사람 탓 을 하는 데에서 시작된다―모든 개별적인 타개 행동을 무력하게 만드는 상 황에서 비롯된다." Ibid., t. II, p. 643.

26. Ibid., t. I, p. 15.

27. Ibid., t. I, op. cit., p. 15.

28. Ibid., t. II, op. cit., p. 9.

4 좀처럼 파악할 수 없는 순종

1. Kristie Dotson, "How is this Paper Philosophy?", *Comparative Philosophy*, vol. 3, n° 1, 2012, pp. 3-29를 읽으면 굉장히 유익할 것이다.

2. Friedrich Nietzsche, *Le Gai Savoir*, livre V, trad. fr. P. Klossowski, 10/18, § 355, pp. 359-360. (국내에서는 책세상 출판사에서 번역 출판한 니체 전집

이 있으며, 이 책은 《즐거운 학문》이라는 제목으로 이 전집 12권에 소개되었다―옮긴이.)

3. 평범한 것이 철학에 제기하는 문제에 관한 보다 깊이 있는 분석은 철학자 산드라 로지에(Sandra Laugier)의 저작들을 참조하라.

4. Simone de Beauvoir, *La Force de l'âge*, op. cit.

5. James C. Scott, *La Domination et les arts de la résistance. Fragments du discours subalterne*, 1992, trad. fr. Olivier Ruchet, Paris, Éditions Amsterdam, 2008, p. 32. (제임스 스콧의 저서들과 관련해 국내에서는 책과함께 출판사가 2020년 《농경의 배신(Against the Grain)》을 번역 출판했고, 위에서 인용한 책은 우리말로 소개되지 않았다―옮긴이.)

6. Michel Foucault, "Il faut défendre la société", *Cours au Collège de France 1975-1976*, Paris, Le Seuil/Gallimard, 1997.

7. Jane Austen, *L'Abbaye de Northanger*, trad. fr. Pierre Arnaud, Paris, Gallimard, 2004, p. 133. (국내에서는 시공사에서 번역 출판한 제인 오스틴 전집 7권에 수록되어 있다―옮긴이.)

8. 특히 "*Histoire des femmes en Occident* de l'antiquité à nos jours," en cinq volumes, dirigée par Georges Duby et MIchelle Perrot et publiée aux éditions du Seuil를 참조하라.

9. 물론 그와 같이 서열상 열등한 위치에 놓여 있긴 하나 그렇다고 반드시 순종하지 않을 수도 있다. 이 문제에 대한 인류학 또는 사회학 연구는 지배에 대한 저항을 과대평가하기보다는 현저하게 저평가하는 경향이 있음을 보여주는데, 그 까닭은 지배 현상이 지배자들에 의해 연구되기 때문이다. 이들은 자신의 실패보다는 성공을 더 잘 들여다볼 것이다. 이 분야에서는 단연 제임스 스콧의 저작들을 읽어보길 권하며, 그중에서도 특별히 "La Domination et les arts de la résistance," *Fragments du discours subalterne*, op. cit.를 추천한다.

10. Gayatri Chakravorty Spivak, *Les subalternes peuvent-elles parler?*, 1988, trad. fr. Jérôme Vidal, Paris, Éditions Amsterdam, 2009.

11. Michel Foucault et Gilles Deleuze, "Les intellectuels et le pouvoir", *L'Arc*, n° 49, 2ᵉ trimestre 1972, pp. 3-10, 이 대담은 Foucault, *Dits et écrits*, t. I, Paris, Gallimard, 2001, pp. 1174-1184에 재수록되어 있다.

12. Ibid., p. 1177.

13. Gayatri Chakravorty Spivak, *Les subalternes peuvent-elles parler?*, op. cit., p. 15.

14. 스피박의 성찰은 (이 책이 되었든 다른 책이 되었든) 부분적으로 억압받는 자와 서발턴─이 용어는 스피박이 그람시에게서 차용했다─의 차이를 대상으로 삼는다. 1992년에 진행한 한 인터뷰에서 스피박은 다음과 같이 설명했다. "서발턴은 억압받는 자, 타자(他者), 파이 한 조각도 얻지 못하는 자를 그저 조금 더 품위 있게 지칭하는 단어가 아니다. 포스트식민주의 용어로, 문화적 제국주의와 관련해 제한적 접근 혹은 아예 접근하지 못하는 것은 모두 서발턴이다. 서발턴은 차이의 공간을 가리킨다. 그러니 이제 누가 그 말이 그저 억압받는 자를 가리킨다고 감히 말하겠는가? 노동자 계급은 억압받는다. 그렇지만 서발턴은 아니다." *ARIEL: A Review of International English Literature*, n° 23, vol. 3, 1992, pp. 29-47.

15. Gayatri Chakravorty Spivak, *Les subalternes peuvent-elles parler?*, op. cit., p. 69.

16. Ibid., p. 69.

5 순종의 경험

1. Simone de Beauvoir, *Le Deuxième Sexe*, t. I, op. cit., pp. 31-32.

2. Simone de Beauvoir, *La Force des choses*, t. I, op. cit., p. 264.

3. Ibid., t. II, p. 626.

4. 예를 들어, Sonia Kruks, *Situation and Human Existence: Freedom, Subjec-*

tivity, and Society*, Londres, Uwin Hyman, 1990, p. 111; Karen Vintges, *Philosophy as Passion: The Thinking of Simone de Beauvoir*, Bloomington, Indiana University Press, 1996, chapitre IX, pp. 136-159; Sara Heinämaa, *Toward a Phenomenology of Sexual Difference. Husserl, Merleau-Ponty, Beauvoir*, Lanham, Rowman and Littlefield, 2003, p. xiii 등을 참조하라.

5. Simone de Beauvoir, *La Force des choses*, op. cit., p. 157.

6. Edmund Husserl, *La Crise des sciences européennes et la phénoménologie transcendantale*, 1936, trad. fr. Gérard Granel, Paris, Gallimard, 1983, § 55, p. 146.

7. Simone de Beauvoir, *Le Deuxième Sexe*, t. I, op. cit., p. 34.

8. Ibid., t. II, p. 9.

9. "그래야만 우리는 묵직한 과거를 물려받은 채 새로운 미래를 가꾸려고 안간힘 쓰는 여성들에게 무슨 문제가 발생하는지 이해할 수 있을 것이다." Ibid.

10. 보부아르가 *La Force des choses*, t. I, op. cit., p. 261에서 인용.

11. "나는 또한—특히 2권의 집필을 위해—여러 해 동안 사르트르와 내가 사람들에게 가져온 관심도 십분 활용했다. 나의 기억이 나에게 풍성한 자재를 제공해주었다." Ibid., p. 259.

12. 이 말은 즉 보부아르가 후설이 '초월적 자아'라고 부르는 것의 관점을 채택하길 거부한다는 뜻이다.

13. 가령, *Le Deuxième Sexe*, t. II, op. cit., pp. 220-221을 보라.

14. 이런 연유로 보부아르는 《제2의 성》 1권에서 개인주의와 사회 구조를 통한 접근 사이에 제3의 길을 상정해야 할 필요성을 느낀다. 그의 글을 읽어보자. "인류의 경제사처럼 개인사의 토대가 되는 실존적 하부 구조가 있다. 이 실존적 하부 구조만이 삶이라는 개별적 형태를 통일성 속에서 이해하도록 도와준다." Ibid., t. I, p. 107.

15. 관점의 전환과 그것이 초래하는 방법론적 문제에 대해서는 1장을 보라.

16. 이렇듯 문제를 상향식, 하향식 등의 현상학적 용어로 정리하는 건 보부아르

에게 낯선 일임은 두말할 나위도 없다.

17. Bruno Frère et Sébastien Laoureux (dir.), *La Phénoménologie à l'usage des sciences humaines*, Bruxelles, Peter Lang, 2013, p. 9.

18. Simone de Beauvoir, *Le Deuxième Sexe*, t. I, op. cit., p. 34.

19. Ibid., t. II, p. 275.

20. 교차성(intersectionnalité)이라는 개념은 본래 차별금지법이 지닌 문제점을 보완하기 위한 법률적 맥락에서 쓰이는 은유로 해석되었다. 미국 출신 법 이론가 킴벌리 크렌쇼(Kimberly Grenshaw)는 차별금지법이 잘못 설계된 나머지 흑인 여성은 고소를 할 경우 자신들이 여성으로서 차별을 당했는지 아니면 흑인으로서 차별을 당했는지 결정해야만 하는 현실에 반대하기 위해 이 개념을 생각해냈다. 법대로라면 이 여성들이 흑인 여성으로서 특별한 차별의 대상이 되었다는 현실은 보이지 않게 된다. 교차성 개념은 이후 억압의 각기 다른 여러 시스템 간 관계에 대해 생각할 경우에도 활용되면서 점차 그 범위를 확장해나갔다.

21. Judith Okely, *Simone de Beauvoir: A Re-Reading*, Londres, Virago, 1986.

22. 1950~1970년대에 활동한 페미니스트들의 이러한 가설이 지닌 인종 차별적이고 계급 차별적인 면모에 대해서는 미국 출신 여성 철학자 벨 훅스(bell hooks)—글로리아 진 왓킨스(Gloria Jean Watkins, 1952~2021)의 필명—의 저작들, 그중에서도 특히 *De la marge au centre: théorie féministe*, trad. fr. Noomi Grüsig, Paris, Cambourakis, coll. "Sorcières", 2017을 참조하라.

23. 《제2의 성》의 출판에 관해서는 Toril Moi, *Simone de Beauvoir. Conflits d'une intellectuelle*, trad. fr. Guillemette Belleteste, Paris, Diderot éditeurs, 1995; Ingrid Galster (textes réunis et présentés par), *Le Deuxième Sexe de Simone de Beauvoir*, Paris, Presses de l'université Paris-Sorbonne, coll. "Mémoire de la critique", 2004를 읽어보라.

6 순종은 소외다

1. "여성과 흑인의 상황은 매우 깊은 유사성을 보인다. 전자와 후자 모두 오늘날 동일한 가부장제에서 해방되고 있으며, 예전에 주인 위치에 있던 계급은 이들을 '그들의 자리', 즉 주인이 그들에게 선택해준 자리에 유지시키려 하기 때문이다. 두 경우 모두, 주인 계급은 분별력 없고 어린아이 같으며 늘 웃는 얼굴로 고분고분한 영혼의 소유자라는 '착한 흑인'의 미덕을 추켜세우며, '진정한 여성', 다시 말해서 경박하고 유치하며 무책임하고 남성에게 순종하는 여성의 미덕을 떠들어댄다." Simone de Beauvoir, *Le Deuxième Sexe*, t. I, op. cit., p. 27.

2. 이 주제에 관해서는 Kathryn Gines, "Comparative and Competing Frameworks of Oppression in Simone de Beauvoir's *The Second Sex*", *Graduate Faculty Philosophy Journal*, vol. 35, n° 1, 2014, pp. 251-273을 읽어보라.

3. "1940년 7월 6일, 나는 국립도서관에 갔다. 열람증을 끊고 들어가 헤겔의《정신현상학》을 읽기 시작했다. 지금으로선 전혀 이해가 되지 않는다. 나는 그래서 매일 오후 2시부터 5시까지 헤겔을 공부하기로 결심했다. 그것이 내가 찾아낸, 가장 마음을 진정시키는 일이니까." Simone de Beauvoir, *La Force de l'âge*, op. cit., p. 523.

4. Simone de Beauvoir, *Le Deuxième Sexe*, op. cit., pp. 19-20.

5. 하지만 이 같은 주장에도 한 가지 예외는 있다. 보부아르에 따르면, 여성이 때로 남편에게 가하는 독재가—남편이 억압을 행사함으로써 오히려 억압받는 신세가 된다는 점에서—주인과 노예의 변증법에서 비롯된다는 것이다. "주인과 노예의 변증법은 여기서 가장 구체적인 사례를 발견할 수 있다. 억압함으로써 자신이 억압당하는 처지가 되니 말이다. 수컷은 바로 주체로서 그들의 권한에 발목이 잡히는 것이다. 남편만 돈을 벌기 때문에 여성은 남편에게 수표를 요구하고, 남편만 밖에 나가 일을 하니 여성은 직장에서 성공하라고 남편을 닦달하며, 남편만 초월성을 구현하니 여성은 남편의 투기며 성공을 자신

의 것으로 만들어가며 기를 쓰고 그들에게서 그 초월성을 빼앗으려 하는 것
이다. 역으로, 여성이 행사하는 독재는 여성의 의존성을 한층 뚜렷하게 드러
낼 뿐이다. 〔……〕 여성이 남편을 자신의 의지에 따르도록 하겠다면서 매섭
게 남편을 몰아대면, 결국 여성 자신이 남편 안으로 소외당하고 만다." Ibid.,
t. II, p. 323.

6. "통제는 '인정(anerkennen)'을 위한 죽기 살기 식 투쟁에서 탄생한다. 두 적수
는 본질적으로 인간적인, 그러니까 동물적이지 않은, 생물학적이지 않은 목표
를 설정한다. 즉, 현실에서 혹은 인건 존엄성 면에서 '인정받는' 것을 목표로
삼는다. 그러나 미래의 주인은 투쟁과 위험이라는 시련을 지지하는 반면, 미래
의 노예는 두려움(죽음에 대한 동물적 두려움)을 통제하지 못한다. 그런 나머
지 그는 양보한다. 스스로 패배자임을 인정하고 승자의 우월함도 인정하면서
노예가 주인에게 하듯이 그에게 순종한다. 노예와의 관계에 있어 주인의 절대
적 권위는 이렇게 해서 생겨난다." Alexandre Kojève, *La Notion de l'autorité*,
Paris, Gallimard, 2004, pp. 70-71.

7. Simone de Beauvoir, *Le Deuxième Sexe*, t. I, op. cit., p. 20.

8. 보부아르는 이러한 종속 상태의 토대를 임신과 출산, 그리고 20세기까지만 해
도 이를 전혀 통제할 수 없는 현실이 주는 중압감에서 찾았다.

9. "그러니까 남성이 객관적으로 인간으로서 자신을 실현하는 것은 노동을 통해서
이며, 오로지 노동만이 이를 가능하게 한다." Alexandre Kojève, *Introduction
à la lecture de Hegel: leçons sur la phénoménologie de l'esprit*, Paris,
Gallimard, 1947, p. 30.

10. Simone de Beauvoir, *Le Deuxième Sexe*, t. II, op. cit., pp. 263-264.

11. 이 문제에 관해서는 Eva Lundgren-Gothlin, *Sexe et existence. La philo-
sophie de Simone de Beauvoir*, Paris, Michalon, 2001, p. 50 이후를 읽
어보라.

12. Simone de Beauvoir, *Le Deuxième Sexe*, t. I, op. cit., p. 18.

13. "그런데 여성은 아메리카의 흑인이나 유대인처럼 소수 집단이 아니다. 지구

상에는 남성만큼이나 많은 여성이 있다. 또한 이 두 집단은 자주 독립적이었다. 두 집단은 과거에 서로를 모르고 살았거나 상대의 자율성을 인정했다. 그런데 가장 약한 자를 가장 강한 자에게 굴복시킨 것은 역사적인 사건들이었다. 유대 민족의 디아스포라, 노예의 아메리카 이주, 식민지 정복 등은 시기를 특정할 수 있는 사실들이다. 이런 경우라면, 억압받는 자들에게 '이전 (avant)'이랄 것이 존재했다." Ibid., t. I, p. 21.

14. 흑인, 유대인, 프롤레타리아와의 비교는 다중적 정체성의 가능성을 암묵적으로 부인하고 있는 것임을 예리하게 지적한 캐스린 진스(Kathryn Gines)의 판단이 옳았다면, 이 대목에서는 보부아르를 향해 백인이 아니고 부르주아가 아닌 여성의 가능성에 대해서는 생각해보지 않았다고 비판한 캐스린 진스가 보부아르의 주장을 제대로 반영하지 못하고 있음을 보여준다.

15. Simone de Beauvoir, *Le Deuxième Sexe*, t. I, op. cit., pp. 21-22.

16. Nancy Bauer, "Being-with as being-against: Heidegger meets Hegel in *The Second Sex*", *Continental Philosophy Review*, vol. 34, 2001, p. 132.

17. Simone de Beauvoir, *Le Deuxième Sexe*, t. I, op. cit., p. 19.

18. Catharine MacKinnon, "Feminism, Marxism, Method and the State: An Agenda for Theory", *Signs*, vol. 7, n° 3, 1982, pp. 537-538.

19. Simone de Beauvoir, *Le Deuxième Sexe*, t. I, op. cit., p. 34.

7 순종적 여성의 대상으로서 몸

1. Simone de Beauvoir, *Le Deuxième Sexe*, t. I, op. cit., p. 12.

2. 이 주제에 대해서는 Nancy Bauer, *Simone de Beauvoir, Philosophy, and Feminism*, New York, Columbia University Press, 2001, chapitre II에 수록된 주목할 만한 분석을 읽어보라.

3. "내가 나 자신을 정의하고자 한다면, 나는 제일 먼저 '나는 여성이다'라고 선

언해야만 한다. 이 진실이 다른 모든 주장을 쌓아올릴 수 있는 배경이 될 것이다." Simone de Beauvoir, *Le Deuxième Sexe*, t. I, op. cit., p. 16.

4. Ibid., p. 72.

5. Ibid., p. 78.

6. "수컷은 일반적으로 그의 개체적인 실존과 일체화된 성생활을 유지한다. 욕망을 품을 때나 성교할 때, 수컷의 종으로의 초월은 그의 개체적인 초월의 주관적 시기와 뒤섞인다. 그는 그의 몸인 것이다. 여성의 경우는 훨씬 더 복잡하다." Ibid., p. 65.

7. Ibid., p. 66.

8. Ibid., p. 69.

9. Ibid., p. 72.

10. Ibid., p. 70.

11. Ibid., p. 70.

12. Ibid., p. 69. 보부아르는 여기에 메를로퐁티를 인용하는 주석을 첨부한다. "나는 그러므로 나의 몸이다. 적어도 내가 후천적으로 습득한 모든 경험의 범위 내에서, 그리고 역으로 나의 몸이 자연적인 주체인 한, 내 총체적인 존재의 잠정적 흔적인 한 그렇다."

13. Charlene H, Seigfried, "Second Sex: Second Thoughts", dans Azizah Y. al-Hibri et Margaret Simons (dir.), *Hypathia Reborn: Essays in Feminist Philosophy*, Bloomington, Indiana University Press, 1990, pp. 305-322; Catriona Mackenzie, "Simone de Beauvoir: Philosophy and/or the Female Body", dans Carole Pateman et Elizabeth Grosz (dir.), *Feminist Challenges: Social and Political Theory*, Sydney, Allen and Urwin, 1986, pp. 144-156.

14. Simone de Beauvoir, *Le Deuxième Sexe*, t. I, op. cit., p. 78.

15. Ibid., pp. 78-79.

16. Ibid., t. II, p. 646.

17. "인식의 전(前) 과학적인 삶을 명시하기 또는 집중 조명하기가 이루어져야 그 것만이 과학 활동에 완전한 의미를 제공한다. 어차피 과학 활동은 늘 그것을 참조하라고 권유하니 말이다." Maurice Merleau-Ponty, *Phénoménologie de la perception*, Paris, Gallimard, 1947, rééd. coll. "Tel", 1976, p. 71. (이 책은 국내에서 문학과지성사가 《지각의 현상학》이라는 제목으로 2002년 에 번역 출판했다―옮긴이.)

18. Simone de Beauvoir, *Le Deuxième Sexe*, t. I, op. cit., p. 75.

19. Simone de Beauvoir, *Le Deuxième Sexe*, t. I, op. cit., p. 80.

20. Ibid., p. 73.

21. Ibid., p. 71.

22. 《제2의 성》에 나타난 소외의 분석과 보부아르의 몸의 철학에 있어 소외의 역 할에 대해서는 Toril Moi, *Simone de Beauvoir. Conflits d'une intellectuelle*, op. cit., pp. 239-284, chapitre VI, "L'ambiguïté des femmes: l'aliénation et le corps dans *Le Deuxième Sexe*"를 읽어보라.

23. Simone de Beauvoir, *Le Deuxième Sexe*, t. II, op. cit., p. 345.

24. Ibid., t. I, p. 68.

25. Ibid., t. I, p. 58, p. 69, t. II, p. 81, p. 118.

26. Ibid., t. I, p. 72, t. II, p. 174, p. 181, p. 185.

27. Ibid., t. I, p. 114, t. II, p. 42, p. 43, p. 47, p. 81, p. 88, p. 91.

28. Jean-Paul Sartre, *L'Être et le Néant*, op. cit., p. 259.

29. Ibid., p. 275.

30. Ibid., p. 308.

31. Ibid., pp. 305-306.

32. Ibid., p. 341.

33. 나는 이 부분에서 사르트르 철학에 대한 두 가지 분석을 근거로 삼았다. Renaud Barbaras, "Le corps et la chair dans la troisième partie de *L'Être et le Néant*" dans Jean-Marc Mouillie (dir.), *Sartre et la phénoménologie*,

ENS Éditions, 2000, pp. 279-296; Kim Sang Ong-Van-Cung, "Le corps et l'expérience d'autrui. Un aspect du problème de la négation dans *L'Être et le Néant*". dans Jean-Marc Mouillie et Jean-Philippe Narboux (dir.), *Sartre*. L'Être et le Néant. *Nouvelles lectures*, Paris, Les Belles lettres, 2015, pp. 115-136.

34. "그것은 사물들 가운데 놓인 사물이거나, 아니면 그것으로 말미암아 사물들이 나에게 스스로를 드러내 보이게 되는 것이다. 하지만 동시에 그 두 가지일 수는 없을 것이다." Jean-Paul Sartre, *L'Être et le Néant*, op. cit., p. 343.

35. "이 대상은 우리에게 그저 정보로서 존재할 뿐이다. 이것은 모든 것이 나에게 가리키는 것인데, 그것이 나 자신이다 보니 내가 원칙적으로 파악할 수 없는 것이다." Ibid., p. 357.

36. "내가 실제 겪은 모든 것은 세계에 의해 세계에 대한 나의 관점으로 표시되어 있다." Ibid., p. 349.

37. Ibid., p. 394.

38. Ibid., p. 404.

39. 신화에 관한 장의 처음 몇 쪽에 걸쳐서, 보부아르는 의식 갈등이라는 생각의 유효성을 재차 확인한다. 하지만 그러면서도 그것을 철저하게 헤겔식의 용어로 정리한다. 보부아르에 따르면, 남성은 여성을 대타자로 구축함으로써 이러한 갈등의 위험에서 빠져나가려고 한다. "여성은 남성에게 자연의 적인 침묵도 상호 인정이라는 까칠한 요구도 하지 않는다. 유일한 특권이라면, 여성이 하나의 의식이긴 하나 그 살 속을 파고들어 소유하는 것이 가능해 보인다는 점이다. 살 덕분에 자유의 상호성에 그 뿌리를 두고 있는 준엄한 주인과 노예의 변증법에서 빠져나갈 수단이 생긴다." Simone de Beauvoir, *Le Deuxième Sexe*, t. I, op. cit., p. 240.

40. Ibid., p. 242.

41. Ibid., p. 241.

42. Ibid., p. 62.

43. Ibid., p. 63.

44. Ibid., p. 64.

45. 예를 들어 피오나 베라그레이(Fiona Vera-Gray) 같은 인물이 당장 떠오르는데, 베라그레이는 길에서 처음으로 추행당하는 경험을 한 젊은 여성들을 대상으로 진행하는 체험 연구 자료를 해석하는 데 보부아르의 이러한 분석을 활용한다. Fiona Vera-Gray, *Men's Intrusion, Women's Embodiment. A Critical Analysis of Street Harassment*, Londres, Routledge, 2016.

46. Simone de Beauvoir, *Le Deuxième Sexe*, t. II, op. cit., pp. 127-128.

8 열락이냐 억압이냐: 순종의 애매성

1. Simone de Beauvoir, *Le Deuxième Sexe*, t. II, op. cit., p. 43.

2. Ibid., p. 388.

3. Ibid., p. 389.

4. Ibid., p. 392.

5. Ibid., p. 396.

6. Simone de Beauvoir, *La Force de l'âge*, op. cit., p. 95.

7. Simone de Beauvoir, *Mémoires d'une jeune fille rangée*, Paris, Gallimard, 1958, p. 452.

8. Ibid., p. 446.

9. "하지만 나는 나 스스로를 철학자로 간주하지 않았다. 나는 어떤 텍스트 속으로든 편하게 들어가는 나의 태도가 창의력 결핍에서 비롯되는 것임을 잘 알고 있었다. 〔……〕 사르트르와 이야기를 나누면서 그의 인내심과 대담성을 가늠질하게 되자, 철학에 투신하는 일이 대단히 흥분되는 일인 것 같아 보였지만, 그것도 다 파고들 화두가 있을 때에나 그럴 것 같았다. 〔……〕 핑크가 쓴 책을 읽으면서 나는 자문했다. '아니, 사람들은 어떻게 누군가의 제자가 되는 걸

감수할 수 있단 말이지?' 그런데 나중에 나에게도 간헐적으로 이런 역할을 하는 일이 생겼다. 그러나 처음에 나는 너무도 대단한 지적 야심을 가지고 있었으므로 그런 정도로는 만족할 수 없었다. 나는 나의 경험 중에서 독특한 것을 남들에게 알리고 싶었다. 그러기 위해서는 문학 쪽으로 방향을 잡아야 한다고 생각했다." Simone de Beauvoir, *La Force de l'âge*, op. cit., p. 255.

10. 이 문제에 관해서는 Margaret Simons dans "Beauvoir, Philosophy, and Autobiography", *A Companion to Simone de Beauvoir*, édité par Laura Hengehold et Nancy Bauer, Hoboken, John Wiley & Sons, 2017, pp. 391-405를 읽어보면 많은 도움이 될 것이다.

11. Simone de Beauvoir, *Le Deuxième Sexe*, t. II, op. cit., p. 539.

12. Ibid., p. 540.

13. Ibid., p. 556.

14. Ibid., p. 540.

15. Ibid., p. 554.

16. Ibid., p. 556.

17. Ibid., p. 560.

18. Simone de Beauvoir, *Les Mandarins*, t. I, Paris, Gallimard, 1954, p. 73.

19. Ibid., pp. 134-135.

20. Ibid., p. 135.

21. Simone de Beauvoir, *Les Mandarins*, t. II, Paris, Gallimard, 1954, p. 148.

22. Simone de Beauvoir, *Le Deuxième Sexe*, t. II, op. cit., p. 34.

23. Ibid., p. 156.

24. Ibid., p. 522.

25. Ibid., p. 259.

26. Ibid., p. 123.

27. Ibid., p. 43.

28. Ibid., t. I, pp. 23-24.

9 자유와 순종

1. Simone de Beauvoir, *Le Deuxième Sexe*, t. I, op. cit., p. 33.

2. "사르트르의 철학은 그 상상계에 있어 남성으로서, 유럽인으로서, 철학의 대가로서 그의 경험에 기초하고 있는데, 이 경험은 전체적으로 지배로 의심되는 경험에 해당한다." Michèle Le Doeuff, *L'Étude et le Rouet*, t. I: "Des femmes, de la philosophie, etc.", Paris, Le Seuil, 1989, p. 90.

3. "이 현상학은 존재론적 서열을 정립한다. 이 서열에서 출발해 우리는 여성을 즉자 존재에, 남성을 대자 존재에 결정적이고 항구적으로 대입할 수 있다. 이러한 끼워 맞추기식 노력에서 추론 가능한 남성과 여성의 역할에 관해서라면, 여성은 아예 열외로 밀려난다. 인식 대상(아니 그보다 '사물')이 매끈하고 희고 윤이 나는 육체와 동화되어 있는 상태라 여성은 이미 대상에 불과했는데, 그 자리마저도 지키지 못하고 밀려나다니." Ibid., p. 97.

4. "실존주의 체계에서는 여성의 억압은 물론 다른 어떤 억압도 생각할 수 없다. 반면, 그 체계 안에서 남성이 여성의 몸과 맺게 되는 두려움 섞인 관계는 얼마든지 표현되어 남성다움과 여성다움 사이에 존재론적-육체적 위계질서를 정립한다." Ibid., p. 74.

5. Simone de Beauvoir, *Le Deuxième Sexe*, t. I, op. cit., p. 33.

6. Ibid., p. 33.

7. Amartya Sen, *Repenser l'inégalité*, 1992, trad. fr. Paul Chemla, Paris, Le Seuil, 2000, p. 85.

8. 센은 복지 경제와 사회 정의 사이의 모순이라는 이 생각을 Amartya Sen, "The Impossibility of a Paretian Liberal", *Journal of Politial Economy*, vol. 78, n° 1, 1970, pp. 152-157에서 이미 발전시킨 바 있다.

9. Simone de Beauvoir, *L'Existentialisme et la sagesse des nations*, Paris, Nagel, 1948, rééd. Gallimard, 2008, p. 29.

10. Simone de Beauvoir, *Pour une morale de l'ambiguïté*, op. cit., p. 47 이후.

11. "어린아이의 상황을 특징짓는 것은 아이가 세상 속에, 아이 자신은 전혀 그 형성에 참여한 적이 없는 세상, 아이의 부재중에 만들어졌으며 아이에게 너무도 절대적인 것으로 비치기 때문에 순종 말고는 달리 어찌할 도리가 없어 보이는 세상에 던져졌다는 사실이다." Ibid., p. 48.

12. 여기서 보부아르는 노예 제도에 관해 이야기하는데, 현재라는 조명을 통해서 보면 그 이야기는 문제의 소지가 있다. 한편으로는 보부아르가 노예—보부아르는 이들을 어린아이와 비교한다—의 주체성을 전적으로 부정하고, 그러면서 동시에 노예를 농장주의 지배를 "유순하게 감내하는 자"로 표현하고 있기 때문이다(ibid., p. 50).

13. Ibid., p. 51.

14. Ibid., p. 62.

15. 예를 들어보자. "여성 대다수는 자신들이 처한 여성의 조건을 증오하는 동시에 이를 요구한다. 여성은 이처럼 혼란스러운 감정 속에서 산다." Simone de Beauvoir, *Le Deuxième Sexe*, t. II, p. 375.

16. Ibid., t. I, p. 75.

17. Ibid., t. II, p. 649.

18. 소니아 크룩스는 가장 최근에 발표한 저서에서, 보부아르가 지배자의 특권이 무엇인지 이해하기 위해서는 반드시 거쳐야 할 철학자임을 매우 설득력 있게 보여주었다. *Simone de Beauvoir and the Politics of Ambiguity*, New York, Oxford University Press, 2012, chapitre III, "Confronting Privilege", pp. 93-123을 읽어보라.

19. Simone de Beauvoir, *Le Deuxième Sexe*, t. II, op. cit., p. 649.

20. Ibid., p. 650.

21. Ibid., p. 652.

22. Ibid., p. 311.

결론: 그렇다면 앞으로는?

1. 성적 동의의 규정을 마련하기 위한 미국 대학들의 노력은 학생에게 도덕심을 키워주겠다는 의지의 소산이 아니라 연방 법이 '타이틀 IX'라는 이름— 1972년에 제정된 연방 법—으로 그렇게 할 의무를 명시했기 때문임을 확실하게 알아야 한다. 이 법은 국가가 지원하는 교육 프로그램에서 성별에 따른 모든 차별을 금지한다.